Jürgen Rausch & Markus Heubes

Gesellschaft in Verantwortung
– Perspektiven auf eine digitale Gesellschaft

edition winterwork

Bibliografische Informationen der Deutschen Nationalbibliothek:
Die Deutsche Nationalbibliothek verzeichnet diese Publikation in der
Deutschen Nationalbibliografie. Detaillierte bibliografische Daten im
Internet über http://www.d-nb.de abrufbar.

Impressum

hrsg. von Jürgen Rausch; Markus Heubesl »Gesellschaft in Verant-
wortung – Perspektiven auf eine digitale Gesellschaft«
www.edition-winterwork.de
© 2020 edition winterwork
Alle Rechte vorbehalten.
Satz: SAK Lörrach e. V., Lörrach
Umschlag: sdecoret/Shutterstock.com
Druck und Bindung: winterwork Borsdorf

ISBN 978-3-96014-771-8

Jürgen Rausch; Markus Heubes (Hg.)

Gesellschaft in Verantwortung
Perspektiven auf eine digitale Gesellschaft

In Zusammenarbeit mit:

Institut für
Bildung &
Zeitfragen

Inhaltsverzeichnis

Kapitel C: Rezensionen

Einführung

Maraike Koch

Die vorliegende Publikation vereint zwei Veranstaltungsreihen von zwei Institutionen – die des Rotary Clubs Lörrach und die des SAK Lörrach. Beide Institutionen nahmen sich im Jahr 2019 den großen Themen „Gesellschaftlicher Wandel" und „Gesellschaft 4.0" an.

Der SAK Lörrach widmete sich dem Thema in einem Internationalen Fachtag mit der Überschrift „Innovation der Sozialen Arbeit in der Gesellschaft 4.0", der am 25. Mai 2019 im Rahmen des 50-Jährigen Jubiläums des SAK Lörrach stattfand. Unter der Leitfrage, wie eine innovative Soziale Arbeit auf die Gesellschaft 4.0 reagieren kann, griffen die Beiträge der Referierenden aktuelle Thematiken, Herausforderungen und Kontroversen aus Forschung und Praxis Sozialer Arbeit in einer zunehmend digitalisierten Gesellschaft auf. Das Jubiläumsjahr des SAK Lörrach bedeutete zum einen Rückschau auf das Geleistete und gleichzeitig schreibt das Jubiläum die Geschichte des SAK fort. Auf andere Weise als in den Beiträgen diskutiert, wirkt sich eine gesellschaftliche Transformation auch auf das Zukunftsverständnis des SAK als Sozialunternehmen aus. Insofern lieferte der Internationale Fachtag als ein Programmpunkt in der Reihe zahlreicher Jubiläumsveranstaltungen wichtige Impulse für eine Neuausrichtung der Sozialen Arbeit im SAK.

Gleich in zweifacher Weise ergänzt der Fachtag den Veranstaltungszyklus „Gesellschaft in Verantwortung. Sozial-, verantwortungs- und individualethische Zugänge zu einer Gesellschaft 4.0" des Rotary Clubs Lörrach im 60sten Jahr des Clubs. Zum einen unterstreicht der Fachtag mit seiner thematischen Anbindung an das Jahresthema des RC Lörrach die enge historisch gewachsene Verbundenheit – viele Jahre hatte der RC Lörrach die Anfänge des SAK Lörrach mit Spenden begleitet und letztendlich einen zentralen Beitrag dazu geleistet, den SAK in seinem 50sten Gründungsjahr als ein mittelständisches sozialwirtschaftliches Unternehmen mit großer Ausstrahlung in die Region erscheinen zu lassen. Zum zweiten stehen beide Organisationen in Wechselbeziehung zu dem gesellschaftlichen Transformationsprozess, insofern beide sich in einer gesellschaftlichen Mitverantwortung sehen, auf die sozialen Folgen des Wandels zu reagieren und sich zur Minderung sozial prekärer Lagen von Menschen zu engagieren.

Das Kapitel A beinhaltet ausgewählte Aufsätze aus der rotarischen Vortragsreihe des Rotary Clubs Lörrach zum Jahresthema „Gesellschaft in Verantwortung". Das Kapitel zeichnet sich durch Interdisziplinarität aus. Beiträge aus Medizin, Philosophie, Theologie und Wirtschaft wechseln sich ab und eröffnen dem Leser durch den jeweils unterschiedlichen Zugang und der jeweiligen Sichtweise auf die große gesellschaftliche Transformation zu Beginn des 21. Jahrhunderts ein umfassendes und differenziertes Bild vom Wandel, das geprägt ist von Krisen, Chancen und Perspektiven. Kritisch, aber mit einem nach vorne gerichteten Blick, lassen die Autoren den Leser durch Beschreibungen der voranschreitenden bzw. wahrgenommenen Transformation in der eigenen Disziplin am Prozess teilhaben und lassen Hinweise und Auswege für einen konstruktiven Umgang mit dem Wandel nicht vermissen.

Ursula Nothelle-Wildfeuer wendet sich mit ihrem Beitrag einer Gesellschaft 4.0 zu, indem Sie zunächst Facetten einer digitalen Alltagskultur aufzeigt, um vor dem Hintergrund kulturell begründeter Verschiedenheit in Bezug auf die Akzeptanz künstlicher Intelligenz deren Präsenz in einer sich wandelnden Gesellschaft exemplarisch darzustellen. Ihre Ausführungen münden schließlich in ethische und theologische Anfragen an eine Gesellschaft 4.0.

Wolfgang Kapp nimmt das Thema „Gesellschaft in Verantwortung" zum Anlass, um an die Verfolgung und Ermordung behinderter Menschen im Dritten Reich zu erinnern und gleichzeitig diesem Beispiel aus der Geschichte folgend die Gesellschaft anzumahnen, wachsam gegenüber Strömungen zu sein, die sich anmaßen über den Wert oder Unwert menschlichen Lebens zu verfügen.

Kapp beschreibt in seinem Aufsatz die Anfänge des sich später in die Tat umgesetzten organisierten Mordes an Menschen mit Behinderungen. Ursächlich war, so arbeitet Kapp heraus, eine zustimmende Haltung der Gesellschaft bzw. des Bildungsbürgertums zum sozialdarwinistischen Denkmodell, das den Boden für die Ermordung von „Schwächeren" im Dritten Reich bereitete.

Ulrich Delhey zeigt in seinem Beitrag, wie durch das Engagement Einzelner soziale Verantwortung wahrgenommen werden kann. Angefangen mit einer originellen Idee, um eine Orgel zu finanzieren, entwickelt sich aus dieser ein soziales Engagement für etwas weit Größeres: Das Ergebnis ist heute das Haus der Diakonie in Wehr-Öflingen, das auf die Initiative von Paul und Hanna Gräb zurückzuführen ist.

Delhey geht in seinem Beitrag den beiden Gründungsgeschichten
– das Haus der Diakonie sowie der Hanna und Paul Gräb-Stiftung
– nach, lässt den Leser am Werdegang von Paul Gräb, seinen Ideen
und an seinen Begegnungen mit namhaften Künstlern teilhaben,
die für den Erhalt der Häuser der Diakonie in Wehr-Öflingen mit
ihrem Engagement Verantwortung übernehmen. Dabei macht
Delhey deutlich, dass die Nachhaltigkeit sozialer Unternehmungen immer auch auf soziales Engagement des Einzelnen angewiesen ist. Soziale Unternehmungen müssen aber auch immer für
ihre Anliegen um öffentliche Aufmerksamkeit kämpfen.

Jürgen Rausch zeigt in seinem Beitrag auf, weshalb Mut Teil
sozialwirtschaftlicher Unternehmensstrategien sein muss, um
auf gesellschaftliche Veränderungsprozesse, wie derzeit als große
gesellschaftliche Transformation spürbar werden, erfolgreich
reagieren und agieren zu können. Über systemtheoretische und
lerntheoretische Zugänge diskutiert er Chancen und Grenzen sozialer Innovation am Beispiel des SAK in Lörrach. Unter anderem
favorisiert er einen progressiven Umgang mit Diversität in sozialwirtschaftlichen Unternehmungen.

Welchen Einfluss hat die Digitalisierung auf Religion und Kirche in unserer Gesellschaft und wie ist der homo religiosus im
Wirkkreis rasanter gesellschaftlicher Umbrüche zu sehen? Diesen
Fragen geht *Traugott Schächtele* in seinem Beitrag nach. Er zeigt
luzide einen Entwicklungsverlauf des modernen religiösen Menschen auf und mit welchen Herausforderungen dieser in der Gesellschaft 4.0 konfrontiert wird. Schächtele sieht eine der Herausforderungen für den homo religiosus der Zukunftsgesellschaft im
Wandel vom analogen zum digitalen Gottesglauben. Notwendige
Innovationen und Korrekturen sieht er als Schlüssel zu einem erfolgreichen, weil innovativen Umgang mit den Herausforderungen
des Wandels. Das betrifft sowohl das Menschenbild als auch das

Gottesbild. Beide Entwicklungen sind, so hält er fest, im Fluss.

Giovanni Maio widmet sich mit seinem Beitrag der Wechselbe-ziehung von moderner Medizintechnik und der Medizinethik. Wie weit kann und darf Technik in der Medizin gehen und ab wann führt sie zu einer Entfremdung? In mehreren Schritten erhellt Maio diesen Fragekomplex in dem er Technik in immer neue Kon-texte stellt um schlussfolgernd festzustellen, dass es eines reflek-tierten und bewussten Umgangs mit Technik bedarf, um auf die Frage nach dem Sinn des Seins nicht zunehmend sprachloser zu werden.

Richard Jung beschreibt seine Sicht auf den Sport. Als aktiver und international erfolgreicher Extremsportler lässt er den Leser an seinen ganz persönlichen Gedanken teilhaben. Sport leistet für ihn einen Beitrag, um mit der Welt in Beziehung zu treten. Sport bedeutet für Jung nicht im Wettbewerb zu anderen Athleten zu stehen oder gar den Wettbewerb mit Technik oder Pulsmesser aufzunehmen, sondern in erster Linie ist Sport Teil einer Lebens-philosophie, einer Haltung und ein sich in Beziehung setzen zur Welt. Letztendlich ist Sport für Jung Ausdruck einer erfolgreichen Suche nach Sinn und Verantwortung einer Mensch-Welt-Bezie-hung.

Kapitel B wendet sich der Innovation der Sozialen Arbeit mit ganz unterschiedlichen Beiträgen zu. Die Autoren setzen sich in ihren Beiträgen mit der Frage nach der Innovation der Sozialen Arbeit unter dem Einfluss einer sich rasch verändernden Lebens- und Arbeitswirklichkeit auseinander und weisen auf eine Neu-ausrichtung der Sozialen Arbeit hin. Vor dem Hintergrund eines geklärten Innovationsbegriffs in Abgrenzung zu anderen Wand-lungsprozessen wollen die Autoren mit ihren Beiträgen zu einem tieferen Verständnis von Innovation beitragen. Die Haltung von Organisationen zu Innovationsprozessen sowie die Etablierung einer nachhaltigen Veränderungskultur sind ausschlaggebende Erfolgsfaktoren für die Zukunft von sozialen Organisationen.

Anne Parpan-Blaser ist sich sicher, dass sich soziale Problemlagen durch angestoßene Innovationsprozesse verbessern lassen. Parpan-Blaser zeichnet in ihrem Beitrag ein hoffnungsvolles Bild auf Innovation und verdeutlicht, welchen Beitrag die Soziale Arbeit dabei leisten kann. Die Autorin beleuchtet die spezifischen Merkmale und Bedingungen für Innovationen in der Sozialen Arbeit und lässt ihre Darlegungen in einen Ausblick auf die digitale Transformation in der Sozialen Arbeit münden. Abschließend zeigt sie Chancen und Risiken einer digitalen Sozialen Arbeit auf und stößt die kritische Auseinandersetzung über die durch digitale Technologien herbeigeführten neuen Arbeits- und Kommunikationsformen an.

Ausgehend davon, dass Innovation gerade im Trend liegt, verdeutlicht *Roland Schöttler,* dass auch Sozialunternehmen zunehmend unter Druck geraten innovativer zu werden. Dabei sind Innovationsprozesse in Sozialunternehmen besonders komplex: Schöttler zeigt auf, mit welchen Herausforderungen die Sozialwirtschaft hinsichtlich gesellschaftlicher Wandlungsprozesse zunehmend konfrontiert sein wird, um daraus die Relevanz und Notwendigkeit von Innovation für soziale Organisationen abzuleiten.

Barbara Klein stellt in ihrem Aufsatz technologische Entwicklungen vor, die im Feld der Sozialen Arbeit bereits heute und zukünftig Anwendung finden werden. Sie gibt mit ihrem Beitrag dem Leser einen Eindruck, wie Assistive Technologien (darunter Robotik) die Soziale Arbeit der Zukunft beeinflussen werden. An ausgewählten Beispielen beschreibt sie den Einsatz von Technologien in verschiedenen Handlungsfeldern der Sozialen Arbeit und deutet Herausforderungen, aber auch Optionen an, die sich in der

Praxis auftun werden. Abschließend beleuchtet Klein ethische Fragen im Zusammenhang mit dem Einsatz von Technologien in sozialen Arbeitsfeldern.

Jürgen Rausch stellt in seinem Beitrag „Des Menschen Maß in der Gesellschaft 4.0" der Denkrichtung des Transhumanismus das christliche Menschenbild als Korrektiv gegenüber. Rausch mahnt an, dass sich im Zuge transhumanistischer Fortschreibungen Gesellschaftssysteme und Politik grundlegend verändern, die Folgen in voller Tragweite aber noch gar nicht auszumachen sind. Rausch appelliert bei all den Bemühungen um Optimierung des Menschen daran, dass Fortschritt nicht über Vernunft und die Verantwortung gegenüber der Unverfügbarkeit der Würde des Menschen stehen darf.

Trotz ausgemachter Risiken durch Denkmodelle des digitalen Humanismus oder des Transhumanismus appelliert Rausch an die Soziale Arbeit, sich dem zu stellen und die digitale Gesellschaft als Teil des eigenen Professionsverständnisses und der eigenen Professionalität anzunehmen.

Wilhelm Schwendemann nimmt sich eines sehr aktuellen und zugleich gesellschaftlich herausfordernden Themas an – Antisemitismus 75 Jahre nach Auschwitz. Mit seinem Beitrag fordert er die Gesellschaft heute zu mehr Verantwortungsbereitschaft auf, sich in einer Zivilgesellschaft gegen Antisemitismus, Rassismus und Fremdenfeindlichkeit zu stellen. Insbesondere Prävention braucht qualifizierte Pädagogen, die selbstreflexiv aber auch in Wirkzusammenhängen denkend Jugendliche zu einer selbstbegründeten Reflexion in heutiger und in zukünftigen Gesellschaften befähigt.

In Kapitel C findet der Leser einige Rezensionen zu Publikationen, die flankierend zu den Aufsätzen, das Themenfeld „Gesellschaft im Wandel" streifen und zu neuen Perspektiven anregen.

Mit einem kritischen Blick der Rezensenten auf die unterschiedlichen Text/Buch-Genre stiften sie den Leser zum Mitdiskutieren an und runden damit das vielseitige Profil des Bandes gewinnbringend ab.

Der vorliegende Band ist das Ergebnis der Zusammenarbeit der Herausgeber, dem Rotary Club Lörrach und dem Institut für Bildung und Zeitfragen des SAK Lörrach. Die Zusammenstellung der Beiträge für die vorliegende Publikation erfolgte in einem intensiven Austausch mit den Autoren und Herausgebern. Wenngleich nicht alle Referenten Einzug in dieses Buch gefunden haben, haben sie dennoch zu dessen Gelingen beigetragen. Sie haben die Herausgeber inspiriert und ihre Zuhörer mit ihren Vorträgen begeistert und dazu ermutigt, sich dem Thema zu stellen.

Die Herausgeber danken dafür und sehen in der viel perspektivischen Herangehensweise der Beiträge an das Thema einen anregenden Zugang für eine breitere Leserschaft, sich in ebenso vielfältiger Weise mit eigenen Sichtweisen zur Zukunft unserer Gesellschaft in Diskussionen einzubringen.

Aus Gründen der besseren Lesbarkeit wird auf die gleichzeitige Verwendung der Sprachformen männlich, weiblich und divers (m/w/d) verzichtet, sofern die Autorinnen und Autoren sie nicht explizit nennen. Sämtliche Personenbezeichnungen gelten daher gelichermaßen für alle Geschlechter.

Den geschätzten Leserinnen und Lesern wünsche ich eine unterhaltsame und anregende Lesezeit.

Kapitel A

Gesellschaft in Verantwortung

Einleitende Gedanken

Markus Heubes; Jürgen Rausch

Das Jahresthema des RC Lörrach reihte sich ein in das RI Thema
des Jahres 2018/19 *„Be the inspiration"* von RI Präsident Barry
Rassin. Insbesondere für das 60-jährige Bestehen des RC Lörrach
verstanden wir das als eine Aufforderung für die nächsten Jahre.
Durch die Themenwahl unseres Clubs *Gesellschaft in Verantwortung* sollen unterschiedliche ethisch-moralische, aber auch technische und innovative Zugänge zu einer Gesellschaft 4.0 eröffnet
werden. Zu Beginn des 21. Jahrhunderts erleben wir Gesellschaft
in einem sich exponentiell beschleunigten Wandel insbesondere
in den Bereichen Technik, Wirtschaft und Gesundheit. Mit dieser
Themenwahl wollten wir dazu anregen, Ideen zu reflektieren und
zu transportieren, die für eine sich in den nächsten Jahren insbesondere technisch und digital stark verändernde Welt wichtig

werden. Konkret heißt das, dass das Individuum sowohl in seiner
subjektiven Betrachtung von Lebenswirklichkeit als auch in sei
ner kultur- und zeitgeschichtlichen Bewertung heute in besonderer Weise einem Veränderungsdruck ausgesetzt ist, wie er zuletzt
in den 1920er Jahren spürbar war. Durch das BMBF werden die
gesellschaftlichen Herausforderungen in sieben Themenkomple-
xen gebündelt: Gesundheit · Ernährung · Sichere Energie · Intelligenter Verkehr · Klima und Umweltschutz · Europa und Welt ·
Sichere Gesellschaft.

Mit dem Jahresthema Gesellschaft in Verantwortung kommen
zwei zentrale Aspekte zum Ausdruck, die unter Einbezug teleon-
tologischer bzw. deontologischer Ethiken sowohl den rotarischen
Gedanken nach sozialverantwortlicher Wirkung in der Zivilgesellschaft als auch den Anspruch, unter Einbezug verantwortungs-
orientierter und gesinnungsorientierter Ethiken, Wirkung und
Nutzen von eigenen Handlungsmustern in einem individuellen
Aushandlungsprozess abzuwägen. Die gewählten Beiträge sollen zu einem Diskurs darüber anregen, sozialdiakonisches Handeln und individuelles Verhalten als Rotarier immer wieder zu
hinterfragen – im Kontext der rotarischen Freundschaft über die
Vier-Fragen-Probe, als Mitglied der Gesellschaft entlang eines
ethisch begründeten individuellen Aushandlungsprozesses. Als
Rotarier wollen wir uns sowohl mit dem sozialverantwortlichen
Aspekt als auch mit Chancen und Risiken einer Gesellschaft 4.0
auseinandersetzen. Wir erschließen dieses Thema über vier zentrale Themenbereiche Mensch, Politik, Wirtschaft und Leben,
wobei Digitalisierung und Technisierung als Querschnittsthemen
verstanden werden. Neben Referentinnen und Referenten mit
ausgewiesener Expertise zu den Schlüsselbereichen, unterlegten
Exkursionen eindrücklich mit den dadurch gewonnenen Einbli-
cken, die sich wandelnde Lebenswirklichkeit in vielfältigen Berei-

chen des täglichen Lebens. Mit der Auswahl der Veranstaltungen
suchten wir die Herausforderungen zu beleuchten, Antworten zu
skizzieren und Perspektiven, aber auch Risiken anzudiskutieren.
Dabei stand immer auch der Anspruch im Raum, dass sich theoretische und praktische, an Alltagssituationen orientierte Beiträge abwechseln sollten. Umso mehr freut es uns, dass wir sowohl
während des rotarischen Jahres, aber auch zu dessen Abschluss,
mit einer gemeinsamen Veranstaltung vom Rotary Club Lörrach
und dem SAK Lörrach e. V., diesen Spannungsbogen aufrecht-
halten konnten. Die nachfolgenden Beiträge, so die Hoffnung der
Herausgeber, soll dem verehrten Leser, der verehrten Leserin in
ähnlicher Weise diesen Spannungsbogen vermitteln, indem die
mehrperspektivischen Zugänge zu einem so großen wie zugleich
diffusen Themenfeld *Gesellschaft in Verantwortung. Sozial-, ver-*
antwortungs- und individualethische Zugänge zu einer Gesellschaft
4.0. geneigt sind, die Lesenden auf eine spannende Reise gesellschaftlicher Herausforderungen mitzunehmen. Wir danken den
geschätzten Referenten und Referentinnen, die sich bereit erklärt
haben, ihre Referate in Schriftform für diese Dokumentation zur
Verfügung zu stellen. Wir danken auch Frau Maraike Koch, die als
Geschäftsführerin des Instituts für Bildung und Zeitfragen, SAK
Zeit & Wissen, die Beiträge redigiert und die Drucklegung begleitet
hat. Ohne ihre Unterstützung wäre uns das so nicht gelungen.

Lörrach, im Mai 2020 Markus Heubes; Jürgen Rausch

Gesellschaft 4.0 in sozialethischer Perspektive

Ursula Nothelle-Wildfeuer

Es ist in den sozial- und geisteswissenschaftlichen Disziplinen weithin Usus geworden, prägende gesellschaftliche Entwicklungen als *Megatrends* zu identifizieren und in ihnen zentrale Faktoren zu erkennen, die die sachliche, aber in einem zweiten Schritt auch die normative Perspektive der gesellschaftlichen Selbstbeschreibungen entscheidend mitbestimmen. Neben oft genannten Aspekten wie *Urbanisierung* oder *Globalisierung* ist eben auch und noch einmal auf einer höheren Ebene die *Digitalisierung* als ein solcher Megatrend zu nennen. Dieser Megatrend der Digitalisierung prägt und beeinflusst die Gesellschaft in nahezu allen entscheidenden Bereichen, darauf ist im weiteren Verlauf meines Vortrags noch differenzierter einzugehen.

Zur Erklärung des Begriffs *Gesellschaft 4.0* sei kurz Folgendes angemerkt:

Der Bereich der Arbeit ist einer der entscheidenden Bereiche, hier hat sich zur näheren Beschreibung und Spezifizierung des

Wandels unter Einfluss der Digitalisierung die Rede von Arbeit 4.0 bzw. Industrie 4.0 eingebürgert. Der Begriff *Arbeit 4.0* zur Kennzeichnung des spezifischen Umbruchs im 21. Jahrhundert verweist mit seiner Zählung auch auf bisherige Phasen: *Arbeit 1.0* beschreibt die beginnende Industriegesellschaft mit den Anfängen der Automation, *Arbeit 2.0* meint die beginnende Massenproduktion und die Anfänge des Sozialstaates am Ende des 19. Jahrhunderts, *Arbeit 3.0* bezeichnet die Zeit weiterer Automatisierung, aber auch die der Konsolidierung des Sozialstaats auf der Grundlage der Sozialen Marktwirtschaft und schließlich *Arbeit 4.0*, kurz charakterisiert als digitalgestützte Innovationen seit Beginn des 21. Jahrhunderts mit fundamentalen Anfragen an das System Sozialer Marktwirtschaft. Im Hintergrund lässt sich an dieser Entwicklung das erkennen, was der österreichische Ökonom Joseph A. Schumpeter als „Prozess schöpferischer Zerstörung" (Schumpeter [7]1993 [1950]) beschrieben hat: Schöpferisch, weil „grundlegende Neuerungen" hervorgebracht werden, „die ganze Wirtschaftszweige und sogar große Teile der Gesellschaft umwälzen" (Wiemeyer 2017, S. 211); „Zerstörung", weil immer wieder „Sachkapital untergehender Wirtschaftszweige" (Wiemeyer 2017, S. 211) bzw. Humankapital entwertet wird.

In Analogie zu der Rede von *Arbeit 4.0* ist nun im Titel meines heutigen Vortrags die Rede von *Gesellschaft 4.0*.

In drei Schritten gehen die folgenden Ausführungen vor:

1. Beschreibung des Einflusses der Digitalisierung auf die Gesellschaft
2. Erläuterung ethischer und theologischer Fragen im Anschluss
3. Perspektiven und Ausblick

Vorab gilt es allerdings noch, eine wichtige Begriffsdifferenzie-
rung vorzunehmen, nämlich die zwischen Digitalisierung und
Künstlicher Intelligenz: Digitalisierung meint zunächst einmal die
Umwandlung analoger Gegenstände (Texte, Bilder, Immobilien)
oder Prozesse in digitale Äquivalente, d. h. in Daten und dann in
entsprechende Dateien. In einer ersten Phase hat der Mensch die
ihm zur Verfügung stehenden technologischen Möglichkeiten genutzt, *sein* Wissen und Können entsprechend umzuwandeln, d. h.
es dem Computer einzuspeichern, so dass er für den Menschen
„die schmutzige Arbeit" erledigen und ihm die „Routineschleifen
der Wissensarbeit" (Ramge 2018, S. 10) abnehmen konnte. Spätestens mit dem 21. Jahrhundert beginnt eine zweite Phase der Digitalisierung: Jetzt sprechen wir – anspruchsvoll – von Künstlicher
Intelligenz, was bedeutet, dass Maschinen selber Daten verstehen
und miteinander vernetzen sowie vor allem auf der Basis von immer wieder neu eingesammelten Feedbackdaten selbständig komplexe Entscheidungen fällen können. Um es am Beispiel des Autos
deutlich zu machen: In der Phase 1 der Digitalisierung gab es ein
„teilautomatisiertes Fahrassistenz-System", das

> „seine Erkenntnis dem Fahrer nur als Entscheidungsgrundlage an(-
> bietet), zum Beispiel, indem es mit einem Piepton vor dem Laster
> warnt",

der auf der Autobahn vor dem Fahrer, der im Überholvorgang ist,
auf die linke Spur zu ziehen scheint.

> „Der Mensch kann dann dem maschinellen Rat folgen oder ihn igno-
> rieren. Ein Autopilot, der seinen Namen verdient, setzt die Erkenntnis
> dann direkt in eine Handlung um." (Ramge 2018, S. 18)

1. Facetten einer Gesellschaft mit digitaler Alltags-kultur

Die Facetten, die ich jeweils mit einer These benenne, geben oft in zugespitzter Form die Entwicklungstendenz in unsere Gesellschaft wieder, also das wieder, was hier relevant ist oder was verbreitet ist o.ä. Damit ist keine normative Wertung verbunden, denn dafür müsste man hier jeweils sehr viel mehr ins Detail gehen.

Was Digitalisierung für menschliches Handeln und für die Gesellschaft im Allgemeinen bedeutet und wie sie sie verändert, will ich in verschiedenen Facetten aufzeigen, um dann auch noch differenzierter auf die Relevanz von KI in unserer Gesellschaft einzugehen:

1.1 Bezogen auf das Selbstverständnis vom Menschen: (Nur) Wo WLAN und ein Akku vorhanden sind, sind die basalen Bedürfnisse erfüllt.

Seit Jahrzehnten kennen wir in der (Laien-) Psychologie die Bedürfnispyramide nach Maslow. Die Idee dahinter ist: Erst, wenn sehr grundlegende Bedürfnisse wie Sicherheit in hohem Maße gestillt sind, hat der Mensch den Kopf frei für kognitiv hoch entwickelte Dinge wie künstlerische Betätigung etwa zur Selbstfindung. Die Darstellung einer Pyramide ist dabei ein wenig verwirrend, genauso wie das Modell aus der Sicht der heutigen Psychologie ohnehin auf wackligen Beinen steht. Unabhängig aber von diesen Details wissenschaftstheoretischer und methodischer Art aber illustriert diese Ergänzung der Pyramide um zwei sehr basale Elemente den Wandel der Perspektive: WLAN und ein aufgeladener Akku im Smartphone sind die basalen Bedürfnisse des Menschen im 21. Jahrhundert; fundamentaler ist kein Bedürfnis als das, das eigene Smartphone am Laufen zu halten; und ohne die Erfüllung dieser Bedürfnisse ist es kaum möglich, sich anderen Bedürfnissen zu widmen.

Auch Jugendliche und junge Erwachsene machen diese Veränderung deutlich, wenn für sie gilt: Home is where my wifi connects automatically. Heimat darüber zu bestimmen und zu füllen, bedeutet natürlich gleichzeitig eine Werteverschiebung, die im Blick auf den Begriff der Heimat eine deutliche Vereinseitigung und Verkürzung darstellt, ein Beiseiteschieben der Sinndimension, die bisher genau im Begriff der Heimat mitgeklungen ist.

1.2 Bezogen auf die Kommunikation: Kurztexte schreiben ist das neue Reden.

Der vorherrschende Kommunikationsweg ist gegenwärtig die kurztextbezogene Kommunikation. Emails, heute schon wieder eine klassische Form der digitalen Kommunikation, stellen für Jugendliche von heute eigentlich gar keinen Kommunikationsweg mehr dar. Diese Entwicklung ist ein durchaus zweischneidiges Schwert: Positiv ist die Belebung der Kommunikation. Aber solche Form der Kommunikation hat sicher auch negative Effekte: Gespräche von face to face zu führen, angenehme oder auch unangenehme Dinge so zu formulieren, dass sie auch in die Situation passen, all das geht ein Stück weit verloren. Es kommt zur Verabschiedung von bestimmten Kulturtechniken: Gespräche führen, Briefe schreiben – eine handgeschriebene Postkarte aus dem Urlaub bekommt da wieder einen ganz besonderen Stellenwert.

1.3 Bezogen auf die Bildung:
Internetzugang für alle ist die neue Bildungsoffensive.

Von Vermittlung von digitaler Kompetenz ist allenthalben die Rede. Um in der digitalen Gesellschaft bestehen zu können, müssen solche Kompetenzen vorhanden sein, nicht nur für berufliche Zwecke, sondern auch im privaten Alltag. Von daher stellt ein kostenloser Internetzugang für alle eine große Chance auf besseren Bildungsstand für alle dar. Bildung wird darüber demokratisiert, d. h. mehr Menschen können Zugang zu Bildung und Bildungsgütern finden. Ein Zugang zu allen Ressourcen stellt die Möglichkeit dar, sich zu informieren und weiterzubilden. Aber: dazu braucht es mehr als nur den Internetzugang, es braucht auch qualitative Fähigkeiten. Wenn z. B. 79 Prozent der Deutschen das Internet nutzen, aber nur 15 Prozent etwa Suchergebnisse jenseits der ersten Trefferseite betrachten (laut einer Studie aus dem November 2016), dann gilt es hier noch Kompetenzen zu vermitteln, welche Quellen vertrauens- und glaubwürdig sind, welche Ergebnisse man vergleichen muss. Zudem müssen spezifische Kompetenzen über die Welt des Digitalen erworben werden, die die Vielfalt der Nutzung des Internets ermöglichen, es sind Kriterien zum verantworteten Umgang zu vermitteln. Schließlich ist die Unterscheidung von fake und fact zu verdeutlichen.

Die Kehrseite der Informationsbeschaffung ist die Verantwortung für das, was man selber ins Internet stellt – hier wird ebenfalls die Frage nach der Wahrheit bedeutsam sowie nach dem Stil der eigenen Äußerungen und Posts.

1.4 Bezogen auf die eigene Präsenz im Internet:
   Wer im Internet nicht vorkommt, existiert nicht.

Eine Beobachtung, die natürlich nicht anthropologisch oder ontologisch, sondern soziologisch gemeint ist.

Viele Menschen präsentieren sich und ihre Interessen, ihre Vor-
lieben, ihre Aktivitäten auf Facebook, Instagram, Snapchat, Twitter, Pinterest etc. Es ist ein großer Hang zur Selbstdarstellung zu
beobachten, vor allem über Fotos! Daraus ergibt sich eine dispa-
rate Situation: Auf der einen Seite sorgen sich die Menschen zunehmend um einen möglichen Missbrauch ihrer Daten, beäugen
immer wieder ängstlich die in rhythmischen Abständen neu kommenden AGBs, bangen aber andererseits auch darum, überhaupt
wahrgenommen zu werden, wenn sie nicht vertreten wären.

Potentielle zukünftige Arbeitgeber googeln Bewerber, um sich
auch von der Seite aus ein Bild zu machen von der gesamten Persönlichkeit. Die folgenden Fragen sind in diesem Zusammenhang
relevant: Wann ist man oder ist man überhaupt nur als Privat-
person im Netz unterwegs? Wie sieht es aus mit der Privatsphäre, darf man in einem sozialen Netzwerk etwas posten, das dem
Arbeitgeber schadet? Gezielt sorgen viele für ihren Internet-Auf-
tritt, Headhunter durchforsten berufsbezogene Plattformen wie
LinkedIn oder Xing. Gleichzeitig hat man aber auch die Sorge, zu
viele und zu kleinteilige Spuren im Internet zu hinterlassen. Denn
Datenschutz ist ein wichtiges Thema dabei. Seit den Enthüllungen
von Wikileaks ist die Sorge um dieses Thema noch einmal größer
geworden, die Kehrseite der Medaille des Datenschutzes erleben
wir allerdings auch seitdem die DSGVO (Datenschutzgrundver-
ordnung) in Kraft ist. Der Schutz der Privatsphäre und der eigenen
Persönlichkeit sind die eine Seite, die andere Seite ist die Frage, ob
nicht durch manche hoch komplizierte Regelung der Fortschritt

des Internets wieder aufgehoben wird.

Ein weiterer Aspekt zu den Fragen der Daten ist in den Blick zu nehmen: Daten sind das Kapital der digitalisierten Gesellschaft, insofern kommen an dieser Stelle klassische sozialethische Überlegungen zur Frage nach dem (Privat-)Eigentum noch einmal in ganz neuer Weise zur Geltung.

1.5 Bezogen auf den Alltag:
Tüten tragen war gestern, heute ist Onlineshopping.

Onlineshopping ermöglicht größere Freiheit, weil individuelle Zeitplanung, vergleichen von Waren, Suche nach günstigstem Anbieter etc. gegeben ist. Und gerade für Ältere oder Menschen mit Behinderungen bietet dieser Weg größere Eigenständigkeit. Aber für die Händler vor Ort hat solches individuelles Einkaufsverhalten strukturelle und problematische Konsequenzen: Sie können sich oftmals auf dem Markt nicht mehr behaupten, da ihnen die Online-Anbieter größere Anteile am Geschäft streitig machen. Dabei haben sie durch (noch) anderes als Online-Dienste wie Beratung, persönliche Kenntnis der Produkte, ggf. auch der Kunden, also individualisierte Ansprache in die Waagschale zu werfen.

1.6 Bezogen auf ökonomische Prozesse:
Die Ökonomie des Teilens ist der neue Lifestyle.

Teilen statt Haben ist das Motto der sogenannten sharing economy. Privatleute stellen zeitweilig Waren, die ihr Eigentum sind, zur Nutzung und Dienstleistung zur Inanspruchnahme Dritter zur Verfügung. Im Idealfall koordinieren sich die Partner virtuell. Konkret: Uber oder Airbnb sind die bekanntesten Plattformen dieser Art. Vielleicht lässt sich hinter der Share Economy schon ein neuer Lebensstil, ein *collaborative lifestyle* ausmachen. War es früher schick, durch teure Autos und goldene Armbanduhren in der Nachbarschaft zu glänzen, so gilt es heute als hip, Güter zu teilen und dies auch nach außen zu zeigen. Dies kann als eine neue Form demonstrativen Konsums verstanden werden: Wer besonders umweltbewusst und nachhaltig lebt, wird sozial anerkannt und wertgeschätzt.

Aber auch hier gibt es wieder problematische Seiten: Wie steht es mit rechtlichen Rahmenbedingungen, mit geregelter Arbeitszeit, mit einer Absicherung im Schadensfall, mit Sozialversicherungen etc.

2. Künstliche Intelligenz (KI) und die Transformation der Gesellschaft

„In Europa sind Roboter Feinde, in Amerika Diener, in China Kollegen und in Japan Freunde." (Ramge 2018, S. 24) Dieser Satz zeigt zunächst einmal deutliche kulturelle Unterschiede in der Wahrnehmung und Akzeptanz von Innovation, insbesondere von digitaler Innovation, die Welt und Gesellschaft massiv beeinflussen und wie kaum eine andere Entwicklung zuvor verändern wird.

2.1 Alexa, Siri und Co – „Virtuelle Assistenten"

„Alexa, wie wird das Wetter morgen? Wie ist der Verkehr von Freiburg nach Lörrach? Alexa, sing mir ein Schlaflied. Siri, ruf Alexa an." Ein schönes Spielzeug – aber eben doch auch deutlich mehr, nämlich „ein technischer Durchbruch auf dem Weg zu einem intelligenten Alltagsassistenten" (Ramge 2018, S. 66). Der terminus technicus für derartige sprachgesteuerte Systeme heißt *virtual assistent*, kurz auch *bots* genannt. Es handelt sich um Systeme künstlicher Intelligenz, die die Hoffnung wecken, dass man eine zunehmende Anzahl lästiger Alltagsroutinen an sie abgeben kann (vgl. Ramge 2018, S. 69) wie z. B. das rechtzeitige Bestellen der Druckerpatronen, sogar Terminkoordination. Weitere Beispiele für die Möglichkeiten, die sich in diesem Kontext des Alltags bieten, sind etwa das *curated shopping* (vgl. Ramge 2018, S. 71): So bietet etwa ein Startup (Stitch Fix) seinem Kunden Mode im Abo an. In regelmäßigem Abstand wird ein Paket mit fünf Kleidungsstücken an die Kunden verschickt – was den Kunden gefallen könnte, lernt das System aus dem, was zurückgeschickt wird und auch aus Fotos, die der Kunde auf Instagram geliked hat. Nicht zufällig hat Amazon mit Alexa das am meisten ausgeklügelte System entwickelt, sammelt es doch seit Jahren auf vielfältige Weise alle möglichen Daten von seinen Kunden. Hier stellt sich zum einen die Frage nach dem gläsernen Kunden als eine Kehrseite des Phänomens der hoch individualisierten Beratung und Empfehlung. Zudem bereitet vielen auch die Tatsache Unbehagen, dass nicht nur Alexa, sondern alle möglichen Kaufberater, die es aktuell gibt, von der Seite der Verkäufer angeboten werden, die Überlegung also, ob nicht hier doch eindeutig die Interessen des Verkäufers präferiert werden. Letztlich wünschenswert wäre eine verkäuferunabhängige Assistenz, der Assistent als Agent des Käufers. (Vgl. Ramge 2018, S. 73)

2.2 *DoNotPay* – „Der Robo-Anwalt"

Auf dem Feld der künstlich intelligenten Rechtsberatung gibt es derzeit ein immens schnell wachsendes Angebot, ein sehr erfolgreicher virtueller Rechtsassistent hat den klingenden und bezeichnenden Namen *DoNotPay*, ein Bot, der von einem jungen

Stanford-Studenten programmiert wurde und seine Nutzer bei Einspruchsverfahren in einfachen Kontexten unterstützt. Er fragt alle Details ab und wirft innerhalb kürzester Zeit anschließend einen perfekten Einspruchsbrief aus. Der Boom auf diesem Feld hat zwei nachvollziehbare Gründe: Zum einen ist juristische Beratung sehr teuer und zum anderen handelt es sich um ein Gebiet, auf dem klare und präzise formulierte Regeln und Gesetze existieren, auf dem es jeweils unzählige Präzedenzfälle gibt und das damit beste Voraussetzungen für künstliche im Sinne von lernender Intelligenz bietet. Interessant ist, dass diese Legalbots heutzutage häufig von Profis genutzt werden, um in den Standardfällen schneller voranzukommen und um sich in kniffligen Fällen der Unterstützung des Bots in der Recherche und in der Berechnung von Wahrscheinlichkeiten zu bedienen.

2.3 Dr. Watson als Medizin-Assistent

Hier steht das IBM-System Watson Pate: Große Hoffnungen ruhen derzeit auf der Künstlichen Intelligenz im Bereich der Medizin, sei es im Blick auf die Vorhersage von Tumorwachstum, auf die Unterscheidung von gut- und bösartigen Tumoren, sei es im Blick auf die Erkenntnis eines drohenden Herzinfarktes oder eines Schlaganfalls, sei es im Blick auf die Entwicklung eines Autismus im ersten Lebensjahr, sei es aber auch mit Blick auf Ausbruch und Entwicklung von Epidemien o. ä. Für all diese assistierenden Tätigkeiten ist allerdings der Aufbau einer Gen-Datenbank, die Digitalisierung von Patientenakten und wissenschaftlicher Studien notwendig, was wiederum sehr im Widerspruch steht zu den strengen datenschutzbezogenen Reglementierungen des Bereichs von Gesundheit und Medizin. Der Zugang zu patientenbezogenen Daten stellt sich in Deutschland als durchaus schwierig dar,

hier gilt es deutlich abzuwägen – um es einmal auf den einfachen
Punkt zu bringen – zwischen Datenschutz und medizinischem
Fortschritt.

3. Ethische und theologische Anfragen

3.1 Der Mensch – dem Roboter untertan oder Geschöpf und Ebenbild Gottes?

„Wurzelgrund nämlich, Träger und Ziel aller gesellschaftlichen
Institutionen ist und muß auch sein die menschliche Person", so
formuliert es die katholische Soziallehre in diversen Dokumenten,
u. a. auch in der Pastoralkonstitution des II. Vatikanums (Gaudium et spes 25). Mit diesem Zitat steht eine der für den vorliegenden Kontext entscheidenden Fragen im Zusammenhang: Wie
steht es im Kontext des Digitalisierungsprozesses um die Freiheit
und Autonomie, um die Würde des Menschen? Wird aufgrund von
immer weiteren und besseren Feedbackschleifen ein superintel-
ligentes System entstehen, das letztlich vom Menschen zwar initiiert, aber von ihm selbst nicht mehr kontrollierbar ist? Nutzt
also der Mensch, so könnte man zugespitzt fragen, seine Intelligenz und Autonomie, um ein System zu entwickeln, das ihn dann
genau dieser Freiheit und Autonomie beraubt und sich gegen ihn
wendet?

Die Digitalisierung stellt nicht einfachhin eine Entwicklung
oder ein Schicksal dar, das über den Menschen kommt und dessen er sich nicht erwehren kann. Es handelt sich vielmehr um eine
Entwicklung, die der Mensch sicherlich nicht mehr rückgängig
machen kann, denn das Rad der Geschichte lässt sich nicht zu-
rückdrehen, die er aber gestalten und sich in ihren positiven Ef-

fekten nutzbar machen kann und selbstverständlich auch bereits macht – analoge Prozesse kennen wir bereits aus der Geschichte des 19. Jahrhunderts in der Entwicklung einer Einstellung zur Industrialisierung, aber auch aus der jüngeren Zeit im Blick auf die Globalisierung.

Das bedeutet aber umgekehrt auch, dass der Digitalisierung nicht *das Feld* überlassen werden darf, sondern dass es sich hierbei um einen Prozess handelt, den Menschen gestalten können und müssen.

An dieser Stelle gilt es, sich klar zu machen, dass es bei allen Robotersystemen nie um die alleinige Alternative Mensch oder Maschine geht, sondern dass es immer um das Austarieren des Verhältnisses von Mensch und Maschine geht, letztlich also um die Frage, wie der Mensch sich die Maschine und ihre Leistungsmöglichkeiten sinnvoll und gut zunutze machen kann.

In diesem Zusammenhang ergibt sich auch noch ein weiterer wichtiger Punkt: Programmierbar ist immer nur das, was auf bereits Gedachtem basiert. Nur das, was einmal dem Roboter eingespeist ist, kann er durch Feedback weiter vernetzen. Von einem entsprechend programmiertem und noch so gut lernendem Roboterhirn wird keine Innovation ausgehen. Eine neue Idee, die eben noch nicht umgesetzt und in einen entsprechenden binären Code gebracht worden ist, wird es auf der Seite der Roboter nicht geben; Roboter sind sehr hilfreiche, nützliche Fachidioten, aber Kreativität, neue Lösungen oder gar die Erkenntnis eines bislang nicht benannten (und kodierten) Problems wird es nicht geben. Um also nicht zum Stillstand oder Rückschritt unserer Welt und Gesellschaft zu kommen, braucht es weiterhin genau diese den Menschen ausmachenden Dimensionen!

Lassen Sie mich an dieser Stelle noch einige genuin philosophisch-theologische Gedanken zur Frage der Anthropologie anfügen:

Der Mensch als Geschöpf und Ebenbild Gottes ist einerseits Mitge-
schöpf mit allen anderen Geschöpfen, andererseits aber hat er als
Ebenbild Gottes eine ganz besondere und einmalige, hervorgeho-
bene Stellung. Er ist es, der als animal rationale den Herrschafts-
und Kulturauftrag erhalten hat: Er soll die Schöpfung bebauen
und beherrschen. Zur Schöpfung gehört theologisch gesehen (aus
dem Gedanken der creatio continua heraus) alles, was nicht Gott
ist, also nicht nur in einem romantisch verstandenen Sinn die grü-
ne und unberührte Natur, sondern auch und gerade alles, was der
Mensch entwickelt und erfindet. Das II. Vatikanische Konzil hat in
der Pastoralkonstitution Gaudium et spes deutlich gemacht, dass
nichts von dem, was in der Welt ist, per se verwerflich ist. Das bedeutet für unseren Kontext: Auch alles, was in den großen Kontext
der Digitalisierung gehört, ist nicht per se *vom Teufel*. Alles, was
die Schöpfung hervorbringt, ist dem Menschen aufgegeben, damit
umzugehen und es zum Guten und zum Wohlergehen der Gesellschaft zu nutzen. Diese Aufgabe, eine Zielorientierung vorzuge-
ben, die Entwicklung von Welt und Gesellschaft auszurichten auf
das – klassisch gesprochen – das Gemeinwohl, kann keine noch
so weit entwickelte Künstliche Intelligenz des Menschen übernehmen, die Zielbestimmung und die Ausrichtung der KI-Systeme
genau darauf bleibt Aufgabe des Menschen.

Die Rede vom Menschen als Geschöpf und Ebenbild Gottes, als
ein Wesen mit Würde und Freiheit ist unter den Bedingungen der
gegenwärtigen Gesellschaft und ihrer Transformationen, die mit
der Digitalisierung und der Künstlichen Intelligenz einhergehen,
noch einmal in besonderer Weise herausgefordert: Wird der Humanismus (als Bezeichnung für die gerade skizzierte Haltung, der
zufolge der Mensch eine besondere Stellung, Würde und Verantwortung hat) abgelöst durch den Transhumanismus, durch den
evolutionären Quantensprung, der durch die Digitalisierung und

die Künstliche Intelligenz hervorgerufen wird? Der israelische Historiker Yuval Noah Harari schreibt „(e)ine Geschichte von Morgen" unter dem Titel *Homo Deus*.

> „Harari traut [...] dem Menschen des 21. Jahrhunderts eine schier göttliche Schöpfungs- und Zerstörungsmacht zu. Der Mensch der Zukunft strebt nach göttlicher Macht, nicht nach Sinn. Er wird Homo Deus sein. Seine Religion ist der Dataismus." (Weichlein 2017)

Abgesehen davon, dass es hier bereits einen deutlichen Widerspruch gibt – wenn der Mensch Gott wird, braucht er vermutlich keine Religion mehr –, stellt dies bei Harari eine sehr pessimistische Perspektive dar, die die Perfektionierung des Menschen, die Überwindung biologischer Begrenzungen durch immer weitere Maschinen und Künstliche Intelligenz letztlich als Abschaffung des Menschen sieht. Transhumanisten befürchten zum Teil auch die Entwicklung eines letztlich bösartig sich gerierenden Computers, was allerdings einen alten Mythos wieder wach werden lässt: Die Geschichte vom Zauberlehrling. Dabei lassen Harari und andere aber völlig außer Acht, dass der Mensch gerade aufgrund seiner Vernunft und seines Bewusstseins die Fähigkeit hat, sich selbst zu der digitalen Entwicklung ins Verhältnis zu setzen, woraus die zumindest ethische Verpflichtung resultiert, die Kontrolle der KI-Systeme im Auge zu behalten. Ferner bleibt zu bedenken, dass der Mensch mehr ist als nur Informationen und Daten, dass folglich (vgl. Ramge 2018, S. 96) die Grenzen maschineller Intelligenz da erreicht sind, wo es um nicht logisch zu lösende Probleme geht, wo Aussagen nicht formal ableitbar sind. Insgesamt scheint diese Gefahr für die nächsten Jahrzehnte nicht realistisch, denn eine Explosion der Künstlichen Intelligenz ist nicht zu erwarten. Es gibt auch weitere rein technische Grenzen (die Größe der Chips etwa), so dass man darüber nicht realere Probleme übersehen darf. [Solche realeren Probleme sind: Monopolbildung bei Daten, Ausschaltung des Marktmechanismus durch die Selbstlernenden Systeme, Manipulation des Einzelnen und Missbrauch durch Regierungen (vgl. Ramge 2018, S. 96)]

3.2 Roboter statt Mensch? Das Ende der Arbeit?

Diese aufgezeigten technischen Entwicklungen implizieren durchaus Chancen und Vorteile für die Arbeitswelt, Roboter können Menschen von reinen Routinetätigkeiten und sogar darüber hinaus von vielfältigen Arbeiten entlasten, diese z. T. sogar ganz übernehmen. Dadurch wird die Arbeitsplatz- und Arbeitszeitgestaltung immer freier, weil viele Arbeiten über einen Bildschirm erledigt werden und somit prinzipiell von überall und zu jeder Zeit ausführbar sind. Das wiederum hat bedeutsame Konsequenzen für die Mobilität, für den Verkehr und damit für den Umweltschutz. Schließlich können über diese Fortschritte auch Menschen mit Behinderungen einfacher und individueller in Arbeitsprozesse integriert werden, der Zugang erscheint zunächst einmal niederschwelliger.

Aber auch die negativen Seiten dieser Transformation sind nicht zu übersehen: Die Arbeit an der Entwicklung selbstfahrender Autos, bei denen letztlich der Mensch als aktiver Autofahrer ausgeschaltet werden soll, um das Risiko von Fehlverhalten und Fehlreaktionen, auch von freiheitlicher individueller Entscheidung zu beseitigen, legt den analogen Schluss nahe, dass es auch in der Arbeitswelt Formen der Erwerbsarbeit geben wird, bei denen der Roboter die Tätigkeit vollständig übernimmt. Es werden mithin unterschiedliche bisherige Arbeitsplätze wegfallen und Menschen aus der klassischen Arbeitswelt verdrängt werden.

Damit kehrt eine inhaltliche Debatte zurück, die bereits in den achtziger Jahren des vergangenen Jahrhunderts geführt wurde: Befürchtungen, dass die technische Entwicklung dazu führe, dass der Gesellschaft die (Erwerbs)Arbeit ausgehe und technologisch bedingte Arbeitslosigkeit in großem Umfang drohen würde. Damals schloss sich die Mehrzahl der Autoren der auf dem Deutschen Soziologentag 1982 mit Berufung auf Hannah Arendt vorgebrachten These an, dass den hochentwickelten Arbeitsgesellschaften wie der unsrigen die Arbeit ausgeht – eine These, die prima facie ein hohes Maß an Plausibilität besaß. Seltener wurde die ökonomische Gegenthese von der Arbeit ohne Ende debattiert, die davon ausging, dass der Arbeitsmarkt durch eine falsche Politik fehlgesteuert, das Problem der hohen Sockelarbeitslosigkeit ein hausgemachtes ist und der Arbeitsmarkt sich aus ökonomischer Perspektive nicht von einem Warenmarkt unterscheidet. Mit differenzierter Analyse suchte Arnd Küppers (vgl. Küppers 2008, S. 101 – 116) diese Aporie der damaligen Arbeitsgesellschaft so aufzulösen, wie es dann auch die Erfahrung bestätigt hat: Das Katastrophenszenario eines Endes der Arbeitsgesellschaft hält er für unsinnig, wohl aber sei klar, dass die Arbeitswelt einem enormen und komplexen Wandel von der Industrie- zur Dienstleistungsgesellschaft unterliegt; es gebe so viele Arbeitsplätze wie nie zuvor in der Geschichte unserer Gesellschaft, allerdings bestehe dabei ein zunehmendes Arbeitsplatzproblem für Geringqualifizierte: es entstünden neue soziale Gefährdungen, insbesondere für Menschen, die in einer wissensbasierten Leistungsgesellschaft nur einfache und einfachste Tätigkeiten anzubieten haben.

Eine vergleichbare Diskurslage ist momentan im Blick auf die Folgen der Digitalisierung für die Arbeitswelt wieder anzutreffen: Eine erste wichtige wissenschaftliche Studie, die nach den maßgeblichen Forschern so benannte Frey-Osborne-Studie aus dem

Jahr 2013, untersuchte auf den US-amerikanischen Markt bezogen das Automatisierungspotenzial amerikanischer Berufe. Dieser Untersuchung zufolge würden

> „47 Prozent der amerikanischen Beschäftigten Berufe ausüben, die mit hoher Wahrscheinlichkeit automatisiert würden (Frey & Osborne 2013)" (Lorenz 2017, S. 7).

Vor allen Dingen seien

> „niedrig qualifizierte und niedrig entlohnt Beschäftigte am deutlichsten von der Automatisierung betroffen" (Lorenz 2017, S. 7);

zukunftssicher seien dagegen am ehesten Tätigkeiten mit hohem kreativen und unternehmerischen Anteil. (Vgl. Rinne & Zimmermann 2016, S. 6) Eine Übertragung der Ergebnisse auf die Situation in Deutschland kommt zumindest prima vista auf vergleichbare Ergebnisse, allerdings liefern andere Studien mit einem alternativen methodischen Ansatz weniger dramatische Ergebnisse für die USA und Deutschland. Für Deutschland wurde errechnet, dass (nur) 12 bzw. 15 Prozent der (sozialversicherungspflichtigen) „Arbeitsplätze in Deutschland ein relativ hohes Automatisierungsrisiko aufweisen" (Rinne & Zimmermann 2016, S. 7). Am ehesten als problematisch wird jedoch auch hier die Entwicklung für Beschäftigte mit niedrigem und mittlerem Qualifikationsniveau angesehen. Allerdings weisen Ulf Rinne und Klaus F. Zimmermann darauf hin, dass allen Prognosen zum Trotz der vorhergesagte massive Verlust an Arbeitsplätzen in der Industrie nicht eingetreten ist. Im September 2017 betrug die Zahl der Erwerbstätigen 44,3 Millionen Menschen (vgl. Statista), was ein sehr hohes Niveau der Beschäftigung darstellt. Gleichzeitig ist das

Arbeitsvolumen immens gestiegen. (Vgl. Rinne & Zimmermann 2016, S. 5) Vor dem Hintergrund dieser unterschiedlichen Ergebnisse empfehlen Rinne und Zimmermann, insgesamt Vorsicht bei der Beurteilung des technischen Automatisierungspotenzials und entsprechender Gefahren walten zu lassen, wenn auch das grundsätzliche Veränderungspotential nicht zu übersehen ist.

Neben der Sorge um den Wegfall von Arbeitsplätzen gilt es nämlich ebenso, die

> „vielfältige(n) Chancen und Potentiale [in den Blick zu nehmen], die im günstigsten Fall sogar für eine Überkompensation der wegfallenden Arbeitsplätze sorgen könnten" (Eichhorst u. a. 2016, S. 2).

Eichhorst u. a. verweisen darauf, dass es auch ein positives Szenario gibt, das allein für Deutschland durch Industrie 4.0 ein starkes Wachstumspotential erkennt, das – so die Schätzung – bis zum Jahr 2025 auf 425 Milliarden Euro anwachsen könnte. (Vgl. Eichhorst u. a. 2016, S. 2) Die Konsequenzen dieser Transformationsprozesse sind also in keiner Weise unumkehrbar festgelegt, sondern abhängig von verschiedenen gestaltenden Faktoren. Hier liegt der Ansatzpunkt für Arbeitsmarkt-, Sozial- und Ordnungspolitik sowie für Gerechtigkeitsfragen.

Gesellschaftlich führt diese Transformation in Arbeit 4.0 zu einer deutlichen Verschiebung von Werten und Präferenzen: Mit der angesprochenen Flexibilität von Ort und Zeit hinsichtlich der eigenen Erwerbsarbeit können die Individuen im Blick auf ihre Work-Life-Balance, vor allem aber Familien im Blick auf ihre individuelle Rollenverteilung den jeweiligen Interessen sehr viel besser Rechnung tragen. Das bedeutet aber zugleich auch, dass Erwerbsarbeit und Familienzeit entgrenzt werden und ggf. ineinander übergehen. Es besteht zudem die Gefahr einer schleichenden Überforderung der Arbeitnehmer durch den Druck permanent geforderter oder als selbstverständlich angesehener Erreichbarkeit, der damit verbundenen Auffassung, der Mitarbeiter könne dienstliche Aufgaben auch außerhalb seiner Arbeitszeit erledigen.

Dieser Aspekt verweist auf eine entscheidende Konsequenz im Transformationsprozess zur Arbeit 4.0, nämlich den Wandel des sogenannten Normalarbeitsverhältnisses, hier werden sich Tendenzen verstärken, die bereits in der jüngeren Vergangenheit eingesetzt haben: Zunehmen werden individuell zugeschnittene Arbeitsverhältnisse, bei denen ggf. auch die Interessen des Arbeitsnehmers einfließen, die aber vor allem auch nach den jeweils aktuell berechneten Bedarfen der Arbeitgeber gestaltet sein werden. Folglich wird es anstelle bisher üblicher Arbeitsverträge mehr Zeitarbeits- und Projekt- bzw. Werkverträge geben, die zwar einerseits die nicht zu vernachlässigende Chance bieten, zumindest zeitweise am Erwerbsarbeitsprozess zu partizipieren, die aber andererseits mit Recht zur sogenannten prekären Beschäftigung zählen, da sie nicht auf Dauer und Kontinuität angelegt sind, kaum oder keine sozialversicherungsrechtliche Absicherung kennen und auch beim arbeitsrechtlichen Schutz höchstens einem Minimalstandard entsprechen. Hier spielt das Aufkommen des *Crowdworking* eine große Rolle.

Damit wächst auf der einen Seite der Freiheits- und Entscheidungsspielraum jedes Einzelnen, aber natürlich auf der Kehrseite der Medaille auch die Verantwortung und das Risiko. Unser bundesrepublikanisches, stark sozialstaatlich orientiertes arbeitsmarktbezogenes Denken ist jedoch nur in sehr geringem Maß auf solche Risikobereitschaft ausgerichtet; hier stehen gesamtgesellschaftliche Lernprozesse auf beiden Seiten an. Zugleich aber stellt sich die Frage, ob und inwiefern institutionelle Mechanismen zur Absicherung der Soloselbständigen und Crowdworker greifen können bzw. hier eine Erweiterung des sozialstaatlichen Ansatzes notwendig und auch möglich sind.

Insgesamt gilt auch hier, was oben bereits in anderem Kontext schon angedeutet wurde: Mittelfristig wird es nicht die Alternative sein, ob Roboter zunehmend an die Stelle der Menschen treten, sondern eher, dass technikaffine Menschen an die Stelle derer treten, die keinerlei Aufgeschlossenheit für technische Entwicklungen und für die Möglichkeit, die KI intelligent zu nutzen, aufbringen (vgl. Ramge 2018, S. 84).

3.3 Digitale Spaltung der Gesellschaft oder Beteiligungsgerechtigkeit?

Mit dem zuletzt Ausgeführten wird aber auch ein weiterer sozialethisch hoch problematischer Aspekt angesprochen: Die Digitalisierung spaltet die Gesellschaft in Digitalisierungsverlierer und -gewinner. Das schlägt sich u. a. auf dem Arbeitsmarkt ebenfalls nieder: Die Arbeitsplätze werden zweigeteilt: in *lovely and lousy jobs* (vgl. Ramge 2018, S. 31), d. h. „(a)ngenehme und gut bezahlte für gut ausgebildete Digitalisierungsgewinner" (Ramge 2018, S. 31) und schlechte und schlecht bezahlte für diejenigen, die zur Weiterentwicklung der Technik keinerlei Bezug haben. Auf die Relevanz von Bildung wurde vorhin bereits hingewiesen.

Partizipative Gerechtigkeit hat immer zwei Seiten, was für unsere Frage der Digitalisierung bedeutet:

1. Wer teilhaben will, muss selber auch investieren (und das nicht nur materiell, sondern einfach auch bereit sein, sich auf diese Wirklichkeit einzulassen), aber
2. muss die Gesellschaft auch Partizipation ermöglichen. Ermöglichung meint, gerechte Rahmenbedingungen zur Verfü-

gung zu stellen, also Kompetenzen zu vermitteln und auch den Zugang zu erleichtern und kostenfrei sowie barrierefrei zu stellen. Nur so kann man verhindern, dass aufgrund fehlender digitaler Möglichkeiten eine digital begründete Spaltung der Gesellschaft entsteht.

3. Schließlich ist die Gesellschaft in der Pflicht, die Menschen, die zu den Verlierern dieser Entwicklung gehören (und auch noch einmal die, die sich dieser Entwicklung verweigern), in ihrem sozialen Netz aufzufangen.

3.4 Sinnstiftung und Glück?

> „Menschen müssen mit ihren Entscheidungen glücklich werden, Computer nicht. Maschinen werden nie fühlen, was Glück ist." (Ramge 2018, S. 35)

Diese weit über die Vernetzung von Daten und logischen Gesetzmäßigkeiten und Regeln hinausreichende Dimension von Sinn und Glück zählt zum Spezifikum des Menschen. Hier kommt dann – theologisch gesehen – eine Dimension ins Spiel, die geprägt ist von dem Bewusstsein um ein *Mehr*, um das, was über diese Wirklichkeit hinausgreift auf eine göttliche Wirklichkeit und eine Zukunft, die nicht allein menschlicher Machbarkeit erwächst. Daraufhin zu wirken und sich dafür zu engagieren, dass in einem von Digitalität geprägten Leben doch auch ein Schimmer von dem Woher und Woraufhin des Lebens aufleuchten kann, das scheint auch ein zentraler christlicher Impuls zu sein, der über alle Transformationen der Gesellschaft hinweg für den Einzelnen und für die Gesellschaft als Ganze immer wieder notwendig einzubringen ist, jenseits aller berechtigten Debatten um technikaffin oder technikabweisend, um digitalisierungskonform oder digitalisierungsabweisend – es geht um die letzte Hoffnung, die auch dann noch trägt, wenn menschliche und künstliche Intelligenz nicht mehr weiter wissen.

Literatur

EICHHORST, Werner; HINTE, Holger; RINNE, Ulf; TOBSCH, Verena (2016): Digitalisierung und Arbeitsmarkt: Aktuelle Entwicklungen und sozialpolitische Herausforderungen (IZA Standpunkte, Nr. 85), zuletzt geprüft am 28.11.2017.

KÜPPERS, Arnd (2008): Gerechtigkeit in der modernen Arbeitsgesellschaft und Tarifautonomie. Paderborn (Abhandlungen zur Sozialethik, Bd. 50).

LORENZ, Philippe (2017): Digitalisierung im deutschen Arbeitsmarkt. Eine Debattenübersicht. Sankt Augustin, Berlin: Konrad-Adenauer-Stiftung.

RAMGE, Thomas (2018): Mensch und Maschine. Wie künstliche Intelligenz und Roboter unser Leben verändern. Unter Mitarbeit von Dinara Galieva. Ditzingen: Reclam (Was bedeutet das alles?), Nr. 19499).

RINNE, Ulf; Zimmermann, Klaus F. (2016): Die digitale Arbeitswelt von heute und morgen. In: Aus Politik und Zeitgeschichte (18-19), S. 3–9.

SCHUMPETER, Josef (⁷1993 (1950)): Der Prozess der schöpferischen Zerstörung. In: SCHUMPETER, Josef (Hg.): Kapitalismus, Sozialismus und Demokratie. Tübingen, S. 134–142.

STATISTA: Saison- und kalenderbereinigte Anzahl der Erwerbstätigen mit Wohnsitz in Deutschland (Inländerkonzept) von September 2016 bis September 2017 (in Millionen).

WEICHLEIN, Siegfried (2017) https://www.feinschwarz.net/cur-homo-deus-an-die-glaeubigen-der-technikreligion/

WIEMEYER, Joachim (2017): Digitalisierung der Arbeitswelt als sozialethische Herausforderung. In: BERGOLD, Ralph; SAUTERMEISTER, Jochen und SCHRÖDER, André (Hg.): Dem Wandel eine menschliche Gestalt geben. Sozialethische Perspektiven für die Gesellschaft von morgen. Freiburg, S. 211–225.

Von der Eugenik zur Euthanasie

Wolfgang Kapp

Besuche im St. Josephs-Haus in Herten und ein Benefizkonzert von Frau Anne-Sophie Mutter und ein geplanter Vortrag zur Hanna und Paul Gräb-Stiftung sollten die Frage aufkommen lassen, wie es zur Ermordung behinderter Menschen kam und es in der breiten Öffentlichkeit, insbesondere unter dem nationalsozialistischen Regime, sogar zu einer gewissen Zustimmung kam. Es muss der Boden für diese Haltung vorbereitet gewesen sein. Der Vortrag versucht diese Wurzeln zu benennen ohne die Verbrechen der Nazizeit zu relativieren.

Eugenik bezeichnet die Anwendung theoretischer Konzepte und die Erkenntnisse der Humangenetik auf die Bevölkerungs- und Gesundheitspolitik einer Population mit dem Ziel, den Anteil positiv bewerteter Erbanlagen zu vergrößern (positive Eugenik) und den negativ bewerteter zu verringern (negative Eugenik). Der britische Anthropologe Francis Galton (1822–1911) verfasste dies bereits 1869 und 1883 in Schriften für die Verbesserung der menschlichen Rasse bzw. die „Wissenschaft für die Verbesserung der menschlichen Rasse, die sich mit Einflüssen befasst, welche die angeborenen Eigenschaften einer Rasse verbessern".

Der Mangel an tauglichen Rekruten in England zu Beginn des Burenkriegs, innenpolitische Degenerationsvorstellungen und Verlustängste im weiteren Sinne führten zur Formierung einer aktiven Eugenikbewegung. Zustimmung fand diese von Margaret Sanger, Julian Huxley, D.H. Lawrence, George Bernard Shaw, H.G. Wells. Die britische Eugenikbewegung stand dabei nach einer langen Periode des Liberalismus für eine aktive Rolle des Staates. Verknüpft wurden diese Bestrebungen durch eine rigorose Haltung durch den in diesem Sinne geprägten Sozialdarwinismus. Charles Darwin unterstützte durch seine Schriften z. B. die gesunde Zuchtwahl oder das Recht des Stärkeren in der Natur gewollt oder ungewollt die Eugenikbewegung. Das Bildungsbürgertum Ende des 19. und Übergang zum 20. Jahrhundert nahm diese Strömungen auf, zumal sich namhafte Wissenschaftler positiv zur Eugenik bekannten und weitreichende Konsequenzen zur Verhütung erbkranken Nachwuchses diskutierten.

Der erste Betreiber der Telefonie Alexander Bell, der sich mit Phonetik, aber auch mit Taubheit befasste, ist ein solches Beispiel. Seine Ehefrau war seit ihrer frühen Kindheit taub. Bell, der Eugenikbewegung eng verbunden, hielt Taubheit für einen über Eheverbote und Sterilisation vermeidbaren Defekt. Von 1912 bis 1918 war Bell im hochangesehenen Eugenic Record Office tätig und hatte 1921 den Vorsitz der zweiten Internationalen Eugenikkonferenz in den USA. Mit seinem Einfluss und seinem als Unternehmer und Wissenschaftler erreichten Ansehen trug Bell dazu bei, dass bis in die späten 1930er Jahre eine erhebliche Anzahl amerikanischer Bundesstaaten die verpflichtende Sterilisierung von tauben Menschen eingeführt hatte.

Für Deutschland, am Übergang vom 19. zum 20. Jahrhundert,

war Ernst Haeckel von Bedeutung. Seine Bücher wie *„Kunstformen der Natur"* und *„Die Welträtsel"* sowie *„Natürliche Schöpfungsgeschichte"* und *„Anthropogenie oder Entwicklungsgeschichte des Menschen"* gehörten zu den meist gelesenen Schriften, auch von Laien, um die Jahrhundertwende.

Im Rahmen seiner Auseinandersetzung mit der Übertragbarkeit rassischer Kategorien zählt Haeckel, im Gegensatz zu seinem Lehrer Rudolf Virchow, zu den schließlich wichtigsten Vertretern einer eugenischen Sozialpolitik. Aufgrund seiner Überlegungen zur „künstlichen Züchtung" des Menschen in der modernen Gesellschaft gilt Haeckel als Wegbereiter der Eugenik und Rassenhygiene in Deutschland. Die Nationalsozialisten zogen Ausschnitte seiner Schriften später für ihren Rassismus und Sozialdarwinismus heran. Als einer der ersten deutschsprachigen Autoren, der die Tötung Schwerkranker formulierte, wurde Haeckel auch zum Vordenker der freiwilligen und unfreiwilligen „Euthanasie" in Deutschland. 1915 hat Haeckel in seiner Schrift *„Ewigkeit"* über die unheilbar an „Geisteskrankheit Leidenden" neugeborene Kinder mit Defekten und „Missgeburten" geschrieben: „Eine kleine Dosis Morphium oder Cyankali würden nicht nur die bedauernswerten Geschöpfe selbst, sondern auch ihre Angehörigen von einer Last befreien".

Fünf Jahre später (1920) wurden von dem Freiburger Psychiater Alfred Erich Hoche (1865 – 1943), Haeckels Gedanken über den geringen Lebenswert verschiedener Menschengruppen (Lebenswunder, 1904) wieder aufgegriffen. Der hochangesehene Strafrechtler Karl Binding (1841 – 1920) veröffentlichte mit Hoche die Schrift *„Die Freigabe der Vernichtung lebensunwerten Lebens"* und wollte hierfür eine Straffreiheit etablieren. Hoche vertrat, dass „unheilbarer Blödsinn" ein Tötungsrecht begründe. Karl Binding, aus einer bekannten Frankfurter Familie, las Strafrecht in Basel,

Freiburg und Leipzig und war dort (Leipzig) bis 2010 Ehrenbürger der Stadt.

Unter vielen Autoren zu dieser Thematik im weitesten Sinne ist besonders Alfred Ploetz (1860 – 1940) zu benennen. Ploetz war Arzt, pflegte aber schon in seiner Schulzeit und später im Studium einen großen Freundeskreis innerhalb der studentischen *„Freien Wissenschaftlichen Vereinigung"*. Hierzu gehörten: Ferdinand Simon (später der Schwiegersohn von August Bebel), die Brüder Carl und Gerhart Hauptmann und Heinrich Lux. Ploetz floh 1883 nach Zürich, wohl in Folge der Bismarckschen Sozialistengesetze. Im selben Jahr gründete sich in Breslau der Verein *„Pacific"*. Ploetz war Präsident, Gerhart Hauptmann als Minister für Kultur und Carl Hauptmann als Minister für Wissenschaft vorgesehen. In Zürich kam Ploetz mit dem Schweizer Psychiater Auguste Forel in Kontakt. Es bildete sich ein Kreis von Studenten und Professoren zu dem neben Ploetz und Forel, Gustav von Bunge, Frank Wedekind, Carl und Gerhard Hauptmann gehörten. Hauptmann beschrieb diesen Kreis: „Vererbungsfragen sind schon damals in der Medizin viel diskutiert worden". 1889 porträtierte Hauptmann in seinem Drama *„Vor Sonnenaufgang"* in der Figur des Abstinenzlers Alfred Loth, Alfred Ploetz.

Ploetz gründete 1904 die Zeitschrift für Rassen und Gesellschaftsbiologie. 1905 war er Initiator der Deutschen Gesellschaft für Rassenhygiene, die von Ernst Haeckel unterstützt wurde. In seinem Buch *„Die Tüchtigkeit unserer Rasse und der Schutz der Schwachen"* entwarf er das Bild einer Gesellschaft, in der rassenhygienische Ideen zur Anwendung kommen. Der „nordischen Rasse" räumte Ploetz einen besonderen Stellenwert ein. Er begrüßte die Machtergreifung durch die Nationalsozialisten und schrieb im April 1933 in einer Ergebenheitsadresse an Adolf Hitler, „als dem Manne, der die deutsche Rassenhygiene aus dem

Gestrüpp ihres bisherigen Weges durch seine Willenskraft in das weite Feld freier Betätigung führt". Ploetz wurde zum Professor ernannt, für seine Warnung vor den biologischen Folgen die Krieg auf die menschliche Fortpflanzung hat, wurde er sogar 1936 für den Friedensnobelpreis vorgeschlagen, 1937 wurde er zum Mitglied der Leopoldina gewählt.

Es war nun nur noch ein kleiner Schritt zum organisierten Mord an Behinderten, der nach 1945 Aktion T 4 genannt wurde (nach der Adresse Tiergartenstrasse 4 in Berlin, wo sich die Zentralstelle zur Erfassung und Organisation befand).

Bereits 1929 erklärte Hitler auf dem Reichsparteitag in Nürnberg: ... würde Deutschland eine Million Kinder bekommen und 700.000 bis 800.000 der Schwächsten beseitigt, dann würde am Ende das Ergebnis sogar eine Kräftesteigerung sein.

Aber auch in anderen Ländern etablierten sich Strömungen und Konsequenzen eugenischer Maßnahmen unabhängig von den Verbrechen des dritten Reiches. In *Schweden* (1909) wurde die schwedische Gesellschaft für Rassenhygiene gegründet. In der Folge wurde 1935 das erste Sterilisationsgesetz in Kraft gesetzt und die Sterilisation geistig zurückgebliebener Menschen bei zu erwartenden Erbschäden durchgeführt. Insgesamt dauerte das schwedische Sterilisationsprogramm bis 1976. Es kam zu fast 63.000 Eingriffen, wie eine Untersuchungskommission 1999 feststellte.

In der *Sowjetunion* schloss man sich dem Vorgehen Deutschlands und Schwedens nicht an, man vertraute auf die Änderung des sozialen Umfeldes nach der Oktoberrevolution. Andererseits regte der Genetiker Alexander Serebrowski (1929) an, die Techniken der künstlichen Befruchtung zur Züchtung eines sowjetischen Supermenschen zu nutzen.

In *Kanada* trat 1928 ein Gesetz in Kraft *(sexual sterilisation act).*

Zur Bestimmung der zu sterilisierenden Individuen wurden Intelligenztests verwendet. Diese erfolgten in englischer Sprache, was bedeutet, dass sich unter den Ausgewählten viele Einwanderer fanden.

In der *Schweiz* wurden auf der Basis US-amerikanischer Vorbilder Zwangssterilisationen durchgeführt. In der psychiatrischen Klinik Burghölzli in Zürich unter deren Direktor Auguste Forel um 1890, aber auch unter dessen Nachfolgern Eugen Bleuler, Hans Wolfgang Maier und Manfred Bleuler wurden Zwangssterilisationen durchgeführt. In Wil, im Kanton St. Gallen und in diversen Spitälern wurden im 20. Jahrhundert, bis in die 1980er Jahre viele von angeblich Minderwertigen zwangssterilisiert. Es wurde im Kanton Waadt im Jahre 1929 das erste Gesetz zur eugenischen Zwangssterilisation in Europa erlassen; es wurde 1985 aufgehoben.

Dies soll nicht darüber hinweg täuschen, dass der systematische Mord im Rahmen der Aktion T 4 in Deutschland geschah und es von der Eugenik zur Euthanasie kam. Wir sind als Gesellschaft aufgerufen zu erkennen und zu handeln, wenn sich Strömungen bemerkbar machen, die vom wertigen und unwertem Leben sprechen.

Gesellschaftliche Verantwortung beginnt beim Einzelnen

Zur Symbiose eines Weltstars, der Hanna und Paul Gräb-Stiftung und des RC Lörrach

Ulrich Delhey

Der Weltstar ist die Stargeigerin Anne-Sophie Mutter, die bereit war, als Schirmherrin die Stiftung zu unterstützen. Ein Teil ihres großen sozialen Engagements bezieht sich deshalb auf Wehr-Öflingen, hier unterstützt sie mit verschiedenen Aktionen des Hauses der Diakonie, aber auch auf viele andere Projekte, bis hin nach Rumänien, wo sie mit Sponsoren und weiteren Kollegen mehrere Kinderheime baute.

Kommen wir zunächst zu Rotary. Warum dieses Engagement und die Unterstützung der Hanna und Paul Gräb-Stiftung? Anlässlich seiner 60-Jahrfeier 2019 hatte der Rotary Club Lörrach entschieden, die Hanna und Paul Gräb-Stiftung, die 2005 zum Erhalt der Häuser der Diakonie in Wehr-Öflingen gegründet wurde, als Hauptprojekt zu ihrem Jubiläum zu unterstützen.

Damit verbunden war im Vorfeld ein Benefizkonzert mit der welt-berühmten Stargeigerin Anne-Sophie Mutter, die von Ihren jetzi-gen und früheren Stipendiaten Vladimir Babeshko, Lauma Skride, Roman Patkolo und Danile Müller-Schott begleitet wurde.

Das dargebotene Programm war anspruchsvoll, und passte ausgezeichnet zu dem Anlass. Es umfasste Darbietungen von Franz Schubert – Das Forellenquintett Sätze 1 – 5 Johan Brahms, Johannes Brahms – Ungarischer Tanz No 5, P.I. Tschaikowsky – Melodie aus „Souvenir d'un lieu cher" und Camille Saint Säens – Introction und Rondo Capriccioso. Zum emotionalen Schluss spielte sie das „Ave Maria". Das Stück widmete sie Paul Gräb, der schwer erkrankt war und am Konzert am 12. Dezember nicht teil-nehmen konnte. Er verstarb dann am 18. Februar 2019.

Anne-Sophie Mutter trat zu diesem Benefizkonzert, wie üblich, mit ihrer Begleitung ohne Gage auf. So konnte ein Reinerlös von 120.000 Euro erzielt werden. Die Mitglieder des Rotary Club Lör-rach steuerten, durch Kauf von Eintrittskarten, 25.000 Euro bei. Der Gesamterlös aus dem Konzert ging an die Hanna und Paul Gräb-Stiftung und wird zur Mitfinanzierung der notwendigen Baumaßnahmen im Haus der Diakonie Wehr-Öflingen, zum Nut-zen der geistig behinderten Menschen, verwendet. Das war und ist der ausdrückliche Wunsch von Anne-Sophie Mutter.

Der Rotary Club Lörrach wollte durch seine Unterstützung im besonderen Maße deutlich machen, wie wichtig und notwendig es in der heutigen Zeit ist, gerade solche Projekte zu fördern und zu unterstützen.

Nicht nur der Rotary Club Lörrach, sondern Rotary weltweit, hat sich ja zur Aufgabe gemacht, soziale Projekte zu initiieren, zu unterstützen und zu fördern. Für unseren Rotary Club Lörrach stand im Vordergrund, dieses Mal Menschen mit geistiger Be-hinderung zu helfen. Die erfahren oft wenig Förderung, vieles ist

Eigeninitiative oder sie sind, wenn überhaupt, oft nur auf private Unterstützung angewiesen.

Paul Gräb und das Haus der Diakonie

Im Haus der Diakonie, das 1984 in Wehr-Öflingen gegründet wurde, leben heute 82 Menschen mit geistiger Behinderung.

Wie kam es zu der Gründung? Dazu muss etwas ausgeholt werden. In Wehr-Öflingen und auch in der weiteren Umgebung gab es zu dieser Zeit nichts Vergleichbares. Dass es das Haus heute gibt, ist der Initiative des Pfarrers Paul Gräb und seiner Ehefrau Hanna zu verdanken. Einen erheblichen Beitrag lieferte auch die weltberühmte Stargeigerin Anne-Sophie Mutter mit ihren Benefizkonzerten zu Gunsten der Stiftung bzw. dem Haus der Diakonie. Das wurde bereits kurz erwähnt, es soll aber später noch einmal drauf eingegangen werden.

Paul Gräb wurde in Papua-Neuguinea, als Sohn eines Pfarrers, der dort missionarisch tätig war, geboren. 1922 kehrte die Familie nach Deutschland zurück und fand eine neue Heimat in Essen-Borbeck. Hier trat sein Vater die Stelle als Pfarrer an. Paul Gräb wuchs hier auf, nahm auch am kirchlichen Leben teil, wurde später Leiter der evangelischen Jugend. Er war aber auch zu dieser Zeit schon ein kritischer Zeitgeist, wurde u.a. auf Grund seiner Einstellung zum Nationalsozialismus aus der Hitlerjugend ausgeschlossen. Dadurch ergaben sich für ihn später verschiedene Nachteile, auf die hier aber nicht weiter eingegangen wird. Sein erster Wunsch war nicht Pfarrer zu werden. Er absolvierte, nach Erlangen der mittleren Reife, ein Praktikum in einem metallverarbeitenden Betrieb, begann dann 1937 ein Ingenieurstudium. Er erlitt auf dem Flughafen Amsterdam einen schweren Unfall, behielt

dadurch, nach seiner Genesung, lebenslang eine traumatische
Epilepsie. 1939 wurde er trotzdem zur Wehrmacht eingezogen und
später in Riga stationiert. Auf Grund seiner epileptischen Anfälle
wurde er 1940 vorzeitig entlassen. Er sattelte um und begann nun
doch ein Theologie-Studium in Wuppertal-Barmen. Nach seinem
Abschluss zog es ihn in den Südwesten. Hier wurde er in Schopf-
heim Jugendwart im evangelischen Kirchenbezirk.

1945 heiratete er seine Frau Johanna in Bad Säckingen. Sie be-
kamen einen Sohn und zwei Töchter. 1956 übernahm Paul Gräb,
zunächst als Pfarrdiakon, die evangelische Kirchengemeinde Öflingen. 1957 wurde dann die neu erbaute Christus-Kirche eingeweiht. Seine Frau Hanna vermisste als gelernte Organistin sehr
bald eine Orgel. Es gab, wie in dieser Zeit üblich, nur ein Harmoni-
um. Paul Gräb überlegte nun, wie er an Geld kommen konnte. Die
Kirchengemeinde konnte den Betrag nicht aufbringen, der zum
Kauf einer Orgel notwendig war.

Kunst - Kirche - Diakonie

Hier kam seine Liebe zur Kunst ins Spiel, denn er unterhielt schon
lange enge Beziehungen zu vielen Künstlerinnen und Künstlern.
In der Kunstszene wurde er bekannt, auch weil er sich schon früh
für „Autonome Kunst" einsetzte. Es reifte seine Idee über den Verkauf von Kunst das Geld für die Orgel zu sammeln. Es war nicht
einfach, die Künstlerinnen und Künstler davon zu überzeugen,
Bilder auf einer Ausstellung zu zeigen und zum Verkauf anzubieten, die er organisieren wollte.

1961 fand dann, nach vielen Besuchen bei Künstlerinnen und
Künstlern und viel Überredungskunst, die erste, aber noch kleine Kunstausstellung in der Christuskirche in Öflingen statt. Teil-

nehmende Künstler waren unter anderem Otto Dix, Erich Heckel, HAP Grieshaber, Walter Herzger, André Ficus, Fritz Winter, Werner Dietz, Frowalt Häusler und Adolf Schwertschlag. 1962 folgte schon die zweite Kunstausstellung. Der Maler Friederich Artur Willig aus Konstanz schickte auch ein Ölbild und schrieb dazu an Paul Gräb:

> „es habe ihn berührt, mit welchem unbefangenen Mut er auf diese Sache losgegangen sei, und dass nicht unbedingt deswegen, weil er ihn oder seine Bilder gut kannte, sondern sein verwegener Gedanke, mit Hilfe von Kunst, Geld für die Kirche zu erhoffen".

Das habe ihn stark berührt und zum Mitmachen animiert. Es nahmen immer mehr Künstler teil, sie hatten erkannt, es war in dieser Zeit schwierig Bilder zu verkaufen, dass das über solche Ausstellungen leichter möglich war. Sie wollten aber auch Paul Gräb unterstützen.

Vom Verkaufserlös ging immer ein Drittel an die Kirchengemeinde, darüber sollte der Kauf der Orgel finanziert werden, zweidrittel an die Künstler. So erhielten die Künstler bedeutend mehr für ihre Bilder als über den üblichen Verkauf einer Galerie. Es profitierten also beide Seiten davon. Nach der dritten Kunstausstellung konnte 1965 die Orgel in Auftrag gegeben werden.

Es gab nun eigentlich keinen Grund mehr Kunstausstellungen durchzuführen. Die Künstler waren es dann aber, die mit ihm im Gespräch bleiben wollten und baten darum, die Ausstellungen weiter durchzuführen.

Der Verkauf der Bilder lief so gut, der Erlös wurde immer größer. Es musste alles in geordnete und überprüfbare Bahnen gelenkt werden. Deshalb entschloss sich 1966 der Kirchengemeinderat den *Diakonieverein Brennet-Öflingen* zu gründen. Dieser organisierte nun, unter der Leitung von Pfarrer Gräb, die Ausstellungen und verkaufte auch die Bilder und Jahresgaben, die die Künstler dem Verein zur Verfügung stellten. Erich Heckel schenkte 1967 dem neugegründeten Diakonieverein die gesamte Auflage von 200 Exemplaren des *„Knabenbildes"*.

1968 gründete Paul Gräb, zusammen mit Claus Bettinger, Werner Dietz und Frowald Häussler, noch den *Kunstverein Hochrhein*, der auch Ausstellungen organisierte, z. B. im „Alten Schloß" in Wehr, die erste mit HAP Grieshaber. Auch hier wurden die Bilder an Kunstinteressierte angeboten und nach Möglichkeit verkauft. Der Erlös wurde nach dem früher festgelegten Modus zwischen Künstler und Diakonieverein aufgeteilt.

Ab 1971, die Kunstaustellungen wurden immer umfangreicher, die Kunstinteressierten kamen mittlerweile aus allen Teilen Deutschlands und der angrenzenden Schweiz, musste sie in größere Räume verlegt werden, wie z. B. in die Kantine der damaligen CIBA-Geigy, heute Novartis in Wehr oder in die Turnhallen in Öflingen.

Die Ausstellungen wurden nun auch von Symposien begleitet. Das erste Symposium wurde vom Landesbischof Hans Wolfgang Heidland, Pfarrer Hans Jürgen Herrmann und den Künstlern Klaus Fischer und Ursula Dethleffs geleitet. Diese Symposien wurden später unter dem Schlagwort *„Modell Öflingen"* bundesweit bekannt. Es ging hier um einen neuen Dialog zwischen Kunst und Kirche, wie geht sie z. B. mit autonomer Kunst um, aber auch um behinderte Menschen, wie sie mehr und besser integriert werden könnten.

Spät, 1971, wurde Paul Gräb zum Pfarrer der Kirchengemeinde Öflingen berufen. 1973 wurde ihm das Bundesverdienstkreuz am Bande durch Gustav Heinemann verliehen. Es folgten für beide, also auch für Hanna Gräb, weitere Auszeichnungen, auf die ich hier nicht weiter eingehen werde, durch die aber ihre große bundesweite Anerkennung gewürdigt wurde. 1979 wurde Paul Gräb dann in den Ruhestand versetzt. Er bekam gleichzeitig einen Dienstauftrag der Ev. Landeskirche Baden für Kunst und Kirche.

Für Paul Gräb gab es aber nicht wirklich einen Ruhestand. Er war ein Mensch, der immer wieder neue Herausforderungen suchte. Die Kunstausstellungen liefen weiterhin gut, man nahm, durch den Verkauf der Bilder, Gelder ein. Es reifte nun bei Paul Gräb, unterstützt durch seine Frau Hanna, nach langer Überlegung und Abwägung verschiedener Möglichkeiten die Idee, sich für geistig behinderte Menschen einzusetzen. Sie wollten ein Wohnhaus für sie bauen. Ein überaus ehrgeiziges Projekt. Er konnte dann viele Menschen von der Notwendigkeit überzeugen, da geistig behinderte Menschen immer noch am Rande der Gesellschaft lebten und gewann schnell viele Mitstreiterinnen und Mitstreiter.

Lothar Späth, ehem. Ministerpräsident von Baden-Württemberg, nannte Paul Gräb bei einer späteren Gelegenheit einmal einen „begnadeten Bettler", da er es verstand, Menschen für seine Idee zu begeistern, sich zu engagieren und sie finanziell zu unterstützen.

1984, nach der 9. Kunstausstellung, hatte der Diakonieverein 1,5 Mio. DM angespart, sodann begann man mit der Planung und dem Bau des Hauses der Diakonie, das dann 1985 eingeweiht wurde. Es hatte insgesamt 42 Zimmer. 12 davon wurden im ersten Anlauf an betagte Menschen aus Öflingen vermietet, 30 Zimmer an Menschen mit geistiger Behinderung. Später wurden dann alle Zimmer nur noch an geistig behinderte Menschen vergeben.

Im Obergeschoss des Hauses wurde ein Atelier, im Erdgeschoss ein Werkraum mit Hobelbank eingerichtet. Das Atelier wurde schnell der Favorit, werkeln wollte eigentlich keiner. Das Atelier wurde dann für Kunstaktionstage genutzt, die mehrere Male pro Jahr stattfanden. Hier treffen sich noch heute Profikünstler und

Künstler mit geistiger Behinderung auf Augenhöhe, um gemeinsam zu malen, zu modellieren, und um neue Techniken zu erlernen. Sie wurden aber auch zu einem Teil der Therapiemaßnahmen.

Die Kunstaktionstage endeten mit gemeinsamen Ausstellungen. Die arrivierten Künstlerinnen und Künstler stellten ihre Bilder gemeinsam mit den Bildern der geistig behinderten Künstlerinnen und Künstler aus.

Die kleine Gemeinde Öflingen war die erste Kirchengemeinde, die durch den Erlös aus Kunstausstellungen ein Behindertenheim erstellen konnte. Insgesamt beteiligten sich an den Kunstausstellungen über 145 Künstler.

Der Gedanke Kunst in Kirchen auszustellen machte Schule. So übernahmen die Idee z. B. Kirchengemeinden in Stuttgart, Berlin, Köln und weitere mehr. Diese Kunstaktionstage wurden bald auch von anderen Einrichtungen erfolgreich übernommen.

Eine Weltbühne für die sozialdiakonische Idee

Es entwickelte sich alles sehr positiv, auch weil man wichtige Sponsoren gewinnen konnte, die die Ideen von Hanna und Paul Gräb tatkräftig unterstützten. Dazu gehört auch das besondere Engagement der Stargeigerin Anne-Sophie Mutter, die hier Verantwortung übernahm. Sie selbst unterstützt mit ihrer eigenen Stiftung junge Musikerinnen und Musiker für Streichinstrumente. Sie sagt:

„Neben dem Ziel, eine große Begabung zu fördern, möchte ich diese jungen Menschen aber auch dazu anhalten, ein soziales Gewissen auszubilden. Ein umfassendes Bewusstsein zu haben für die Welt in der wir leben, ist mir sehr wichtig."

Ohne ihre Unterstützung wäre der weitere Ausbau, vielleicht auch der Fortbestand des Hauses der Diakonie so nicht möglich gewesen. Ihr überaus großes Engagement, Hanna und Paul Gräb zu unterstützen, seine aufopfernde Arbeit für die geistig behinderten Menschen zu fördern, lag nicht nur daran, dass sie ein hohes Maß an sozialer Verantwortung hat, sondern liegt auch darin begründet, dass sie schon seit früher Jugend ein enges Verhältnis zu Hanna und Paul Gräb entwickelte, er firmte sie auch.

Anne-Sophie Mutter wurde zwar in Rheinfelden geboren, wuchs aber in Wehr auf, hier war ihre Heimat. Auch ihre einzigartige musikalische Entwicklung, bis hin zum Weltstar, nahm hier ihren Anfang.

Zunächst begann sie mit Klavierstunden, schwenkte aber auf eigenen Wunsch, sie war gerade 5 Jahre alt, um und begann Geige zu spielen. Mit Herbert Karajan, der ihr außergewöhnliches Jahrhunderttalent erkannte und sie ab 1977 förderte, gelang ihr der Aufstieg zum absoluten Weltstar.

Sie unterstützte das Haus der Diakonie schon frühzeitig mit Spenden, begann dann aber 1994 das Haus der Diakonie mit Benefizkonzerten zu unterstützen. So konnte die Idee, geistig behinderten Menschen zu helfen, weiterhin realisiert und forciert werden. Insgesamt gab Anne-Sophie Mutter bis heute sieben Benefizkonzerte. Dadurch kam dem Haus der Diakonie eine Gesamtunterstützung von ca. 750.000 Euro zu Gute.

Bis 2006 wurden die Konzerte auch von Versteigerungen begleitet. Es wurden nach den Konzerten in der Hauptsache Bilder versteigert, manchmal aber auch persönliche Gegenstände von Anne-Sophie Mutter. So konnte der Erlös weiter, zu Gunsten der Projekte, erhöht werden.

Für das Versteigern stellte sich der ehemalige Ministerpräsident Prof. Dr. Lothar Späth zur Verfügung. Der Grund für sein Engagement war einmal, dass Anne-Sophie Mutter in ihrer ersten Zeit auf einer Stradivari spielte, die eine Leihgabe des Landes Baden-Württemberg war, aber auch die Bewunderung ihres großen Talentes.

Lothar Späth engagierte sich später selbst für geistig behinderte Menschen. 2006 wurde, zusammen mit der Hanna und Paul Gräb-Stiftung, der *Lothar Späth Förderpreis* ins Leben gerufen. Finanziert wurden die Preise zum großen Teil durch den Erlös von Vorträgen, die Lothar Späth hielt, aber auch durch Sponsoren aus der Wehrer Industrie. Heute werden, im Rhythmus von zwei Jahren, bundesweit malende Künstlerinnen und Künstler mit geistiger Behinderung in Wehr ausgezeichnet.

Kurz vor seinem Tode gründete er 2012 noch, zusammen mit der Stadt Wehr und weiteren Stiftern, die *Lothar Späth-Förderpreis-Stiftung*, um den Fortbestand des Förderpreises zu gewährleisten.

Die Idee wächst weiter

Nun wieder zur Entwicklung des Hauses der Diakonie. 1996 konnte das gegenüberliegende Doppel-Haus erworben und umgebaut werden. Es erhielt den Namen „Detlev und Carola" zur Erinnerung an Detlev Wunderleich, dem ersten verstorbenen Mann von Anne-Sophie Mutter sowie an Carola Denk, der Mutter der späteren Mitgründer der Hanna und Paul Gräb-Stiftung. Beide Familien unterstützen das Haus der Diakonie vom ersten Tag an.

Hier fanden nun weitere 13 geistig behinderte Menschen ein Zuhause. 1998 wurde noch der ehemalige Reiterhof in Hottingen erworben, hier konnten weitere 14 Bewohner eine Bleibe finden. In

Wehr, also außerhalb vom Haus der Diakonie, wurden später noch drei Plätze für Menschen mit geistiger Behinderung in Begleitung eingerichtet. Das sind Selbstversorger, die nicht dauernd betreut werden müssen.

Das Leben lebenswert gestalten

Das Haus der Diakonie stellt ausschließlich Wohnraum für geistig behinderte Menschen bereit. Dafür ist es gebaut worden. Das Haus der Diakonie steht für:
- individuelle Betreuung und Therapiemaßnahmen
- für Wohnen
- aber auch für die Unterstützung von künstlerischen, sportlichen und musikalischen Aktivitäten (Das Orchester)

Aber das ist nicht alles. Für uns ist wichtig, was *bedeutet* Wohnen im Haus der Diakonie!
Wir verstehen unter Wohnen mehr als nur ein ansprechendes Zimmer und eine kompetente Versorgung und Unterstützung zu haben bzw. zu gewährleisten. Wir verstehen unter Wohnen *zu Hause sein*. Das bedeutet für uns zu vermitteln:
- wahrnehmen und lernen, was mich als Person ausmacht,
- mich von meiner Umgebung abgrenzen lernen,
- mich in einer Gemeinschaft sicher aufgehoben fühlen,
- persönliche Kreativität und Kompetenz für die individuelle Lebensentfaltung entwickeln,
- in meiner eigenen Sprache verstanden werden,
- persönlicher Austausch in der mitmenschlichen Begegnung pflegen,
- Selbstbewusstsein und Autonomie erleben: menschliche Würde

und Selbstbestimmung in eigener Selbstverwirklichung erleben.

Unser Ziel ist es also nicht nur Wohnplätze anzubieten. Zu Hause zu sein, *bedeutet* für uns, ein wirkliches zu Hause zu bieten, wo man sich wohl und aufgehoben fühlt, also

- Freundschaft eingehen – Freizeit gestalten – Sport treiben
- Auch Suche nach dem Sinn
- Erleben von Würde
- Selbstverwirklichung – Individualität erreichen
- Persönliche Freiräume haben
- aber auch in einer Gemeinschaft leben – und um zu kommunizieren

und das ist verbunden mit

- Vertrautheit
- Zuversicht
- Geborgenheit
- Es soll aber auch die Eigeninitiativen entwickelt werden z. B. im Heimbeirat das Leben mitgestalten und mitbestimmen.

Wir bieten eine wirkliche Heimat für Menschen mit einer geistigen Behinderung. Das Haus der Diakonie kann heute aktuell anbieten:

- im Haupt-Haus in Wehr-Öflingen gibt es 52 Wohnplätze, im Moment noch als 1+2-Bett-Zimmern mit Balkon
- in dem Doppelhaus „Detlev und Carola" in Wehr-Öflingen gib es 13 Wohnplätze, hier gibt es nur 1-Bett-Zimmer
- in Wehr, also außerhalb der Diakonie, gibt es dann noch 3 Zimmer für Selbstversorger unter Begleitung, also für Menschen mit geringer geistiger Behinderung.
- in Rickenbach-Hottingen haben wir noch 14 Wohnplätze, nur 1-Bett-Zimmer

Insgesamt können wir für 82 geistig behinderte Menschen Wohnplätze zur Verfügung stellen.

Es gibt aber auch Bewohner aus dem Haus der Diakonie, die stark pflegebedürftig sind, andererseits gibt es akute Pflegefälle außerhalb, also in Familien. 2014 wurde dafür das „TSAM" eröffnet. Dieser Neubau kostete 1,6 Mio. Euro. Hier wurden 25 dringend notwendige Therapieplätze für die tagestrukturierenden Arbeitsmaßnahmen geschaffen. Sie sind mehrheitlich den geistig schwerstbehinderten Bewohnern aus dem Haus der Diakonie vorbehalten, die tagsüber nicht, z. B. in einer Behinderten-Werkstatt, arbeiten können. Im begrenzten Umfang werden aber auch Plätze an geistig schwerstbehinderte Menschen vergeben, die nicht im Haus der Diakonie wohnen. Die Betreuung geht oft soweit, dass eine Pflege-Person einen geistig Schwerstbehinderten einen ganzen Tag betreuen muss.

Das alles muss natürlich auch finanziert werden. Es ist ja nicht nur der Wohnraum für 82 Menschen zu gestalten und zu unterhalten, sondern es sind auch die notwendigen 56 Mitarbeiterinnen und Mitarbeiter zu bezahlen.

Die Einnahmen kommen

- in erster Linie über die Mieteinnahmen, jeder Bewohner muss für seine Unterbringung aufkommen. Diese richten sich nach der anerkannten Behinderung, die in Klassen 1 – 5 eingestuft sind.
- Dann unterstützt die Stiftung das Haus der Diakonie. Sie übernimmt die Kosten für bestimmte, jährlich wiederkommenden Projekte, übernimmt aber auch außerordentliche Ausgaben.
- Dazu kommen Spenden, die wir immer wieder erhalten. Stehen größere Investitionen an, können diese aus den Rücklagen der Stiftung finanziert werden.

Zukunft baut auf Nachhaltigkeit

Die Frage ist immer, wie nachhaltig kann alles gestaltet werden, wie kann man eine solche Einrichtung, vor allem, wenn kritische Phasen kommen, absichern und erhalten. Es können mal finanzielle Engpässe auftreten, die nicht immer über das laufende Budget abgedeckt werden können. Um das aufzufangen, wurde 2005 die *Hanna und Paul Gräb-Stiftung* gegründet.

Gründer war die Familie Denk, mit Carola, Stephan und Peter Denk, sie stiftete 550.000 Euro. Hanna und Paul Gräb brachten ihre Kunstsammlung ein, die sie später an die Stiftung übertrug. Das heutige Stiftungskapital beträgt mehr als 1.200.000 Euro.

Als Stiftungszweck wurde festgelegt: Förderung der Sozialarbeit für Menschen mit geistiger Behinderung, sowie die Förderung von Kunst und Kultur durch Pflege und Fortführung des von Pfarrer Paul Gräb mit Unterstützung seiner Frau Hanna geschaffenen Lebenswerks, insbesondere des Dialogs zwischen Kunst, Kirche und Diakonie im Sinne des *„Wehr-Öflinger-Modells"*. Die Stiftung wird von drei Vorständen geleitet. Ein Stiftungsrat, der bis zu 15 Mitglieder haben kann, unterstützt und kontrolliert die Vorstandsarbeit. Die Mitglieder des Stiftungsrates sollen aus verschiedenen Bereichen kommen. Die Hauptaufgabe der Stiftung besteht darin, das Haus der Diakonie zu unterstützen, um das Wohnen der geistig behinderten Bewohner abzusichern.

Herausforderungen und Perspektiven

Laut Landesheimbaugesetz vom 10. Juni 2009 müssen, nach einer Übergangszeit von 10 Jahren, die lief offiziell 2019 aus, die Raumangebote in allen Einrichtungen, also nicht nur bei uns, ergänzt und angepasst werden.

Jeder Bewohner hat nach 2019 Anspruch auf ein Einzelzimmer mit mindestens 14 m² Zimmergröße (bisher 12 m²), mit einer minimalen Zimmer-Diagonale von 3,2 Meter, einschließlich eines eigenen Badezimmers. Es ist aber auch gestattet, für je zwei Zimmer einen Raum mit Bad/Dusche/Toilette vorzusehen, dann wird aber noch ein 4,2 m² großer Vorraum erforderlich. Doppelzimmer, von denen wir einige haben, sind nicht mehr erlaubt.
Bei notwendigen Neubauten, das hat aber mit dem neuen Gesetz nichts zu tun, erschwert aber oft die Suche nach einem neuen Grundstück bzw. verlängert die Wege für das Personal, ist außerdem darauf zu achten, dass mindestens ein Abstand von 500 Meter zum zuletzt erstellten eingehalten werden muss.

Auf diese gesetzlich vorgeschriebenen Forderungen musste das Haus der Diakonie reagieren und Maßnahmen ergreifen, wollen wir nicht die Zulassung verlieren.

Um die 82 dringend benötigten Wohnplätze erhalten zu können, müssen wir: 42 der Zimmer im Haupthaus der Diakonie zu 1-Bett-Zimmern umbauen, einschließlich der zugehörigen Nasszellen. Dadurch sind wir gezwungen neue Gebäude zu bauen. Das Haus in Hottingen kann nicht umgebaut werden und wird deshalb, nach Beendigung aller Baumaßnahmen, geschlossen.

Als erste Maßnahme wurde ein Neubau erstellt. Obwohl hier ein größerer Abstand zum Haupthaus als vorgeschrieben besteht, hatten wir große Schwierigkeiten die Genehmigung zu erhalten. Dieses Haus mit 25 Einzelzimmern, Bau-Kosten 2.4 Mio. Euro, wurde im Frühjahr 2019 bezogen.

Als nächste Maßnahme war geplant, das Doppelhaus „Detlev und Carola", gegenüber dem Haupthaus, aufzustocken, mit einem Aufzug zu versehen, um die noch fehlenden 1-Bett-Zimmer zu erhalten und die Vorschriften zu erfüllen. Nach umfangreichen Untersuchungen ging das leider nicht.

Einmal gibt es die Statik des alten Hauses nicht her, dann gibt es auch neue Vorschriften hinsichtlich Erdbebensicherheit, die eine Aufstockung nicht zulassen. Das Doppelhaus mussten wir also abreißen und durch ein neues ersetzen. Hier müssen, nachdem die Behörden wegen der Finanzierung zugestimmt hatten, weitere 2,8 Mio. Euro investiert werden.

Zum Schluss steht dann noch der Umbau im Haupt-Haus der Diakonie an. Hier müssen die vorhandenen 2-Bett-Zimmer zu 1-Bett Zimmern umgebaut werden. Auch hier gilt wieder die Vorgabe, für je zwei Zimmer eine gemeinsame Dusche mit WC mit Vorraum zu errichten oder für jedes Zimmer eine eigene Nasszelle vorzusehen.

Die Finanzierungen bereiteten die größten Sorgen. Es gibt nicht wenige Einrichtungen, die sich solche Umbauten nicht leisten können und schließen müssen. Nach vielen Gesprächen mit den Behörden, den Sozialverbänden und dem Architekten ist es gelungen, ein tragfähiges Konzept aufzustellen. Die veranschlagten Gesamtkosten belaufen sich auf ca. 6 Mio. Euro.

Eine stolze Summe für eine Einrichtung wie die unsere. Wir erhalten nun:
- 30 % vom Land
- 10 % vom Kommunalverband für Jugend und Soziales
- ca. 15 % durch Einrichtungen wie z. B. *Aktion Mensch*

Die Hanna und Paul Gräb-Stiftung und das Haus der Diakonie, getragen vom Diakonieverein, muss die restlichen ca. 45 % der Summe aufbringen. Die Stiftung kann aus den gebildeten Rücklagen zurzeit 450.000 Euro zur Finanzierung beitragen. Dazu kommt der Erlös aus dem Benefizkonzert im Dezember 2018, mit 120.000 Euro. Der Rest wird aus Eigenmitteln, in der Hauptsache aber über Kredite, mit einer Laufzeit von 30 Jahren und weiteren Spenden finanziert. Hilfreich sind hier die derzeit sehr niedrigen Zinsen.

Wir bewegen uns aber letztlich auch auf *dünnem Eis*. Die jährlichen Einnahmen hängen weitgehend davon ab, ob alle Zimmer belegt sind. Im Moment ist die Nachfrage groß. Aber dennoch, wenn nur einer der 82 Heimplätze über ein Jahr nicht belegt würde, hätten wir einen Einnahmeausfall von ca. 30.000 Euro.

Wir gehen das offensiv an und sind von unserem Konzept voll überzeugt, werden außerdem von einem tollen Mitarbeiterteam unterstützt.

Das Haus der Diakonie lebt und wird auch geprägt durch die Kunst, das macht es so einzigartig. Hier wird der Gedanke von Paul und Hanna Gräb „Kunst und Diakonie" im *wahrsten Sinne des Wortes* gelebt. Das Innere des Hauses der Diakonie gleicht mehr einer Galerie als einem Wohnheim. Man findet an den Wänden mehr als 150 Bilder vieler bekannter Künstler wie Otmar Alt, HAP Grieshaber, Otto Dix, Horst Antes Werner Berges, Jürgen Brodwolf, Thomas Barth, Max Ackermann, Ruprecht Geiger, Erich Heckel, Fritz Winter, Günter Uecker, um nur einige zu nennen. Rund um die Häuser der Diakonie stehen auch insgesamt 22 Skulpturen von Künstlern wie Alf Lechner, Werner Berges, Nikolaus Gerhard, Lothar Fischer, Ingrid Hartlieb, Otmar Alt. Diese Bilder und Skulpturen sind Eigentum der Stiftung. Davon lassen sich die Bewohner bei ihren Kunstaktionstagen natürlich auch oft inspirieren.

Die häufige Frage ist, warum gibt es so viele Bilder und Skulpturen? Das sind Geschenke von den Künstlern, die damit das Haus der Diakonie unterstützen wollten. Ein Grundgedanke war eine Sammlung zu erstellen. Dazu sollten auch Bilder verkauft und andere dafür erworben werden, die Kunst sollte auch eine Art Absicherung sein. Sollte das Haus der Diakonie einmal dringend Geld benötigen, können auch Kunstwerke verkauft werden.

Zum Schluss sei noch erwähnt, dass es einen wunderschönen Bildband gibt, in dem nicht nur das Leben von Hanna und Paul beschrieben wird, er enthält auch viele Abbildungen von Bildern, die bekannte Künstlerinnen und Künstler gemalt haben, sowie Bilder von geistig behinderten Künstlerinnen und Künstlern, die Preise beim Lothar Späth-Förderpreis gewonnen haben. Dieser Bildband kann über die Hanna und Paul Gräb-Stiftung bezogen werden.

Mut für Soziales
Kreatives Potenzial als konstitutive Kraft im Wandel der Sozialwirtschaft

Jürgen Rausch

1 Gesellschaftliche Transformation als Impuls für Veränderungsprozesse

Sozialwirtschaftliche Unternehmen stehen unter dem Einfluss von Wirkfaktoren, die durch die prognostizierten gesellschaftlichen Veränderungen bestimmt sind. So lassen sich in Bezug auf die zukünftige Gesellschaft die demografische Entwicklung, der Wandel von traditionellen und kontinuierlichen Berufsbiografien hin zu wechselzyklischen Beschäftigungsstrukturen mit multiprofessionalem Hintergrund, die Zunahme kultureller, religiöser oder ethnischer Vielfalt oder der Klimawandel und die Digitalisierung vieler Lebensbereiche als Elemente der gesellschaftlichen Transformation anführen. Zudem steht diese Transformation unter zwei besonderen Bedingungsfaktoren, die sie zu einer großen, in unserer Zeitrechnung noch nicht dagewesenen Veränderung unserer Gesellschaft macht – es ist ein global stattfindender Prozess und die Veränderungen vollziehen sich gleichzeitig und mit enormer Geschwindigkeit. Die Einzigartigkeit dieses Wandels rekurriert u. a. auf die künstliche Intelligenz, die sowohl Tempo als auch Umfang der Digitalisierung wesentlich bestimmt. Zu erwarten ist, dass in der Zukunft der Faktor Zeit noch signifikanter auf gesellschaftliche Veränderungsprozesse Einfluss nehmen wird.

Diese Veränderungen, die eine Diskussion zur Neubestimmung der Aufgaben von Wohlfahrtsverbänden und Trägern sozialer Dienste, sowie Umfang und Formen von Transferleistungen begründen, problematisieren drei wesentliche Aspekte, die zu einem erweiterten Verständnis bisheriger sozialwirtschaftlicher Unternehmungen führen: Diversity Managing, Führung als Managementaufgabe und organisationales Lernen.

Mit Veränderungen sind jene Prozesse und Entwicklungen gemeint, die nachhaltig auf die bestehende gesellschaftliche Ordnung und deren Vollzug einwirken. Zusammengefasst werden diese Veränderungen unter den Begriff der Globalisierung. Die Globalisierung wird durch die rasante Entwicklung der Informations- und Kommunikationstechnologien zusätzlich beschleunigt und findet ihren Niederschlag auch im sozialstaatlichen Gefüge. In der Folge werden soziale Leistungen, Angebotsstrukturen des Gemeinwohls, der Daseinsfürsorge und der Selbstverantwortung des Einzelnen im Kontext gesellschaftlicher, technologischer und ökonomischer Veränderungen stärker diskutiert werden müssen.

Diese Entwicklungen führen dazu, dass es auch zu Neuordnungen der kulturellen, sozialen, religiösen und wirtschaftlichen Verhältnisse kommen wird. In der Folge werden bisherige Werte- und Normenkategorien, kulturelle Traditionen oder die Bedeutung der Religion in einer Gesellschaft noch mehr hinterfragt, bereichert oder in ihrer Bedeutung für die Gesellschaft neu justiert.

Diese Veränderungen wirken als Umweltfaktoren mittelbar auf Unternehmungen der Sozialwirtschaft und beeinflussen das Selbstverständnis und die Selbstbestimmung sozialer Träger und Einrichtungen. Zum Ausdruck kommt das u. a. durch ein verändertes Spendenverhalten, in ordnungspolitische Entscheidungen, durch die Haltung gegenüber Menschen in prekären Lebenslagen, durch den Grad der Akzeptanz sozialstaatlich begründeter Forderungen. Gesellschaftliche und politische Veränderung zwingen Unternehmungen dazu, sich mit Diversität auseinanderzusetzen und entsprechende Korrekturen ihrer Organisation und ihrer Führung vorzunehmen.

Die Fusion verschiedener Bedingungsfaktoren bewirken einen hohen Veränderungsdruck für sozialwirtschaftliche Unternehmungen. Der gelingende Umgang damit wird zu einer zentralen Herausforderung für ihre Zukunftsfähigkeit. Vor dem Hintergrund, dass sozialwirtschaftlich tätige Unternehmungen weder marktwirtschaftliche Strukturen haben, keinen Wettbewerb im marktwirtschaftlichen Sinne kennen, noch Kunden oder Verbraucher als klassische Konsumenten von Produkten oder Dienstleistungen vorfinden, ist es ambitioniert, sich proaktiv zu verhalten und eine im stetigen Wandel stehende Organisationsstruktur aufzubauen und ein Führungsmodell zu implementieren, dass das Proprium der Unternehmung jenseits der Veränderungsprozesse stabilisiert und zugleich die schöpferische Kraft personaler Vielfalt für das organisationale Lernen zu aktivieren weiß. Darin ist sogleich ein hoher ethischer Anspruch an Führung begründet. Es braucht einerseits Mut, es geschehen zu lassen, und anderseits braucht es Mut vorausschauend und entgegen des Stroms, sich als Marktteilnehmer auf einem imaginären Markt zu behaupten. Bevor aber auf weitere Mutproben eingegangen wird, sind an dieser

Stelle zwei zentrale Voraussetzungen zu diskutierten, die voran-
gestellt sein müssen und die letztlich aus einer Mutprobe erfolgreiche, Risiken kalkulierende, Entwicklungsprozesse werden lassen.

Eine erste Option, wie es sozialwirtschaftlichen Unternehmen
möglich sein wird, die Herausforderungen einer gesellschaftlichen Transformation zu beherrschen, soll über eine Annäherung
zum organisationalen Lernen erfolgen: Sind sozialwirtschaftliche
Unternehmen lernende Organisationen? Um sich dieser Frage zu
nähern, muss zunächst der Begriff Organisation in seinen organisationstheoretischen und lerntheoretischen Bezügen geklärt
sein. Als nächstes muss Führung innerhalb sozialwirtschaftlicher
Unternehmungen mit Blick auf die ethische Dimension diskutiert
werden: Wie gelingt ethisch begründete Führung in sozialwirtschaftlichen Unternehmungen. Beide Elemente organisationales
Lernen und ethisch verantwortete Führung werden als zwei zentrale Elemente zur Förderung kreativen Potenzials im Unternehm-
men angesehen, die zusammengenommen als konstitutive Kraft
für den Wandel in der Sozialwirtschaft verstanden werden können.

2   Organisation und Lernen

In einem ersten Schritt wird auf den Organisationsbegriff in seiner funktionalen und instrumentalen Bedeutung eingegangen.
Ein funktionales Verständnis von Organisation betrachtet die
Gestaltung und die Entwicklung von Organisationen. Der Organisationsbegriff wird darüber hinaus in einem zweiten Schritt
hinsichtlich seiner Bedeutung für das Organisieren von Abläufen,
Prozessen und Führungsaufgaben in einem Unternehmen diskutiert. Die Bestimmung eines funktionalen Organisationsbegriffs

folgt einer systemtheoretisch geleiteten Sicht auf Unternehmen und führt darüber zu einer aufschlussreicheren Betrachtung, weil die verschiedenen Sichtweisen eines Unternehmens, die institutionelle, die handlungsorientierte und die interaktionale Berücksichtigung finden.

Nach Auffassung von Niklas Luhmann ist jede soziale Ordnung als ein System von Handlungen zu verstehen und in Familien, in Behörden oder Unternehmen bildet sich diese soziale Ordnung ab – das gilt gleichsam für sozialwirtschaftliche Unternehmen, sie sind soziale Systeme. Soziale Systeme werden geschaffen bzw. generieren sich, um die Komplexität der Welt um das die menschliche Auffassungsgabe übersteigende Maß zu reduzieren. Dazu werden Strukturen im System aufgebaut, die dafür sorgen, dass sich das System grundsätzlich stabil gegenüber seinen Umweltbedingungen verhält. Bei der Lösung neuer Aufgaben greift das System auf diese Strukturen zurück, und funktioniert. Die Funktionsfähigkeit eines Systems wird dadurch erhalten, dass Informationen selektiv ausgewählt werden. Nur die zur Bewältigung einer Aufgabe hilfreichen Informationen werden herangezogen und in das System integriert. Diese Fähigkeit der richtigen Auswahl und Integration von Informationen zeichnet erfolgreiches Lernen eines Sozialsystems aus. Ein soziales System besteht aus einem übergeordneten Ganzen, dessen Bestandteile Subsysteme sind (vgl. Luhmann 1973, S. 39 f.). Der der Kybernetik zuzuschreibende Satz „Das Ganze ist mehr als die Summe seiner Teile" gibt dem *Ganzen* eine andere (höhere) Qualität als der Summe der aggregierten Teile. Die neue Qualität entsteht durch die zahlreichen Kommunikationen zwischen diesen einzelnen Teilen. Denn dafür werden nach Luhmann Organisationen gebraucht, dass sie mit anderen Systemen ihrer Umwelt kommunizieren (vgl. Luhmann 1973, S. 39 f.). Personen sind jeweils eigenständige Subsysteme innerhalb dieses Modells. Die Ordnung der Elemente eines Systems ist im Sinne der Systemtheorie seine Organisation. Die Rolle des Menschen innerhalb sozialer Systeme sieht Luhmann darin, auf die Rationalisierung des Systems mit eigenen Formen der Selbstorganisation zu antworten (vgl. Luhmann 1964, S. 26). Gemeint ist, dass sich der Mensch auf die Veränderungen, wie sie auf das System wirken und sich darin auswirken, individuell anpasst, also lernt. Damit gesteht Luhmann jedem System bzw. jeder Organisation die Fähigkeit zur Veränderung im Sinne eines Lernprozesses zu. Der Mensch ist insofern der Motor dieser Veränderungsprozesse, als er als Subsystem der Organisation zu verstehen ist. Besonders die Fähigkeit, in einer vorgegebenen Zeit eine Aufgabe mit definierten Mitteln zu erfüllen, ist Voraussetzung dafür, dass auf Veränderungen rasch reagiert werden kann und steht folglich für eine hohe Lernfähigkeit einer Organisation. In der Folge sind Strukturen in einer Organisation nicht im Sinne eines normativen Handlungsrahmens, sondern als temporäre Ergebnisse aktuell vorherrschender Koalitionen und Machtverhältnisse vor dem Hintergrund diverser Umweltfaktoren und der Vielfalt innerhalb der Mitarbeitenden zu verstehen. Diversität und Vielfalt formen ein Spannungspotenzial, dass als schöpferische Kraft zur Bewältigung von Lernprozessen in einer Organisation verstanden werden kann. Peter Senge, Befürworter des Konzeptes der Lernenden Organisation, gilt als ein Verfechter der *Creative Tension*. Senge zufolge nutzen kreative Menschen die Lücke zwischen dem Ist-Zustand und der Idealsituation in einer Organisation als schöpferisches Spannungsfeld, um gestalterische Kraft für weit reichende Unternehmensveränderungen zu entfalten. Multikulturelle Arbeitsgruppen in einem Unternehmen sind eine Herausforderung für die Gestaltung und Organisation von Prozessen: Unterschiedlichste Perspektiven, Werte und Arbeitsanforderungen implizieren ein hohes Konfliktpotential, das mit dem schöpferischen Spannungsfeld *Creative Tension* in der Theorie von Senge vergleichbar ist. Gelingt es dem Management, so Senge, den internen Organisationsprozess zu flankieren und dieses Konfliktpotential aufzulösen, wird es von brillantem Output profitieren (vgl. Senge, 1990, S. 356).

Klaus Grunwald folgend besteht eine Interdependenz zwischen einem aus mikropolitischer Perspektive geleitetem Aushandeln von Veränderungen und erfolgreicher organisationaler Veränderungsprozesse in einer Organisation einerseits. Andererseits ermöglicht ein Wandel jene Kommunikations- und Führungsstrukturen, die interessengeleitete Aushandlungsprozesse der Organisationsmitglieder im Sinne begrenzt gültiger Kompromisse und Konfliktlösungen (vgl. Türk 1992, Sp. 1645) befördern. Insofern ist die Wandelnotwendigkeit und die Lernfähigkeit einer Organisation bezogen auf die Organisationsgestaltung und das Management als

> „fortlaufender Weg der Veränderung von Strukturen (z. B. Aufbaustrukturen), Prozessen, Wissensbeständen, Kultur(en) und anderem mehr" (Grunwald 2009, S. 121)

zu verstehen.

3 Lerntheoretische Annahmen

Lernen lässt sich als Sammelbegriff für nicht unmittelbar beobachtbare Vorgänge verstehen, die auf der Basis von Erfahrungen zu latenten Verhaltensänderungen führen und als solche nicht beobachtbar sind (vgl. Dorsch 1982, S. 381). Um dennoch Interpretationen über einen Lernfortschritt machen zu können, ist es erforderlich, Kriterien und Indikatoren zu finden, die wahrnehmbar sind. Aus deren Beobachtung lässt sich dann auf Lernprozesse schließen, die implizit der Beobachtung vorausgegangen sein müssen. Dabei sind es die kognitiven Strukturen einer Organisation, ihr Wissen, für das, was tatsächlich für wahrnehmbares Verhalten verantwortlich ist. Verhaltensveränderungen, also Lernen, so der Umkehrschluss, setzt immer eine vorausgegangene Veränderung der Wissensbasis voraus. Lernen wird dadurch konstitutiv für Verhaltensänderungen (vgl. Dorsch 1982, S. 381 f.). Organisationales Lernen steht demnach in einem direkten Bezug zum Management der Wissensressourcen in einer Organisation. Dazu ist es erforderlich, dass in der Organisation Strukturen geschaffen werden, die eine Transformation von Informationen in die Organisation ermöglichen. Das Ergebnis von Lernprozessen steht deshalb in direktem Zusammenhang mit der Möglichkeit hoher Informationstransferleistungen. Organisationales Lernen kann deshalb als ein evolutiver Vorgang der Transformation von Wissen auf der Basis von Informationsverarbeitungsprozessen verstanden werden. Der Lernprozess basiert auf den Interpretationen dieser Informationen und zielt auf die Stabilisierung der Organisation gegenüber ihrer Umwelt ab. Organisationales Lernen stützt sich dabei wesentlich auf eine „kollektive[n] Wissensbasis" (vgl. Duncan; Weiss 1979, S. 75 – 123). Diese Wissensbasis bildet das Problemlösungspotenzial und versetzt die Organisation in die Lage weitere und bessere Problemlösungen aus sich selbst heraus zu generieren. Problemlösungen sind dann erfolgreich in Handlungsstrategien zu überführen, wenn sie sich auf ein hohes Kreativitätspotenzial berufen können, weil über den kreativen Austausch innerhalb einer Unternehmung eine Reduktion an Unvorhersehbarkeit vorweggenommen wird und Nichtplanbares beherrschbar wird.

4 Hemmnisse und mögliche Konsequenzen

Mit der Feststellung, dass Organisationen lernfähige und wand-
lungsfähige Systeme sind, ist a priori auch die Lern- und Wand-
lungswilligkeit als nicht organisationsimmanent anerkannt. In
einer ersten Konsequenz ist es erforderlich, Organisationen so zu
organisieren, dass sie die Lernfähigkeit zulassen. Weiter lässt sich
festhalten, dass die o. a. Ausführungen uneingeschränkt sozialwirtschaftliche Unternehmungen einschließen – die grundsätzli-
chen Überlegungen zum Organisationsverständnis und zur Lern-
und Wandlungsfähigkeit sind übertragbar auf Organisationen der
Sozialwirtschaft.

Mitunter mutet es eigenwillig an, mit welcher Logik Verantwortliche ihre Entscheidung zum Handeln oder Nicht-Handeln zu
begründen suchen. Gemeint ist damit, dass sich Organisationen
und ihre Mitglieder über tradierte Regeln, Strukturen, Mythen
oder Rituale ein Profil geben, dass ihnen jene Stabilität gibt, gegenüber Umwelteinflüssen resistent zu bleiben – notwendige Reaktionen auf Veränderungen außerhalb der Organisation werden
dadurch nicht oder zu spät wahrgenommen. Das gilt in besonderer Weise für sozialwirtschaftliche Unternehmen, die sich häufig
aus einem sozial-diakonisch begründeten Selbstverständnis als
immerwährend gerechtfertigt sehen. Letztlich wird es in jeder Gesellschaft immerwährend Menschen geben, die der Hilfe und Begleitung bedürfen, wenngleich diese Sichtweise mit dem Ethos der
Sozialen Arbeit im Widerspruch steht. Mit der bloßen Reaktion
der Organisation auf Erwartungs- oder Veränderungsdruck ist es
nicht getan. Es ist ein Phänomen zu beobachten: Organisationen
tendieren dazu eine Grundresilienz gegenüber Veränderungen
aufrechtzuhalten. Diese Grundresilienz ist nicht alleine auf Personen – Mitarbeitende und Leitungsverantwortliche in Sozialunter-

nehmen – zu reduzieren, sondern betrifft die Organisation selbst. Das soll heißten, die Organisation mutiert häufig selbst zu einem relativ geschlossenen System, hervorgerufen durch überlieferte Mechanismen, Rituale und systemkonforme Verhaltensmuster, die Personen in das System einbinden und die sicherstellen, dass innerhalb der Organisation eingespielte Prozesse reibungslos ablaufen und das Miteinander der Akteure weitgehend konfliktfrei bleibt. Verkrustete Verwaltungs und Entscheidungsstrukturen, die als Kostenträger mit ihrer eigenen Logik auf Entscheidungsprozesse der sozialwirtschaftlichen Unternehmungen wirken, verstärken diese Phänomene. Insbesondere dadurch, dass Verwaltungen ebenfalls ohne Markt und Wettbewerb agieren, selbst aber von ihren Leistungserbringern ein so orientiertes Verhalten einfordern, wirken sie unglaubwürdig und befördern dadurch unbewusst eine Starre gegenüber notwendigen Professionalisierungsprozessen in der Sozialwirtschaft.

5 Zwischenfazit

Einem systemischen Denkmodell folgend, lassen sich sozialwirtschaftliche Unternehmen als Organisationen bestimmen, die in der Lage sind zu lernen. Ihre Lernfähigkeit ist die Voraussetzung dafür, dass sich Organisationen den Problemen stellen können, die durch eine sich rasch verändernde Umwelt an sie herangetragen werden. Je höher das Kreativitätspotenzial in einer Organisation ist, desto höher ist ihre Problemlösungskompetenz. Das setzt wiederum ein professionelles Projektmanagement voraus.

Ein hohes Kreativitätspotenzial stützt sich dabei auf eine Wissensbasis, die durch Mehrperspektivität und Interdisziplinarität an Gehalt gewinnt. Das so generierte Wissen wirkt dabei stabilisierend gegenüber anderen Organisationen und der Umwelt. Ziel ist nicht die Aufrechterhaltung einer permanenten und stabilen Ordnung, sondern die bewusst gestaltete organisationale Wandlungsfähigkeit, die Lernfähigkeit einer Organisation. Steter Wandel steht im Widerspruch zu Stabilität der Organisation als solche. Führung ist an dieser Stelle jenes Scharnier, das im ständigen Wandel der Unternehmung den Blick auf das Selbstverständnis und das Ethos der Organisation unverstellt zulässt.

6 Führung

Führungskräfte der Sozialwirtschaft sind besonders gefordert, denn eine entscheidende Voraussetzung, um das schöpferische Spannungsfeld, das sich aus dem Kreativitätspotenzial der Mitarbeitenden generieren lässt, zugunsten der Organisation zu nutzen, liegt in der Gestaltung von Führungsprozessen. Diese müssen so organisiert sein, dass für die Mitarbeitenden genügend Gestaltungsspielraum bleibt, um über die Diversität der Mitarbeitenden Wissen für die Unternehmen zu generieren. Folgt man Peter Senge, dann gilt:

> „Leader as teacher is not about "teaching" people how to achieve their vision. It is about fostering learning, for everyone. Such leaders help people throughout the organization develop systemic understandings" (Senge 1990, S. 356).

Führungskräfte haben Mitarbeiter nicht zu belehren, vielmehr ist es ihre Aufgabe die Bereitschaft der Mitarbeitenden zum Lernen zu fördern. Ein solches Führungsverständnis folgt einem systemischen Modell, das Unternehmen als lernende Organisationen betrachtet. Dieser (Ideal-)Vorstellung steht das Phänomen der Resistenz gegenüber. Im Falle eines zu hohen Veränderungsdrucks treten Verhinderungsverhalten und Bewahrungsmechanismen durch Einzelne oder die ganze Unternehmung auf. Das wiederum steht der Notwendigkeit eine Veränderungskultur als Voraussetzung für die Zukunftsfähigkeit eines Unternehmens zu leben, diametral entgegen.

Hinzu kommt, dass Führungsentscheidungen in der Sozialwirtschaft eine hohe ethische Legitimität aufweisen müssen. Nur so gelingt es, die professionellen Akteure der Sozialwirtschaft, die sich stets in einem Spannungsfeld von individualethischer Selbstbestimmung und sozialethisch begründetem Professionsverständnis bewegen, erfolgreich zu Führen und Verantwortung begründet zu delegieren. Einerseits sollte besonders in kleinen und mittleren Sozialunternehmen eine implizite Führungskultur nach dem Gebot Primus inter Pares vorherrschend sein und andererseits sollten partizipative Ansätze als gängiges Modell sozialarbeiterischen Handelns und deren Zielbestimmung praktiziert werden. Es stellt sich deshalb die Frage, wie ein solches Führungsmodell aussehen könnte, um die Eigenarten sozialwirtschaftlicher Unternehmungen darin berücksichtigen zu können.

Den weiteren Überlegungen wird zunächst ein diskurs- und verantwortungsethischer Ansatz zugrunde gelegt. Darüber lassen sich zentrale Aspekte der vorangestellten Ausführungen, wie personale Vielfalt, individualethische ausgeprägte Haltung, sozialethisch in mehrfacherweise reflektierte Handlungsfelder sowie ein ausgeprägtes Ethos in Bezug auf individuelle und gesellschaftliche Lebenslagen, berücksichtigen. Zusammengenommen spiegeln sich darin auch Aspekte einer Berufszufriedenheit ebenso wider, wie Forderungen nach der Professionalisierung sozialwirtschaftlicher Unternehmungen.

Der Begriff der Verantwortungsethik geht auf Max Weber und seinen 1919 gehaltenen Vortrag „*Politik als Beruf*" zurück und meint
hier die Verantwortungsübernahme für gewählte Mittel und Wege
von Entscheidungen bis hin zu den Folgen von Entscheidungen
und Handlungen (vgl. Weber & Winckelmann 1980, S. 505 – 560).
In der Verantwortbarkeit gegenüber den Folgen einer Handlung
sieht Weber das wichtigste Kriterium einer Legitimität von Handlungen:

> „Keine Ethik der Welt kommt um die Tatsache herum, daß die Errei-
> chung guter Zwecke in zahlreichen Fällen daran gebunden ist, daß
> man sittlich bedenkliche oder mindestens gefährliche Mittel und die
> Möglichkeit oder auch die Wahrscheinlichkeit übler Nebenerfolge mit
> in den Kauf nimmt, und keine Ethik der Welt kann ergeben: wann und
> in welchem Umfang der ethisch gute Zweck die ethisch gefährlichen
> Mittel und Nebenerfolge heiligt." (Weber & Weber 2001, S. 10778).

Weber sah diese Form von Ethik in Komplementarität zu einer Ge-
sinnungsethik bzw. zu einer religiös oder metaphysisch motivier-
ten Ethik (vgl. Weber & Winckelmann 1980, S. 551 f. und Weber &
Winckelmann 1988, S. 489 – 540). Dabei konkretisiert er zwei zentrale Probleme, die eine an der Verantwortung des Handelns orientierte Ethik erforderlich machen: die „ethisch irrationale Welt"
(Weber & Weber 2001, S. 5076), die eine Orientierung an verbindli-
chen Werten und Normen unmöglich macht, und die „Unvollkommenheit des Menschen", die Weber folgend darauf begründet, dass
subjektive Bedürfnisse das Handeln beeinflussen und eben nicht
auf dem gesinnungsethischen Gebot beruhen.

Die entscheidende Frage ist mit Weber darin zu sehen, wie ver-
antwortungsethisch Mittel und Folgen von Führung und Führungsentscheidungen qualifiziert und in welchem Sinn zugrunde

liegende ethischreligiöse Normen transparent gemacht werden
können (vgl. Luhmann 1991, S. 41). Max Weber rekurriert seine
Position der Letztbegründung von Ethik auf die Würde der Person
bzw. Bewahrung dieser Würde (vgl. Weber & Winckelmann 1980,
S. 549 f.). Menschliches Handeln beruht folglich auf der Interpretation subjektiver Wahrnehmungsleistungen und wird dadurch
individualisiert (vgl. Weber & Weber 2001, S. 4283). Das schließt
eine Entscheidungsfindung innerhalb normativer Entscheidungs-
und Handlungsmuster aus. Weber sieht Interessenslagen eng an
die Wertvorstellungen des handelnden Subjekts gebunden. Ein
Wert ist aber keine determinierte Konstante, die den Dingen immanent ist. Vielmehr erlangen Dinge erst durch den Menschen
ihren Sinngehalt und damit ihren Wert. Wertevorstellungen und
Sinngehalt einer Sache oder einer Handlung stehen dabei in direktem Bezug zur Motivlage, die einer Handlung zugrunde liegt.
Nach Weber ist das Motiv Grundlage dafür, dass Handlungen für
den Menschen einen Sinn geben.

> „Motiv heißt ein Sinnzusammenhang, welcher dem Handelnden
> selbst oder dem Beobachtenden als sinnhafter Grund eines Verhal-
> tens erscheint." (Weber & Weber 2001, S. 1416).

Das Motiv gibt jeder Handlung einen Sinngehalt, der für den Menschen nachvollziehbar und erkennbar die Handlung verstehen
lässt.

Schlussfolgernd lässt sich nach Weber in jeder Handlung eine
ethische Fragestellung begründen, da jede Handlung ein Motiv
in sich trägt, das wiederum durch eine Sinnzuschreibung, also
durch eine Wertzuweisung des Menschen an die Handlung herangetragen wird. Ethisches Handeln ist kein willkürliches Handeln,
sondern ein begründbarer, motivationaler Akt rationaler Sinnin-

terpretation. Mit der Fähigkeit zur Interpretation und Sinnzuweisung ist jede Führungskraft oder jeder Entscheidungsträger in der Lage, selbstbestimmt Verantwortung zu übernehmen. Mit dieser Kompetenz steht er immer in einem ethisch begründeten Dialog, der zwischen den eigenen Führungsentscheidungen und Handlungen und der Verantwortbarkeit gegenüber den Mitarbeitern, dem eigenen Gewissen und Gott entsteht.

Erst nachdem eine legitime „ordnungspolitische Gesamtkonzeption" (Weber verweist auf die irrationale ethische Welt) hinreichend bestimmt sei, ließen sich, so Ulrich, ein verantwortbares Handeln und die *außerökonomischen* moralischen Ansprüche an die Führung bestimmen (vgl. Ulrich 2001, S. 394). Das stellt Entscheidungsträger vor eine zusätzliche Herausforderung insofern, als dieser ordnungspolitische Rahmen keine Konstante ist. Beispiele dafür sind die Diskussion um die Reichensteuer, das Betreuungsgeld, die Aufweichung des Subsidiaritätsprinzips oder Regelunsicherheit bei Beschäftigungsmaßnahmen im Bereich des zweiten und dritten Arbeitsmarktes.

Ulrich stellt die Frage nach der Zumutbarkeit eines moralischen Ansprüchen genügenden Führungsverhaltens in Bezug auf die Selbstbehauptungserfordernisse und Wettbewerbsbedingungen, unter denen ein (Sozial-)Unternehmen sich bewähren muss. Die Ansprüche, die an die Leitungsverantwortlichen gerichtet werden, unterteilt er in das machbare Mögliche und das vertretbar Zumutbare und gibt dem Letzten Vorrang. Damit verweist Ulrich auf die von Max Weber aufgezeigte Problematik des Abwägens zwischen einem ethisch guten Zweck und ethisch gefährlichen Mitteln und ihren Nebenfolgen. Die Lösung dieser Problematik liegt in einer Beschränkung gesinnungsethischer Normen zugunsten legitimierbarer aber reflektierter Handlungen.

Führungshandeln hat eine persönliche unverfügbare Ebene:

die Verantwortbarkeit. Führungsverantwortung lässt sich zwar delegieren, eine Delegation entbindet die Führung aber nicht von einer persönlichen Verpflichtung, das eigene, delegative Führungshandeln zu reflektieren. Führung und damit auch die Ethik des Führens müssen sich an der Subjektivität des Menschen (Mitarbeiters) orientieren. Das schließt zum einen die völlige Vereinnahmung der Person durch die Führung aus und verpflichtet andererseits die Führung zur Achtung und Wertschätzung gegenüber der Würde, der Freiheit und der Entwicklungsfähigkeit der Person des Mitarbeiters (vgl. Reimer 2005, S. 71 ff.). Eine ethisch begründete Führung nähert sich einem partizipativen Führungsverständnis, denn Wertschätzung, Respekt und Anerkennung von Mitarbeitern ist nur über deren Einbindung in Führungsprozesse möglich. Das widerspricht zwar nicht dem Prinzip der Letztendlichkeitsentscheidung und entbindet nicht von der Führungsverantwortung, aber Führungsentscheidungen und Führungshandeln werden für die Mitarbeitenden transparenter und in der Folge ist die Akzeptanz von Entscheidungen in der Organisation größer. Die ethische Reflexion des Führungshandelns wird dabei durch strukturale Bedingungen in der Organisation begünstigt bzw. gehemmt (vgl. Reimer 2005, S. 65). Zur Integration ethischer Normen in die Organisationsgestaltung kann als Leitkonzept die *offene Organisation* dienen (vgl. Gebert 1998, S. 154 – 156). Die *offene Organisation* weist Analogien zur lernenden Organisation auf. Sie weisen u. a. veränderbare Strukturen und anpassungsfähige Normen- und Wertediskurse innerhalb ihrer Organisation aus. Beiden liegt ein kybernetisch-systemischer Ansatz zugrunde. Zwar sieht die lernende Organisation den einzelnen Menschen nicht im Mittelpunkt der Betrachtung, Luhmann berücksichtigt den Menschen als Person und menschliches Handeln innerhalb seiner systemtheoretischen Betrachtung der Organisation, wenn er ihn auffordert, auf die Rationalisierung des sozialen Systems mit eigenen Formen der Selbstorganisation zu antworten. Als Selbstorganisation menschlichen Handelns können in einem erweiterten Sinne auch die ethische Reflexion menschlichen Handelns und die sich daraus ergebenden Aspekte zur Gestaltung der Organisation verstanden werden. Soweit ethisches Handeln als eine Konvention verstanden wird, die auf die Organisation begrenzt ist und in einer organisationsspezifischen Unternehmensethik ihre Abgrenzung zu anderen Organisationen sucht, sind in einem erweiterten Verständnis autopoietische Merkmale der lernenden Organisation als soziales System auch auf die *offene Organisation* übertragbar. Das Konzept der *offenen Organisation* steht in der Tradition der *offenen Gesellschaft* (vgl. Popper 1992). In der *offenen Gesellschaft* nach Popper fügt sich der Einzelne nicht den gegebenen sozialen Strukturen und Normen, sondern sieht diese als Konventionen an, die voluntaristisch in Frage gestellt oder auf das Modell der *offenen Organisation* bezogen, einer ethischen Reflexion unterzogen und weiterentwickelt werden. Bei aller Funktionalität, die ein Organisationsmodell nach dem Prinzip der *offenen Gesellschaft* für das Führungshandeln mit sich bringt, lässt sich ein ethischer Wert solcher Strukturen erst dann benennen, wenn der Subjektcharakter der Mitarbeitenden darin Berücksichtigung findet. Das ist aus Sicht der Mitarbeitenden etwa dann gewährleistet, wenn sie an der Organisations- und Arbeitsgestaltung verantwortlich beteiligt werden (vgl. Reimer 2005, S. 66). Eine Beteiligung setzt andere als die klassischen und auf hierarchische Strukturen bauenden Führungs- und Organisationsmodelle voraus.

Das bisherige System starrer hierarchischer Beziehungen wird zugunsten eines flexiblen Modells „der zeitweisen losen zeitweisen engen Verknüpfung autonomer und eigenverantwortlicher Akteure" (Reihlen 1998, S. 14) aufgegeben. Reihlen sieht darin ein

Wechselspiel zwischen dem Weisungsprinzip der Hierarchie und dem Verhandlungsprinzip der Heterarchie verwirklicht, quasi ein „pluralistisches Organisationsmodell" (Reihlen 1998, S. 14), das in der Lage ist, dezentrales Wissen und die Kreativität der Mitarbeitenden zu mobilisieren und so zur Lernfähigkeit einer Organisation beiträgt. Was einerseits als die besondere Problemlösungskompetenz einer Organisation angesehen wird: Dezentralisierung und Autonomie von Teams bergen andererseits die Gefahr der Verselbständigung einzelner Teams bzw. Entscheidungsträger. Damit beschreibt Reihlen ein Spannungsfeld innerhalb dessen Führungsprozesse stattfinden müssen; zudem ist, Reihlen folgend, eine Entscheidungsfindung allein auf der Grundlage multilateraler Verhandlungsprozesse in einer Organisation faktisch und ökonomisch nicht praktikabel, wenn zu viele teilautonome Entscheidungsträger partizipieren. Darüber hinaus kommen heterogene Interessenlagen der Mitarbeitenden, der Stakeholder und der Leistungsträger hinzu, die ambivalent zum skizzierten Spannungsfeld auf die Führung wirken. Die Herausforderung für die Personalführung ist dementsprechend darin zu sehen, innerhalb dieses Spannungsfeldes integrierend zwischen Selbstbestimmung der Teams und den Interessen der Gesamtorganisation zu vermitteln. Wesentlich dafür ist, dass, die Identifikation des Mitarbeitenden mit seinem Unternehmen trotz der lateralen Strukturen, die eine heterarchische Führungs- und Organisationsform mit sich bringen, möglichst hoch ist. Johannes Rüegg-Stürm ist der Auffassung, dass es eines *gemeinsamen Sinnhorizonts* bedarf. Im Gegensatz etwa zu Lohmann (Diakonie, 2003), der in seinen Überlegungen zu einem Diakonie-Management-Modell von der *Sinnmitte* spricht, wird hier mit *Sinnhorizont* eine größere Individualisierung von Kultur aufgrund eines subjektiv-interpretativ erlebten Alltagsgeschehen in einem Unternehmen berücksichtigt, weil nicht alles abschließend und für alle gültig regelbar ist. Damit einher geht die Überlegung, dass individuelle Verantwortung bei dem einzelnen Mitglied eines Unternehmens gefördert wird, weil innerhalb des Interpretationsspielraums Verhalten und Entscheidungen im Sinne des Gesamten konform sein müssen (vgl. Rüegg-Stürm, Modell, 2003, S. 39). Gemeint ist, dass darüber eine größere Individualisierung von Kultur aufgrund eines subjektiv-interpretativ erlebten Alltagsgeschehen in einem Unternehmen berücksichtigt werden kann, weil nicht alles abschließend und für alle gültig regelbar sein muss. Damit einher geht die Überlegung, dass individuelle Verantwortung bei dem einzelnen Mitglied eines Unternehmens gefördert wird, denn innerhalb des Interpretationsspielraums müssen Verhalten und Entscheidungen im Sinne des Gesamten konform sein.

So kann sich explizites und implizites Handlungswissen generieren, um strukturale oder organisationale Vorgaben verstehen und umsetzen zu können oder um unvorhersehbare oder nicht geregelte Ereignisse sinnhaft in den Gesamtzusammenhang der Organisation einordnen und darauf entsprechend reagieren zu können. Nur so versetzt sich eine Organisation in die Lage, auf multikausale Ereignisse mit geeigneten Maßnahmen zu antworten (vgl. Rüegg-Stürm, 2003, S. 55).

7 Zwischenfazit

Eine Entwicklung von der Hierarchie zur Heterarchie legt die Basis eines transformationalen Führungsmodells. Transformationale Führung zeichnet sich dadurch aus, dass nicht nur die kognitiv-rationale Ebene der Mitarbeitenden angesprochen wird. Wunderer folgend wird Führung durch eine intensive dyadische und wechselseitige Interaktion vor dem Hintergrund einer gemeinsam getragenen Vision injiziert. Das hat eine werterelevante Wirkung, weil sowohl die Bereitschaft zu eigenverantwortlichem Handeln als auch die Motivation und die Identifikation mit den Zielen der Organisation, einer gemeinsam getragenen Vision, befördert wird (vgl. Wunderer 2006, S. 534 – 535).

Transformationale Führung befähigt zu einem reflexiven, selbstständigen Handeln und hat Wunderer folgend eine wertverändernde Wirkung. Sie ist folglich als wertorientierte Dimension kooperativ-delegativer Führung zu verstehen, „die Change Management mit dem Menschen erreichen will" (Wunderer 2006, S. 245). Mitarbeitende partizipieren dann an Entscheidungsprozessen, wenn ihnen Verantwortung übertragen wird.

An dieser Stelle wird die Sichtweise vertreten, wonach Führungsverantwortung nicht uneingeschränkt übertragbar ist, jedoch Handlungsverantwortung und damit verbunden die Delegation von Aufgaben und Kompetenzen. Dubs zustimmend, bleibt anzumerken, nur wenn die Verantwortung für ein Handeln mit übertragen wird, wird delegiert, denn „wer ist schon bereit zu delegieren, wenn er allein verantwortlich bleibt" (Dubs 2006, S. 131). Darin begründet ist ein ethischer Abwägungsprozess, der Webers Ansätzen folgend, eine motivationale und selbstbestimmte Interpretation und Sinnzuweisung von Handlungen durch die Mitarbeitenden zulässt. Gemeint ist, dass eine Führungsethik gegenüber dem Subjektcharakter des Menschen, seiner Würde, seiner Freiheit und seiner Entwicklungsfähigkeit, verpflichtet ist (vgl. Reimer 2005, S. 71). Über diesen Sinnhorizont in Verbindung mit einer ethisch verantworteten Führung gelingt es dann auf Veränderungen rasch und ohne Infragestellen der Unternehmung und ihrer Verfasstheit zu reagieren und vorausschauend zu agieren.

8 Mutproben als kreative Herausforderung

Wenngleich bereits die oben ausgeführten Grundannahmen für
ein zukunftsfähiges Sozialunternehmen Herausforderung genug
sein mögen, sind sie nach eigener Auffassung Voraussetzung dafür, die tatsächlichen Herausforderungen, die sich auf ein integratives Management-Modell stützen, die sich für das Management
sozialwirtschaftlicher Unternehmungen als *Mutproben* lesen
lassen, erfolgreich zu bestehen. Mögliche Mutproben, denen sich
sozialwirtschaftliche Unternehmungen, hier am Beispiel des SAK
in Lörrach, stellen:

1. Mutprobe
Soziale Arbeit muss dem Druck der Ökonomisierung widerstehen
können und zugleich selbstbewusst für die Wirksamkeit ihrer Arbeit Rechenschaft ablegen können.

2. Mutprobe
Für den sozialen Frieden in Zeiten der Prosperität einstehen, das
bedeutet Mut. Der SAK erhebt die Stimme für die Sprachlosen und
steht ihnen anwaltschaftlich zur Seite.

3. Mutprobe
Trotz fehlender Erfolgsaussichten müssen wir Menschen eine
Chance geben und sie darin begleiten wieder Zuversicht und Perspektiven für ihren eigenen Lebensweg zu bestreiten.
Wir sehen es als unsere Aufgabe Erfolg anders, individuell zu de-
finieren und Menschen mit Vermittlungshemmnis und mit gebro-
chenen Biografien Teilhabe zu ermöglichen.

4. Mutprobe

Soziale Herkunft ist kein Handicap, sondern eine Herausforderung. (Soziale Herkunft ist kein Maß für Erfolg oder Misserfolg.) Unabhängig davon, wollen wir alle Menschen entlang ihrer Begabungen und Talente anerkennen und fördern.

Bildungsbiografien jenseits von Schule und ohne Anspruch auf ein messbares Ergebnis zu fördern, verlangt Mut.

5. Mutprobe

Gesellschaftliche Schwachstellen ins Licht zu rücken und gerade zu rücken und dennoch kritisch und selbstkritisch der Lebenswirklichkeit ins Auge zu schauen, das braucht Mut. Wir treten dem Risiko des Scheiterns immer wieder mutig entgegen und erkennen das Scheitern als Teil des Erfolgs an. Wir hinterfragen mutig unsere eigene Arbeit und die Ansprüche an unsere Arbeit und begreifen das Scheitern als Teil unserer Arbeits- und Lebenskultur im SAK.

Im SAK folgen diese Mutproben einem jahrtausendealten Spruch aus dem Alten Testament, der gleichsam zur Präambel für die Verfasstheit des SAK geworden ist: *Suchet der Stadt Bestes, suchet der Menschen Bestes. Suchet der Stadt Bestes* – der Stadt Bestes heißt, die Verantwortung für den Lebensraum Stadt und der Menschen darin mit zu übernehmen, ihn so mitzugestalten, dass er lebenswert wird und bleibt und dass er Lebensraum für alle Bewohner dieser Stadt ist und sie darin ihren Bedürfnissen nachgehen und am gesellschaftlichen Leben teilhaben können.

Für den SAK als sozialwirtschaftliches Unternehmen heißt das: Erstens: Sich öffentlich zeigen, sich einmischen, in die Quartiere gehen, wahrnehmbar sein – Verantwortung für die Stadt übernehmen. Zweitens: Politisch sein, sich aktiv in die Politik einbringen, politische Entscheidungen kommentieren und provozieren, die Balance zwischen sozialer Hilfe und Eigenverantwortlichkeit sicherstellen und den sozialen Frieden in der Gesellschaft schützen. Drittens: Das Evangelium erfahrbar machen, heißt: im tiefsten Sinne evangelisch sein, also offen sein, für die Menschen, die da kommen, frei von ihrer sozialen ethnischen oder religiösen Herkunft. Frei von ihrer körperlichen und geistigen Verfasstheit.

9 Schlusswort

Damit Mutproben nicht allein vom Mut der Entscheider und Paraklets abhängt, sind drei zentrale Bereiche in einer sozialwirtschaftlichen Unternehmung so aufzustellen, dass sie in einem kybernetischen Verständnis intelligente Organisationen werden, das heißt, Anpassung, Lernen und Entwickeln werden zugunsten der Kompetenzförderung der Organisation zusammengeführt. Notwendig dazu ist ein Managementsystem, das

- Organisationsstrukturen benennt, die Lernen ermöglichen. Notwendig dazu sind heterarchische Organisationsformen mit Präventivkompetenz (vgl. Schwaninger 2000), die eine partizipative Gestaltungs- und Veränderungsverantwortung aller Mitglieder zulassen;
- Führungsstrukturen zulässt, die einen werte- und delegationsorientierten, transformationalen Führungsstil erlauben;
- Komplexität im sozialen System organisiert und dadurch Veränderungsprozesse in beherrschbare Handlungseinheiten transferiert.

Die Strukturierung und die Organisation der Führung sind als
übergeordnete Merkmale eines zukunftsfähigen Unternehmens
anzusehen, die sich über ein Managementsystem konstituieren
lassen und über die Dimensionalisierung des Managements eine
mehrperspektivische Führungskultur ermöglichen. Voraussetzung dafür ist die Möglichkeit über eine Sinnorientierung jenseits
struktureller und strategischer Festlegungen, die durch Veränderungsprozesse immer wieder neu ausgehandelt werden, verantwortlich im Sinne des Ganzen handeln zu können. Entsprechend
der Diversität innerhalb der Organisation und in ihrer Umwelt sind
ideologische, ethische oder religiöse Orientierungen zur Erlangung
einer Werteidentität in der Organisation zu implementieren. Einerseits um während Veränderungsprozessen immer wieder „symbo-
lische[n] Bezugspunkte und Gewissheiten" (Rüegg-Stürm 2003,
S. 48) vorzufinden, „an denen wir Menschen uns im alltäglichen
Reden und Handeln in einer selbstverständlichen Weise orientieren" (Rüegg-Stürm 2003, S. 55). In diesem Sinne sind ideologische,
ethische oder religiöse Wertvorstellungen als Bezugspunkte und
Gewissheiten zu verstehen, die handlungsleitenden Charakter für
die Angehörigen einer Organisation haben. Führungshandeln und
Führungsentscheiden stehen in einer interdependenten Beziehung
dazu. Aus einer solchen Wechselwirkung heraus, erwirbt eine Organisation eine selbstregulative Kompetenz, die sie zur Klärung des
eigenen Selbstverständnisses befähigt. Das wiederum ist Voraussetzung dafür, Diversität und Pluralität innerhalb und außerhalb
der Organisation als Motor für die Lernfähigkeit der Organisation
einzusetzen ohne die eigene Identität in Frage stellen zu müssen.
Anstelle einer Problematisierung pluraler Einflussfaktoren tritt
kreatives Potenzial als konstitutive Kraft und Voraussetzung für
die Zukunftsfähigkeit sozialwirtschaftlicher Unternehmungen als
Teil einer gesellschaftlichen Transformation hervor.

Literatur

APEL, Karl-Otto (1990): Diskurs und Verantwortung. Das Problem des Übergangs zur postkonventionellen Moral. 1. Auflage Frankfurt am Main: Suhrkamp.

BERKEL, Karl (1998): Führungsethik. Organisationspsychologische Perspektiven. In: BLICKLE, Gerhard (Hg.): Ethik in Organisationen. Konzepte, Befunde, Praxisbeispiele. Göttingen. Verlag für Angewandte Psychologie, S. 117 – 136.

BIEHL, Peter; JOHANNSEN, Friedrich (2003): Einführung in die Ethik. Ein religionspädagogisches Arbeitsbuch. Neukirchen-Vluyn: Neukirchener Verlag

BISCHOFF, Heinrich (2003): Führungsethik. Die ethische Dimension der Leadership. Aspekte der Ethik in der öffentlichen Verwaltung. In: Public Management, Jg. 4, H. 5, S. 19 – 24.

BLICKLE, Gerhard (Hg.) (1998): Ethik in Organisationen. Konzepte, Befunde, Praxisbeispiele. Göttingen: Verlag für Angewandte Psychologie.

BONSEN, Martin (2002): Wirksame Schulleitung. In: BUCHEN, Herbert / ROLFF, Hans-Günter (Hg.) Professionswissen Schulleitung. Weinheim: Beltz, S. 193 – 228.

BUCHEN, Herbert; ROLFF, Hans-Günter (Hg.) (2006): Professionswissen Schulleitung. Weinheim: Beltz.

DELFMANN, Werner; ADAM, Dietrich; KOCH, Helmut (1989): Der Integrationsgedanke in der Betriebswirtschaftslehre. Helmut Koch zum 70. Geburtstag. Wiesbaden: Gabler.

DORSCH, Friedrich (1982): Psychologisches Wörterbuch. Bern: Huber.

DUBS, Rolf (2006): Führung. In: BUCHEN, Herbert / ROLFF, Hans-Günter (Hg.): Professionswissen Schulleitung. Weinheim: Beltz, S. 102 – 176.

DUNCAN, Robert; WEISS, Andrew (1979): Organizational Learning. Implications for Organizational Design. In: Research in Organizational Behavior. Volume 1. 1979, S. 75 – 123.

FETZER, Joachim (2004): Die Verantwortung der Unternehmung, Eine Wirtschaftsethisch Rekonstruktion. Gütersloh: Gütersloher Verlagshaus.

FRESE, Erich (Hg.) (1992): Handwörterbuch der Organisation. 3. Auflage Stuttgart: Schaeffer-Pöschel.

GEBERT, Dieter (1998): Die offene Organisation als Leitprinzip? In: BLICKLE, Gerhard (Hg.): Ethik in Organisationen. Konzepte, Befunde, Praxisbeispiele. Göttingen: Verlag für Angewandte Psychologie, S. 149 – 166.

GRUNWALD, Klaus (Hg.) (2009): Vom Sozialmanagement zum Management des Sozialen? Hohengehren. Schneider.

GUNTERN, Gottlieb (2003): Mit den Schwingen des Adlers. Wege zur kreativen Leadership. 1. Auflage. Zürich: Orell Füssli Verlag.

HABERMAS, Jürgen (2001): Erläuterungen zur Diskursethik. Frankfurt am Main: Suhrkamp.

JÄGER, Urs (2000): Mitarbeiterführung als Begünstigung zu humaner Leistung. Ein Konzept aus Menschenge-rechtem und Sachgemäßem. Bern: Haupt.

JONAS, Hans (1979): Das Prinzip Verantwortung. Frankfurt am Main: Insel-Verl.

JUNG, Hans (2001): Personalwirtschaft. 4. durchges. Auflage. München: Oldenbourg.

KÖHLER-BRAUN, Katharina (1999): Durch Diversity zu neuen Anforderungen an das Management. In: Führung + Organisation (zfo). 4/1999. Stuttgart: Schäffer-Poeschel Verlag, S. 188 – 193.

LASKE, Stephan; MEISTER-SCHEYTT, Claudia; KÜPERS, Wendelin (2006): Organisation und Führung. Münster: Waxmann.

LOOS, Fritz (1970): Zur Wert- und Rechtslehre Max Webers. Tübingen: Mohr.

LUHMANN, Niklas (1964): Lob der Routine. In: Verwaltungsarchiv 55. 1964, S. 1 – 33.

LUHMANN, Niklas (1973): Zweckbegriff der Systemrationalität. Frankfurt am Main: Suhrkamp.

LUHMANN, Niklas (1984): Soziale Systeme. Grundriss einer allgemeinen Theorie. Frankfurt am Main: Suhrkamp.

LUHMANN, Niklas (1991): Paradigm lost: über die ethische Reflexion der Moral. Rede anlässlich der Verleihung des Hegel-Preises 1989. 2. Auflage. Frankfurt am Main: Suhrkamp.

MALIK, Fredmund (2001): Führen, Leisten, Leben. Wirksames Management für eine neue Zeit. Taschenbu-cherstausgabe, 3. Auflage. München: Heyne.

MALIK, Fredmund (2006): Management. Das A und O des Handwerks. 2. Auflage. Frankfurt am Main: FAZ-Institut (Management-Handwerk; Fredmund MALIK, Bd. 1).

MCCULLOCH, Warren S. (1945): A Heterarchy of Values Determined by the Topology of Nervous Nets, Bulletin of Mathematical Biophysics, 7, 1945, S. 89 – 93.

MÜLLER, Wolfgang Erich (2001): Evangelische Ethik. Darmstadt: Wiss. Buchges.

NAUER, Ernst (1999): Organisation als Führungsinstrument. Ein Leitfaden für Vorgesetzte. 3., unveränderte Auflage. Bern: Haupt.

POPPER, Karl R. (1992): Die offene Gesellschaft und ihre Feinde. 8. Auflage. Tübingen: Mohr.

POTHAST, Ulrich (1987): Die Unzulänglichkeit der Freiheitsbeweise. Zu einigen Lehrstücken aus der neueren Geschichte von Philosophie und Recht; mit einem Nachw. zur Taschenbuchausgabe. Halbe Freiheit und ganzer Schrecken? 1. Auflage. Frankfurt am Main: Suhrkamp.

PRENGEL, Annedore (2006): Pädagogik der Vielfalt. 3. Auflage. Wiesbaden: VS Verlag für Sozialwissenschaften.

REIHLEN, Markus (1998): Führung in Heterarchien. Köln. Universität Köln. Arbeitsberichte des Seminars für Allgemeine Betriebswirtschaftslehre, Betriebswirtschaftliche Planung und Logistik der Universität Köln (98).

REIMER, Jürgen-Michael (2005): Verhaltenswissenschaftliche Managementlehre. Bern: Haupt.

RÜEGG-STÜRM, Johannes (2003): Das neue St. Galler Management-Modell. Grundkategorien einer integrierten Managementlehre. 2. Auflage. Bern: Haupt.

SCHREYÖGG, Georg (Hg.) (1999): Organisation und Postmoderne. Grundfragen – Analysen – Perspektiven; Verhandlungen der Wissenschaftlichen Kommission „Organisation" im Verband der Hochschullehrer für Betriebswirtschaft e. V. Wiesbaden: Gabler [u. a.].

SCHWANINGER, Markus (2000): Das Modell lebensfähiger Systeme. Ein Strukturmodell für organisationale Intel-ligenz, Lebensfähigkeit und Entwicklung. Diskussionsbeitrag No. 35. St. Gallen 2000.

SCHWEITZER, Marcell (1990): Gegenstand der Betriebswirtschaftslehre. In: BEA, Franz Xaver; DICHTL, Erwin; SCHWEITZER, Marcel (Hg.): Allgemeine Betriebswirtschaftslehre, Bd. I: Grundfragen. 5. Auflage. Stuttgart: Lucius & Lucius.

SENGE, Peter (1990): The Fifth Discipline. The art and practice of the learning organization. London: Random House.

TÜRK, Klaus (1992): Organisationssoziologie. In: FRESE, Erich (Hg.): Handwörterbuch der Organisation. 3. Auflage Stuttgart: Schaeffer-Pöschel. Sp. 1633 – 1648.

ULRICH, Peter (2001): Integrative Wirtschaftsethik. Grundlagen einer lebensdienlichen Ökonomie. 3., rev. Auflage. Bern: Haupt.

WEBER, Max; WEBER, Marianne (2001): Gesammelte Werke. Mit dem Lebensbild von Marianne Weber. Berlin: Directmedia Publ. GmbH.

WEBER, Max; WINCKELMANN, Johannes (1980): Gesammelte politische Schriften. 4. Auflage. Tübingen: Mohr.

WEBER, Max; WINCKELMANN, Johannes (1988): Gesammelte Aufsätze zur Wissenschaftslehre. 7. Auflage. Tübingen: Mohr.

WILLKE, Helmut (1993): Eine Einführung in die Grundprobleme der Theorie sozialer Systeme. 4 Tabellen. 4., überarbeitete Auflage. Stuttgart: Fischer [u. a.].

WÖHRLE, Armin (2005): Den Wandel managen. Organisationen analysieren und entwickeln. Baden-Baden: Nomos.

WUNDERER, Rolf (2007): Führung und Zusammenarbeit. Eine unternehmerische Führungslehre. 7. überarbeitete Auflage. Köln: Wolters Kluwer.

Der homo religiosus in der Gesellschaft 4.0

Traugott Schächtele

Das Thema Über Digitalisierung hat derzeit Hochkonjunktur. Dabei gibt es durchaus verschiedene Perspektiven, sich dieses Themas anzunehmen. Ich will die Perspektive wählen, die sich mit den Auswirkungen im Bereich IT und Religion befasst. Es geht dabei aber nicht einfach nur um die nach dem Dortmunder Kirchentag 2019 diskutierte Frage, ob ein Roboter Menschen segnen darf. Es soll an dieser Stelle auch nicht darum gehen, unter welchen Bedingungen es ethisch zulässig erscheint, wenn eine elektronische Hilfskraft in der Pflege agiert, etwa am Krankenbett, wo sie menschliche Pflegekräfte unterstützt oder ersetzt. Ich werde auch keine Antwort geben auf die Frage, wie ich reagiere, wenn ein Humanoid, ein menschenähnliches, aber rein digitales Wesen mich um eine Taufe oder um eine kirchliche Trauung bittet.

Für mich geht es vorrangig um folgende Frage: Welchen Einfluss hat der derzeit rasante Wandel im Bereich der IT auf Religion und auf die Kirche? Sind die jetzt endgültig ein Auslaufmodell? Wie müssen sie sich wandeln, um überlebensfähig zu bleiben?

Insofern frage ich also nach dem *homo religiosus 4.0*, dem modernen religiösen Meschen unter den Rahmenbedingungen der Gegenwart. Die Rede vom *homo religiosus 4.0* lehnt sich natürlich an die Typisierung der Industrie 4.0 an. Bei letzterer steht im Hintergrund die Einteilung der Geschichte der Industrie, der neueren Produktion von Gütern und der Dienstleistungen in vier Phasen. Die damit verbundenen Sichtweisen und Entwicklungen sind an anderer Stelle vielfach dargestellt.

1   Das Quadrat der Religion

Wenn ich nach dem *homo religiosus 4.0* frage, muss ich zunächst eine Antwort auf die Frage geben: Was ist eigentlich Religion? Dabei verstehe ich Religion hier ganz allgemein und nicht einfach nur auf die uns am besten vertraute Religion des Christentums bezogen. Mit meiner Antwort beschreibe ich ein Quadrat mit vier Ecken:

Ecke 1: Die Definition!
Unter Religion ganz allgemein verstehe ich ein Modell der Weltsicht und Weltdeutung, das sich auf die Anerkennung einer Wirklichkeit jenseits des rein Materiellen gründet, insbesondere auf die Anerkennung eines Bezugspunktes der Sinngründung außerhalb unserer selbst, meist in Form der Anerkennung der Existenz einer Gottheit.

Ecke 2: Die Praxis!
Religion entwickelt Formen einer religiösen Praxis, die in der Regel (1) aus der kultischen Verehrung der Gottheit (Gottesdienste, Feste, Rituale!), (2) im die Götter gnädig stimmenden Opfer sowie

(3) in einer entsprechenden Ethik (dem rechten Handeln gegenüber Mitmenschen und Mitwelt) bestehen.

Ecke 3: Die Unterschiede!
Religionen unterscheiden sich – formal – u. a. hinsichtlich der Bedeutung der Gottheit (Ein- oder Mehrgottglaube; die Beurteilung dessen, was jeweils heilig ist; die Weise der Weitergabe der wesentlichen Inhalte durch heilige Schriften, durch eine „Werbe-" bzw. Missionspraxis etc.).

Ecke 4: Das Ziel!
Das Ziel einer Religion ist das (besser) gelingende Leben bzw. ein Leben, das Glück und Sinn vermittelt, auch unter den Vorzeichen des Misslingens und Leidens.

In diesem Viereck bewegt sich der *homo religiosus 4.0*. Nachfolgend will ich jetzt seine Geschichte beschreiben. Dabei gilt es festzuhalten, dass unter der Überschrift Gesellschaft 4.0 andere zeitliche Einordnungen nötig sind als beim Thema Industrie 4.0. Ich will hier aber ebenfalls vier Epochen, vier religiöse Gesellschaften skizzieren – und dabei jeweils nach der Rolle des homo religiosus fragen.

Die *religiöse Gesellschaft 1.0*: Das ist gewissermaßen die vorgeschichtliche Phase. Hier geht es um die Anfänge von Religion. Noch lassen sich keine großen religiösen Systeme unterscheiden. Es gibt noch lange keine Heiligen Schriften. Religion spielt sich vor Ort ab. Heilig sind hier Bäume und Tiere, Gewässer und Berge, Steine und Sterne. Jede Himmelserscheinung, Blitz, Donner und Sturm sind Zeichen des bedrohlichen Wirkens der unbekannten Götter. Deren willkürlichem Handeln fühlt sich der Mensch ausgesetzt. Jede gelingende Ernte ist Grund, sich an die Götter zu wenden. Das Beste wird den Göttern in Form eines Opfers zurückgegeben. Aus Dankbarkeit. Und um sie im Blick auf die Zukunft gnädig zu stimmen. Im Zentrum stehen die Erntefeste und die Feste aus Anlass des Weidewechsels.

Der *homo religiosus* ist ein abhängiges, verängstigtes Wesen. Den Lauf der Welt bestimmt der Jahreskreislauf, der Lauf der Gestirne und die Willkür der Götter. Was man nicht durchschaut, kann man auch nicht weitergeben. Eine wirkliche Pflege religiöser Tradition, die man den Nachkommen vermittelt, gibt es nicht.

Das ändert sich radikal in der *religiösen Gesellschaft 2.0.* Jetzt wird der Götterhimmel mit einem Mal transparent. Bei den Ägyptern, den Griechen, den Römern, überall tauchen differenzierte Systeme der Götter auf. Im Stile der Kabinette der Pharaonen und Kaiser werden Himmel und Erde geordnet. Die Untergliederung in Ressorts übertrifft noch die größten Kabinettslisten irdischer Koalitionsregierungen.

Doch Götter und Menschen geraten zusehends in Distanz. Dies ist die große Stunde der Götterboten und der Engel. Engel treten auf, wo die Entfernung im direkten Kontakt nicht mehr überbrückt werden kann. Je weiter die Götter auf Distanz gehen, desto mehr verschwimmt ihre Vielgestalt. Sie werden ununterscheidbar – und sie werden darum *einer*. Schon im alten Ägypten haben wir eine Geburtsstätte des Monotheismus vor uns. Ca. 1350 Jahre vor Christi Geburt macht der Pharao Echnaton Aton zum alleinigen Gott. Bald schon finden wir den Eingottglauben auch bei jener Gruppe, die sich aus Ägypten auf die Flucht macht: die Anhänger Jahwes, die Israeliten, über die uns vor allem das Alte Testament informiert. Hier entsteht der bis heute bei uns manifeste Eingottglaube.

Ob der Monotheismus, der neben dem einen wahren Gott keine anderen mehr duldet, wirklich der große Verursacher von Gewalt ist, ob es die mosaische Unterscheidung zwischen richtigem und falschem Gottesglauben wirklich gibt, wie das der Ägyptologe Jan Assmann behauptet hat, kann hier nicht diskutiert werden. Dass der *homo religiosus*, im Namen Gottes, unsägliche Gewalt ausgeübt wurde, ist jedenfalls nicht zu bestreiten.

Auf alle Fälle bleibt als Ergebnis des Blicks in die religiöse Gesellschaft 2.0 festzuhalten: In den himmlischen Kabinettsälen bleibt nur noch ein Stuhl besetzt. Aus der Vielzahl von ressortgebundenen Göttinnen und Göttern ist *ein* Gott geworden. Sein Geschlecht kennen wir nicht. Aber immerhin wissen wir aus der hebräischen Bibel, dem Alten Testament, dass dieser Gott den Menschen als sein Ebenbild geschaffen hat. Insofern ist Gott auch was sein Geschlecht angeht, allemal so vielfältig wie sein Ebenbild, der Mensch.

Wichtig ist: In dieser Phase entsteht die Schrift. Religiöse Lehre und religiöse Praxis werden in heiligen Büchern festgehalten. Es entstehen Priesterkasten, die die religiöse Praxis anleiten und weitergeben. Weil die Priester in besonderer Weise den Kontakt mit Gott haben, werden sie immer mächtiger. Nur wenn sich der *homo religiosus* diesen Priestern unterordnet, darf er darauf hoffen, dass Gott es gut mit ihm meint. Und so entstehen umfangreiche religiöse Systeme, verschiedene Religionen, die das Leben der Menschen prägen, bestimmen und ordnen.

Irgendwann wird das dem *homo religiosus* zu viel. Er setzt sich zur Wehr. Leistet Widerstand. Entmachtet die Priester. Jetzt sind wir in der *religiösen Gesellschaft 3.0* angelangt. Jetzt sind wir im 16. Jahrhundert. Jetzt beginnt die Geschichte der Reformationen.

Von Anfang an gibt es nicht eine Reformation, es gibt Reformation immer nur im Plural als Reformationen: Wittenberg, Genf, Niederlande, Schottland, Ungarn, Siebenbürgen, eigentlich mehr als halb Europa. Die Reformation ist von Anfang an kein überwiegend deutsches Phänomen; sie spielt sich von Anfang an auf der europäischen Bühne ab. Schon bevor die evangelischen Konfessionen sich etablieren, befindet sich die römisch-katholische Kirche selber schon längst in einem Reformprozess. Bereits einhundert Jahre vor Luther wird beim Konzil von Konstanz (1414 – 1418) ein Aufstand gegen den Papst gewagt, der freilich schon bald wieder in sich zusammenfällt. Insofern ist die Reformation Teil eines gesamteuropäischen Emanzipationsprozesses. Sie hat beträchtlich Anteil an diesem Prozess, ist aber nicht seine Ursache.

Als Ergebnis bleibt festzuhalten: Der Machtanspruch der Kirche wird in Frage gestellt und teilweise außer Kraft gesetzt. Der *homo religiosus* wird zum Subjekt seiner eigenen religiösen Praxis. Religion wird gewissermaßen demokratisiert. Möglich ist dies nur durch eine Erfindung: die Erfindung des Buchdrucks durch den Mainzer Johannes Gensfleisch zu Gutenberg. Die christliche Religion wird zur Buchreligion. Wesentliche Themen werden in Flugblättern unter die Leute gebracht. Der Kirche wird die Hoheit über die Auslegung der Bibel entzogen. Die Moderne steht vor der Tür. Der *homo religiosus* ist mündig geworden.

In der massenweise erfolgenden Verbreitung von Inhalten bereitet sich die *religiöse Gesellschaft 4.0* vor. Jetzt sind wir in der Gegenwart angekommen. Erst der Buchdruck, dann der Rundfunk. Und zuletzt das Fernsehen. Das Medium Wort bekommt zusehends Konkurrenz im Medium Bild. Letzteres läuft ersterem immer mehr den Rang ab. Der *homo religiosus* muss feststellen: Die Wort- und Buchreligion hat sich zur Bildreligion gewandelt! Die digitale Revolution von Glauben und Kirche hat begonnen.

Diese digitale Revolution, insbesondere die Herausforderung durch die Möglichkeiten der Künstlichen Intelligenz (KI) ist für den *homo religiosus* der religiösen Gesellschaft 4.0 von gravierender Bedeutung.

2 Auswirkungen der Digitalisierung

2.1 Auf dem Feld der Religion(en): als Entgrenzung

Die individuellen großen, insbesondere die monotheistischen Religionen werden entgrenzt und verschwimmen. Die Patchworkmentalität nimmt stark zu. Ich kann mich über andere Religionen und religiöse Anbieter kundig machen und mir meine eigene Religion *zusammenbasteln* und designen.

Für den homo religiosus auf dem Weg in die Zukunft bedeutet das: Religion wird zusehends reduziert auf bestimmte Techniken der Meditation und Weltwahrnehmung, aber mit einem Verlust an Ethik und Haltung.

Dagegen entwickeln sich insbesondere der Bereich der Wissenschaft neue parareligiöse Strukturen: Es gibt Menschen mit Priesterfunktionen, deren Wissen Macht abbildet, es gibt *„heilige"*, ausgegrenzte Zonen und ein abgestuftes System der Zugehörigkeit, konkret digitale und reale Räume, der Zugang genau geregelt ist.

Für den homo religiosus auf dem Weg in die Zukunft bedeutet das: Religion wirkt hier als strukturelles Vorbild, das in der Regel allerdings auch Machtstrukturen abbildet, ohne dass dieses parareligiöse System in den Dienst einer „Guten Nachricht" gestellt würde.

2.2 Auf dem Feld der Kommunikation: als Beschleunigung

Traditionell wird Religion durch den Face-to-Face-Kontakt konstituiert, andere Formen (z. B. Gemeindebrief, Rundfunk- und Fernsehgottesdienste) funktionieren ergänzend. In der digitalen Welt erhält die Kommunikation durch *Social Media* selbstverständliche *Normal-Qualität* mit schnellerer und weiterreichender Verbreitungs- und Zugriffsgeschwindigkeit und geweitetem Themen-Portfolio.

Für den homo religiosus auf dem Weg in die Zukunft bedeutet das: Hier wiederholt sich im Grunde der Ausweitungsmodus der Reformation, als durch den Buch- und Flugblattdruck auf aktuelle Entwicklungen reagiert werden konnte – allerdings in potenzierter Form.

Neben das Medium *Wort*, das in der Regel direkt von Mensch zu Mensch gerichtet wird, tritt die vermittelt weitertransportierte Bildnachricht. Dabei fällt in der Regel das hierarchisch strukturierte Kommunikationsgefälle (Kanzel-Gemeinde; Pfarrer*in-Gemeindeglied) zugunsten einer gleichberechtigten Kommunikationsform weg.

Für den homo religiosus auf dem Weg in die Zukunft bedeutet das: Im Bereich der Religion ist gleich eine doppelte Innovation gefordert: Zum einen werden Sprachnachrichten unmittelbar übertragen, zum anderen durch Bildnachrichten ergänzt oder ersetzt und dies nicht nur in Einbahnrichtung. Der bisher „analoge" Charakter kirchlichen Handelns – und des Gottesglaubens! – wird digitalisiert.

2.3 Auf dem Feld der Zielgruppen: als Diversifizierung

Die Nutzung der Möglichkeiten der digitalen Welt bricht das klassische Zielgruppenensemble kirchlichen Adressierens komplett auf: regional, altersmäßig, milieubezogen.

Für den homo religiosus auf dem Weg in die Zukunft bedeutet das: Hat kirchliche Arbeit bisher nur noch zwei bis drei von insgesamt zehn wissenschaftlich beschriebenen Milieus erreicht (Sinus-Milieu-Studien), wird der mögliche Kreis von Agierenden und Adressaten gewissermaßen revolutioniert; denkerische, altersbezogene, thematische und praktische Begrenzungen fallen zugunsten einer weitgehenden Aufhebung der Begrenzungen schlicht weg. Alle können plötzlich mitspielen – aber nur, wenn sie das Gefühl haben, dass es sie interessiert und angeht! Dies ist kein Automatismus!

Die gewohnte Fixierung auf traditionell kirchlich ansprechbare

Milieus wird ausgehebelt. Während das Internet lange als kaum steuerbar bewertet wurde, lassen sich die Möglichkeiten der Social Media mit feinsten Nuancierungsmöglichkeiten auf Zielgruppen ausrichten. Aber es muss eine klare Message vorhanden sein und nicht ein systemerhaltendes Interesse.

Für den homo religiosus auf dem Weg in die Zukunft bedeutet das: Kirche kann so durchaus relevant und nachhaltig kommunizieren, aber nicht einfach nur Mitglieder rekrutieren wollen. Im Zentrum stehen Inhalte, nicht der Erhalt klassischer Kirchlichkeit.

2.4 Auf dem Feld der Theologie: als Innovation

Wohl selten in der zweitausendjährigen Geschichte der Theologie – und nicht mehr seit dem Reformationsjahrhundert – ist diese vor ähnlichen Herausforderungen und klaren Innovationsnotwendigkeiten gestanden. Es geht nicht nur um *notwendige Abschiede*, sondern auch um *notwendige Innovationen und Korrekturen*.

Diese betreffen zum einen das Menschenbild: Der Mensch versteht und erlebt sich als *Homo Deus* (Yuval Noah Harari), als Schöpfer eigener Welten und mit gottgleichen Möglichkeiten ausgestattet. Der Homo sapiens wird zum Homo creatrix, zum Schöpfer-Menschen.

Für den homo religiosus auf dem Weg in die Zukunft bedeutet das: Gott und Mensch stehen sich nicht mehr als Schöpfer und Geschöpf gegenüber, manchmal nicht einmal mehr auf Augenhöhe. Statt dessen nimmt der Mensch zusehends die Rolle Gottes ein – mit allen Risiken, sich dabei auch – gegebenenfalls mit tödlichem Ausgang – zu übernehmen. Nur ein Beispiel: Die Fähigkeit digitaler Vernetzung, sich ein Bild eines konkreten Menschen zu erarbeiten und die erhobenen Daten zu sammeln und auszuwerten, konterkariert den Gedanken der Vergebung: Das Netz vergisst nicht und legt mich auf meine Lebensgeschichte fest. Belastende Daten werden nicht mehr gelöscht, Vergebung ist im Grunde keine Möglichkeit mehr.

Betroffen ist somit auch das Gottesbild: Gott wird nicht länger als der gänzlich Andere und als dem Menschen gegenüberstehend verstanden, sondern scheinbar endgültig als *Projektion* menschlichen Nichtwissens und menschlicher Allmachtsphantasien enttarnt. Gottes Ort im Kosmos und in der Welt bleibt leer, weil niemand an seine Stelle zu treten wagt – außer dem Menschen.

Für den homo religiosus auf dem Weg in die Zukunft bedeutet das: Hier könnte der Gedanke der Menschwerdung (Inkarnation) Gottes in Jesus Christus fruchtbar gemacht und weiterentwickelt werden. Gott nimmt „menschliche Gestalt" an, damit der Mensch seine „göttliche Bestimmung" ins Leben ziehen kann – Luther nannte das den „fröhlichen Wechsel".

3 Alles bleibt offen

Hier ist noch alles im Fluss. Keine Entwicklung ist abgeschlossen. Der Ausgang noch offen. Nur eines steht fest: Auch für den *homo religiosus 4.0* gibt es kein zurück. Für ihn gibt es immer nur ein nach vorne. Darum ist es wichtig, dass sich der *homo religiosus 4.0* nicht aus den entscheidenden Diskursen abmeldet. Er muss sich informieren, muss am Ball bleiben, muss die Veränderungen mitgestalten.

Aber er muss immer wieder auch Grenzen setzen und Einhalt fordern. Ich bin sicher: Der *homo religiosus* wird nicht verschwinden. Aber er wird sich wandeln. Wird Tradition und Innovation immer wieder von Neuem ausbalancieren müssen. Wie ihm das gelingt und wie sich der *homo religiosus* morgen darstellt, darauf dürfen wir gespannt sein.

Wie die Technik unsere Werte bestimmt

Giovanni Maio

Die moderne Medizin ist ohne Technik nicht denkbar. Und dass die Medizin Technik anwendet, hat sich in so vielen Bereichen als segensreich erwiesen. Und doch ergibt sich überall die Frage, wo der technische Einsatz ein Segen ist und wo er zu einer Entfremdung führt. Dieser Frage soll im folgenden Beitrag in einer grundlegenden Weise näher nachgegangen werden. Es geht um die Frage, was die Technik mit uns macht und was es überhaupt bedeutet, die Probleme des Menschen technisch anzugehen.

Zunächst gilt es darüber nachzudenken, was Technik eigentlich genau ist. Was macht das spezifisch Technische aus? Max Weber beschrieb die Technik als „jede Verwendung von Mitteln, welche bewusst und planvoll orientiert ist" (Weber 1976, S. 32); an einer anderen Stelle spricht er von der Technik als Ausdruck „zweckrationalen Handelns" (ebd.). Schon vor Weber hat Friedrich von Gottl-Ottlielienfeld eine durchdachte Differenzierung der Technik vorgenommen, indem er unterschied zwischen (a) der Realtechnik als der Technik der Artefakte, (b) der Individualtechnik als der

Technik der Selbstbeherrschung in seelischer und körperlicher Hinsicht, (c) der Sozialtechnik als der Technik, die Einfluss nimmt auf soziale Beziehungen und schließlich (d) der Intellektualtechnik, die abhebt auf die Art und Weise, wie Probleme denkerisch gelöst werden (vgl. Gottl-Ottlilienfeld 1923, S. 207). Diese Differenzierung macht deutlich, dass Technik eben doch über das zweckrationale Problemlösen hinausgeht. Mit Technik ist nicht nur die Verwendung von Mitteln, sondern zugleich die Art und Weise des Umgangs mit Problemen gemeint. Oliver Müller spricht von daher zu Recht von der Technik als „einer Form der Methodisierung des menschlichen Umgangs mit der Wirklichkeit" (Müller 2008, S. 116). Spinnt man diesen Gedanken zu Ende, so wird deutlich, dass Technik keine Sache ist, die es gibt, sondern sie ist „eine gedankliche Zugangsweise des Bewusstseins zur Welt" (Hubig 2006, S. 233) oder schlicht eine bestimmte „Denkform" (Freyer 1987, S. 7). Wie also wirkt die Technik im Sinne einer besonderen Herangehensweise auf die Welt auf die Gesellschaft zurück, oder anders gefragt: Was für ein Denken bringt die Technik mit sich? Bevor wir auf die Wirkmacht der Technik eingehen, zunächst ein Blick auf die Interdependenz von Technik und Gesellschaft.

Lange war die Annahme vorherrschend, bei der Technik handele es sich um ein von außen kommendes Artefakt, das durch diese Intrusion die Welt verändert. Das ist sicher auch richtig, aber in dieser Diktion wird übersehen, dass die Technik nicht einfach zufällig von außen kommt, sondern dass sie selbst als ein Resultat dessen gesehen werden muss, wonach eine Gesellschaft sich ausrichtet. Die Technik kann nicht als ein gesellschaftsfremder externer Impuls verstanden werden, sondern sie ist die Reaktion auf Impulse von innen; sie ist zu verstehen als Resultat bestimmter Denkweisen, die zuerst in der Gesellschaft waren und sich dann in der Technik niederschlagen. Die Technik ist also die Antwort auf das, was die Gesellschaft für förderungswürdig und erstrebenswert hält. Kurz: Die Technik ist Ausdruck der Werte, die die jeweilige Gesellschaft hochhält. Jacques Ellul sprach einmal in diesem Sinne von einer „technischen Moralität" (Ellul 1954, S. 97). Gleichzeitig aber verändert die Technik wiederum die Gesellschaft, sie verändert auf ihre Weise. Sie ist also Ausdruck der Gesellschaft und durch ihre „Eigensinnigkeit" (Kogge 2008) Verwandlerin der Gesellschaft zugleich.

So wird deutlich, dass das Aufkommen einer Technik kein autochthoner Prozess ist, sondern in das Aufkommen einer bestimmten Technik sind „soziale Visionen" (Hennen 1992) eingewoben, d. h. dass in dem Aufkommen einer bestimmten Technik bereits die Akzeptanz einer bestimmten gesellschaftlichen Zielvorstellung verankert ist. Nehmen wir die Selbstverständlichkeit, mit der politisch die Digitalisierung in allen Lebensbereichen propagiert und gefördert wird. Dass dies geschieht, ist ja nicht nur das Resultat der technischen Möglichkeiten, sondern es ist das Resultat einer bestimmten Weltsicht, wonach Schnelligkeit und unpersönliche Informationsübermittlung hohe Werte darstellen, ohne dass man auf den ersten Blick merkte, dass man damit ja auch eine Abwertung anderer Zugänge auf die Welt in Kauf nimmt. Dass es zu so einer selbstverständlichen Propagierung kommt, ist eben nur erklärbar durch die breite Akzeptanz einer bestimmten sozialen Vision, in diesem Fall der Vision der zeitlichen und räumlichen Entgrenzung, der Vision, dass es sich lohnt, Information in Jetztzeit zu versenden und zu empfangen – ohne warten zu müssen – und überallhin, ohne spürbaren Unterschied, ob man mit dem Nachbarort oder der anderen Seite der Weltkugel kommuniziert. Von daher ist es wichtig, den Eingriff der Technik nicht dergestalt zu betrachten, dass wir darauf schauen, welche Auswirkungen die Technik hat, sondern es ist genauso wichtig darauf zu reflektieren, dass sich in der Technik eine bestimmte Idealvorstellung des Miteinanderlebens niederschlägt. Leonhard Hennen bezeichnet in diesem Zusammenhang die Technik als „eine Dimension des gesellschaftlichen Selbstverständnisses" (Hennen 1992). So betrachtet bekommt die Technik einen Anstrich einer bestimmten Lebensform (Winner 1986, S. 10 f.). – Was also sind die spezifischen Charakteristika der Technik? Sieben Punkte dazu.

1. Technik als Handhabbarmachung der Welt

Wir können die soziale Prägekraft der Technik nur verstehen, wenn wir sie in Zusammenhang mit dem eigentlichen Projekt der Moderne stellen, das darin bestand, den Menschen von den „Fesseln" der Natur zu befreien und Kontrolle über die Welt zu gewinnen. Kontrolle zu gewinnen, ist die Kernverheißung der Technik; Kontrolle über die Welt, Kontrolle über die Natur, Kontrolle über sich selbst. Es ist eine Art der Kontrolle, durch die der Mensch die Kontingenz minimieren, jede Unsicherheit des Handelns verbannen und dem sicher voraussagbaren Ergebnis der Offenheit des weiteren Verlaufs den absoluten Vorrang geben möchte. Technik anzuwenden, bedeutet eine Problemlösung zu wählen, bei der man genau weiß, woran man ist. Die Wirkungen, die die Technik erzielt, sind alle bereits bei Anwendung der Technik vorgezeichnete Wirkungen. Es sind Wirkungen, die eben ganz gezielt entfaltet werden. Aller möglichen „Neben-Wirkungen" zum Trotz (und auch diese sind ja bereits in die Entwicklung der Technik bewusst einkalkuliert) lautet das große Versprechen der Technik, dass die komplexe Wirklichkeit aufgrund der ganz gezielten und kontrollierten Herangehensweise vorhersagbar, planbar und vor allen Dingen handhabbar wird. Technik verspricht nicht nur

Handlungserfolg, sondern vor allen Dingen eine Regelhaftigkeit und beliebige Wiederholbarkeit des Handelns. Der Technikphilosoph Armin Grunwald spricht in diesem Zusammenhang von der „Möglichkeit des Immer-wieder" (Grunwald 2002, S. 41).

Handhabbarkeit wird in der Moderne als die einzig vernünftige Option wahrgenommen. Die Situation zu „managen", gilt als das vorzugswürdige Ziel, weil das Management der Situation eine Überschaubarkeit verspricht und damit Sicherheit verleiht. Übersehen wird aber, dass diese Überschaubarkeit Resultat eines Vorentwurfs ist. Die technische Antwort ergibt sich eben nicht von sich aus, sondern es wurde im Vorhinein festgelegt, dass in dieser Situation so zu reagieren ist. Technische Lösungen sind immer vorgezeichnete, vorentworfene Lösungen, die sich über die Spezifität der singulären Situation hinwegsetzen. Die technisch induzierte Vorstellung einer grundsätzlich vorhersagbaren Welt ist somit Resultat einer Komplexitätsreduktion, die in die technische Methodik von Anfang an hineingelegt worden ist. Diese Wirklichkeitsreduktion findet dadurch statt, dass die Wirklichkeit in lineare Modelle überführt und die Komplexität der Welt durch binäre Entscheidungsmodi aufgelöst wird (das hat die Technik mit der Bürokratisierung gemeinsam). Dies erfolgt über die Etablierung von Algorithmen als nicht weiter problematisierte Methode der Handlungsvorbereitung. Der Algorithmus ist Erfolgsvoraussetzung der Technik und zugleich ihr Preis. Preis deswegen, weil der Algorithmus eine rational erscheinende Dekontextualisierung von Wirklichkeit darstellt. Um einen Algorithmus aufzustellen, ist es unabdingbar, den vielschichtigen Kontext, für den der Algorithmus angewandt werden soll, herauszudestillieren; das heißt, dass der Algorithmus nichts anderes ist als eine Abstraktion der Wirklichkeit. Weil die Wirklichkeit über die algorithmische Herangehensweise zu einem Standardmodell geronnen wird, tritt die technische Lösung als Stifterin von Handlungssicherheit, Planbarkeit und Zukunftssicherheit auf den Plan. Man könnte es auch so ausdrücken, dass der technische Zugang dem Menschen deswegen so verheißungsvoll erscheint, weil er ihm eine rundum vorhersagbare, weil vereinfachte Welt suggeriert.

Auf etwas Grundlegendes soll mit diesen Überlegungen verwiesen werden: Jede Situation eröffnet eine Vielzahl an Möglichkeiten, sich in ihr zu verhalten, sie ist grundsätzlich offen für eine Vielzahl an Handlungen, weil jede Situation in sich komplex ist. Indem man diese Situation technisch zu bewältigen versucht, wird diese Komplexität unweigerlich reduziert, weil die Technik nichts anders darstellt als ein „Medium der Selektion von sinnvollen Operationen" (Rammert 1989, S. 161). Das heißt also, dass die Technik bestimmte Umgangsformen mit Situationen vorgibt, indem sie implizit festlegt, wie man eigentlich „vernünftigerweise" mit dieser Situation umzugehen hat. Technik „fixiert" Handlungen in der Weise, dass sie durch ihre scheinbare Einfachheit und scheinbare Selbstverständlichkeit implizit vorgibt, wie zu handeln ist. Sie legt fest, wie zu handeln ist, ohne dass die Komplexität der Handlungsalternativen präsent zu bleiben braucht. Hans Linde spricht sogar von einer „Institutionalisierung von Handlungen" durch die Technik, weil ein bestimmtes Handlungsschema etabliert wird, das in gewisser Weise schablonenhaft über Situationen verhängt wird, ohne dass die Spezifität der Situation Beachtung zu finden bräuchte. Der technisierte Umgang mit Situationen ist somit in gewisser Weise ein Umgang, der mit „Dekontextualisierungen" (Joerges 1988, S. 201) einhergeht, also mit einer Tendenz, die Einzigartigkeit der Situation und die Notwendigkeit, einzigartig darauf zu reagieren, auszublenden, weil nur so das Postulat der Erfolgskontrolliertheit und Erwartungssicherheit erfüllt werden kann. Technische Lösungen zu etablieren, ist ein Prozess,

bei dem diese Lösungen auf Reproduzierbarkeit und Wiederholbarkeit hin ausgerichtet sind. Armin Grunwald verweist zu Recht
darauf, dass dieses Postulat nur erreicht werden kann, indem man
sich technisch handelnd darauf konzentriert, Handlungsregeln
festzulegen, „die sich vom historisch singulären Kontext ablösen
und sich auf andere Situationen übertragen lassen" (Grundwald
2010, S. 118). Damit, so Grunwald, findet „eine Verschiebung vieler
Handlungszusammenhänge in Richtung stärkerer Regelhaftigkeit" (ebd., S. 123) statt. Die Zurverfügungstellung technischer
Lösungen führt zu einer Standardisierung des Umgangs mit
Situationen, was im Grunde nichts anderes ist als eine Reglemen-
tierung menschlichen Verhaltens, also „die Unterordnung unter
technisch vorgegebene Regelhaftigkeit" (ebd., S. 123). Das heißt,
dass die Technik eine Planbarkeit der Resultate dadurch erzielt,
dass sie es schafft, in sich facettenreiche und dynamische Situationen auf fixierte Standardsituationen herunterzubrechen. Es ist
diese künstliche Konstruktion von kontrafaktischen Invarianzen,
die der Technik zum Erfolg verhilft. Das heißt, dass es den Erfolg
der technischen Lösung eben nur um den Preis der Standardisierung und somit um den Preis der Konservenlösung gibt.

Das Versprechen der Erfolgskontrolliertheit technischen Handelns und die damit erworbene Erwartungssicherheit erscheint
aber in unserer Zeit so attraktiv, dass man sich unbewusst über
die damit verbundene Simplifizierung der Situation hinwegsetzt
bzw. diese Schematisierung der Lösungswege gedanklich aus-
blendet. Im Grunde ist es so, dass wir uns den tief verankerten
Wunsch nach der restlosen Kalkulierbarkeit der Welt dadurch
erfüllen, dass wir die Handhabung und Wahrnehmung der Welt
auf das reduzieren, was dieser Berechenbarkeit zugeführt werden
kann.

Es ist das Verdienst von Leonhard Hennen, herausgearbeitet

zu haben, wie die Technik einen modellhaften Umgang mit bestimmten Situationen darstellt. Technik ist für Hennen eine implizite „Handlungsvorgabe, insofern sie einen vorentworfenen
Handlungsablauf objektiviert" (Hennen 1992, S. 161). Für Hennen
hat die Technik Modellcharakter, indem sie Handlungsmuster
vorgibt, die durch die Veralltäglichung der Technik so weit habitualisiert werden, dass man deren modellhaften Ursprung nicht
mehr wahrnimmt. Technik kreiert und festigt bestimmte Handlungsmuster, die nicht mehr als kontingente und damit wählbare
Muster in Erscheinung treten, sondern als zwingende sachge-
setzlich vorgegebene Handlungen empfunden werden. Damit
werden über die Routinisierung technischer Anwendungen Ver-
haltensstandards eingeführt, die zu einer „Gleichförmigkeit des
Handelns" (ebd., S. 238) führen und auf diese Weise tiefgreifenden
Einfluss nehmen auf soziale Praktiken.

Das „Einschneidende" der Technik ist also nicht der Eingriff,
der die Sachwelt verändert. Vielmehr ist das eigentlich Invasive
der Technik dort auszumachen, wo sie bestimmte Handlungsmuster durch ihre Selbstverständlichung vorgibt und damit normiert, ohne dass man merkt, dass diese Handlungsmuster gemäß
einer technischen Logik vorausgesucht worden sind und sich
gerade nicht aus der Sache selbst ergeben. Weil die Verwendung
technischer Lösungen soweit habitualisiert wird und in Routine
übergeht, suggeriert die technische Herangehensweise, dass es
sich logischerweise aus der Situation ergäbe, auf diese technische Weise vorzugehen. Was also die technische Herangehensweise bewirkt, ist nichts anderes als eine „Entproblematisierung"
des technischen Zugriffs (ebd., S. 235). Durch ihren sukzessiven
Übergang in Routine suggerieren technische Anwendungen, dass
es unhinterfragt sinnvoll sei, auf sie zurückzugreifen. Die routi-
nisierte technische Herangehensweise enthebt den Menschen

von einer Handlungsentscheidung, indem die notwendige Entscheidung schon vorentworfen und nur stillschweigend in die
technische Lösung hineingelegt worden ist. Das geschieht freilich
nicht bewusst, auch nicht von Seiten der Entwickler technischer
Lösungen, sondern das ergibt sich aus dem Diktat der Handhabbarkeit, aus dem Diktat der Berechenbarkeit, und so wählt man die
Lösung, aus der heraus diesem Diktat eher genüge getan werden
kann, ohne sich bewusst zu bleiben, dass es auch alternative
Handlungsentwürfe gegeben hätte, die genauso rational und
sinnvoll gewesen wären. Durch das Herauslösen des reflexiven
Moments aus der Anwendung technischer Lösungen findet somit
eine Normalisierung und Entproblematisierung dieser Lösungen
statt.

Damit wird deutlich, dass die Technik eine besondere Art
der Strukturierung des sozialen Lebens darstellt, denn ab dem
Moment, da eine Technik Einzug hält, erweitert sie nicht nur
die Optionen, sondern sie legt zugleich auch fest. Sie legt fest, wie
mit einem Problem oder einer Herausforderung umzugehen ist.
Die Technik kann man als ein Strukturmerkmal menschlichen
Handelns begreifen, das menschliches Handeln auf die Vollzüge
festlegt, die die Technik unter Ausklammerung anderer Möglichkeiten des Handelns vorgibt. Die Technik strukturiert also
menschliches Handeln vor und schränkt es subtil dadurch ein,
dass ab dem Moment der Existenz einer Technik ein alternatives
– technikfreies – Handeln nahezu verunmöglicht wird. Das mag
am Anfang des Aufkommens der Technik noch problematisiert
werden, aber je mehr die Technik zum Alltag wird, desto mehr
wird menschliches Handeln derart auf die Nutzung der Technik festgelegt, dass man kaum ausbrechen kann. Wer heute zum
Beispiel versucht, ganz ohne Mobiltelefon zu leben, der wird an
vielen Stellen merken, dass er von vielen sozialen Handlungen

ausgeschlossen wird, weil die Gesellschaft so strukturiert ist, dass der Besitz und die Verwendung eines Handys nahezu vorausgesetzt wird. In dieser subtilen Form lässt sich von der Technik als einer gesellschaftsstrukturierenden Erscheinung sprechen.

2. Technik als Normierung von Verhalten

Wenn wir nun darüber nachdenken, was der technische Eingriff mit uns macht, so gilt es, den technischen Eingriff nicht als isolierten Eingriff zu betrachten, sondern ihn anzusehen als eine Form der Strukturierung sozialen Verhaltens. So wird mit dem Aufkommen einer neuen Technik eine bestimmte Rollenerwartung an die Mitglieder der „technisierten" Gesellschaft etabliert. Denn das Bereitstellen einer technischen Lösung ist eben nicht einfach ein unverbindliches Angebot, sondern das Bereitstellen geht unweigerlich mit einem Gebrauchssog einher; das zunächst unverbindlich daherkommende Angebot erfährt eine sukzessive Selbstverständlichung, so dass dem Angebot am Ende ein impliziter Aufforderungscharakter innewohnt. Ab dem Moment, da über die Bereitstellung einer Technik eine bestimmte optionserweiternde Handlung möglich wird, entsteht ein Klima, in dem der Nichtgebrauch dieser zusätzlichen Option als rechtfertigungsbedürftig, ja gar als irrational erscheint. Auf diese Weise wird die gewünschte Optionserweiterung mit einer Optionseinengung verknüpft. Man hat die technische Option, etwas bisher Unmögliches zu tun, etwas bisher nicht Wissbares zu wissen, etwas bisher Unverfügbares zu gestalten, aber man hat nicht mehr selbstredend die Freiheit, auf dieses Mehrtun, Mehrwissen, Mehrgestalten lieber zu verzichten. Technik ist eben nicht wertfrei, nicht einfach unverbindlich, sondern sie schafft soziale Erwartungen, sie verändert gesellschaftliches Miteinander dadurch, dass man sich der Benutzung einer neuen optionserweiternden Technik kaum entziehen kann. Technik schafft einen Sog, innerhalb dessen es als rational gilt, sie anzuwenden und es sukzessive rechtfertigungsbedürftig erscheint, auf diese Optionserweiterung zu verzichten. Markantes Beispiel hierfür ist die Zurverfügungstellung vorgeburtlicher Untersuchungsmöglichkeiten des Kindes oder die Zurverfügungstellung prädiktiver Diagnostik in der Onkologie.

Deutlich wird also, dass die Technik eine verhaltensregulierende und zugleich „verhältnisbestimmende soziale Qualität" (Linde 1972, S. 59) hat, und zwar dadurch, dass die Technik soziale Erwartungen schafft, derer man sich kaum entziehen kann. Die neu gewonnene Freiheit wird mit dem „Zwang" ihrer Anwendung erkauft. Dadurch verändern sich soziale Verhältnisse durch die Veränderung der Wahrnehmung von Situationen. In bestimmten Situationen ist durch die Technik eine bestimmte Handlung schlichtweg vorgegeben, in sie hineingeschrieben, so dass die Situation selbst durch die Existenz der Technik als eine ganz andere wahrgenommen und beschrieben wird als vor dem Aufkommen der technischen Option.

Technik normiert Handlungen nach den Werten, die von der technischen „Logik" vorgegeben werden. So ist der technischen Logik implizit eingeschrieben, dass schneller immer besser ist als langsamer, dass Verändern immer besser ist als Seinlassen, dass mehr immer besser ist als weniger, dass direkt immer besser ist als indirekt, dass sofort immer besser ist mit Latenz und schließlich, dass die Bypass-Lösung immer wichtiger ist als das Verstehen der Problemursachen. Ein anschauliches Beispiel für dieses Präjudiz ist die gesamte Reproduktionsmedizin, die keine Ursachentherapie der Unfruchtbarkeit darstellt, sondern eine technische Umgehung einer Funktionseinschränkung, die in ihrer psychosozialen Ätiologie alles andere als geklärt ist. Und auch das „social freezing" stellt nichts anderes dar als eine Bypass-Technologie, mit der der soziale Missstand, dass es vielen Frauen verwehrt bleibt, Beruf und Familie zu verbinden, nur noch zementiert wird, solange man sich anschickt das soziale Problem biologisch zu „lösen".

Weil innerhalb des technisch privilegierten Effizienzdenkens der direkte Weg als der vorzugswürdigere angesehen wird, werden innerhalb der technischen Logik alle Lösungsstrategien diskreditiert, die mit Umwegen und mit kontinuierlicher Mühe und Aufwand einhergehen. Diese emotionalen, sozialen und beziehungsorientierten Lösungen werden innerhalb einer technologischen Denkart auch dort diskreditiert, wo erwiesenermaßen die sogenannt weicheren Lösungsmethoden eine nachhaltigere Wirkung entfalten würden. Ein Beispiel hierfür ist der Vorzug des Medikaments beim ADHS oder der Vorzug des Skalpells bei der ästhetischen Medizin oder der Vorzug der Magenoperation vor der psychotherapeutischen Behandlung von Essstörungen. Selbstverständlich gibt es einen sinnvollen Einsatz all dieser schnellen Lösungen und viele Situationen gibt es, wo dieser auch tatsächlich der Vorzug zu geben ist, aber das Problem besteht darin, dass deren Existenz die etwaige Entscheidung, es auf einem nachhaltigeren, aber aufwendigeren Weg zu versuchen, unter Rechtfertigungsdruck setzt. Zu rechtfertigen hat sich somit eher derjenige, der die nachhaltigere Methode wählt als derjenige, der die technische, kurzwirksame wählt.

Herbert Marcuse bezeichnete das technische Denken als ein „Stückwerk-Denken", das sich mit „Aushilfslösungen" zufriedengibt (Marcuse 1967, S. 148). Wohlgemerkt ist es eben nicht die Technik, die diese Normen setzt, sondern diese Normen sind bereits in der Gesellschaft, sozusagen als vorbereitender Boden für das Aufkommen bestimmter Techniken. Durch deren ubiquitäre Verwendung werden diese sie ermöglichenden Normen noch weiter verstärkt und zementiert. Am Ende wird die Technik für so selbstverständlich gehalten werden, dass einem gar nicht mehr in den Sinn kommt, dass es auch alternative Zugänge auf die Welt geben könnte.

3. Technik als Entlastung

Der technische Einsatz geht mit dem impliziten Versprechen einer Erweiterung der Kontrollmöglichkeiten und somit der Erweiterung des eigenen Optionsradius einher. Verführerisch wird diese technische Logik vor allem aber dadurch, dass diese Erweiterung der Kontrollmöglichkeiten gekoppelt wird an eine Entlastung des Individuums. Die technische Lösung nimmt dem Individuum, wie wir oben gesehen haben, die Mühe der Entscheidung ab; sie wird als Lösung präsentiert und somit als Resultat multipler moralischer Vorentscheidungen, ohne den Anwender der Technik mit diesen bereits vorweggenommenen moralischen Präjudizien zu belasten. Das heißt, dass die technische Lösung im Grunde eine „vorgekochte" Lösung ist, eine Konservenlösung, die aus der Schublade gezogen wird. Das macht nicht deren Problematik aus, sondern gerade deren Reiz: Die technische Lösung schafft Entlastung. Genau das ist das Besondere der Technik – dass sie genau deswegen so attraktiv erscheint, weil sie ohne problematisierendes Reflektieren eingesetzt werden kann (Beispiel Handy oder Beispiel Computer). Vergessen wird hier zu schnell, dass diese Vorentscheidung allerdings Folgen für das Resultat des Handelns hat. Beispiel: Indem mir die technische Möglichkeit im Grunde vorschreibt, auf dem Computer zu schreiben, hat sie Einfluss auf das Resultat des Geschriebenen. Ein Text mit Füller auf dem Papier geschrieben ist unweigerlich ein anderer Text als ein auf dem Bildschirm getippter; er ist ein Text, der innerhalb eines anderen Zeitfensters geschrieben worden wäre, ein Text, der eine andere Reflexionsebene berühren könnte, ein Text, der eine ganz andere Ökonomie des Schreibens mit sich brächte, weil jedes Wort Kraft, Platz und Zeit erforderte, die das elektronische Schreiben am Computer nicht hat. Das zeigt eben auf, dass Technik auf diese Weise nicht nur eine andere Mittelwahl darstellt, sondern als Wahl der Technik eine Vorentscheidung bezogen auf die Art des Resultates bedeutet (vgl. Böhme 2008). So werden mit dem Eintritt in das technologische Zeitalter zugleich die Resultate der Kultur unweigerlich verändert. Diese Veränderung muss ja nicht per se nachteilig sein, aber um eine nachteilige Umformung der Kultur zu verhindern, wäre es nötig, sich dieser impliziten Veränderungen bewusst zu bleiben. Und genau das aber ist ein Kernproblem der Technik – dass sie genau deswegen so attraktiv erscheint, weil sie das Reflektieren für unerheblich erklärt bzw. weil sie das Reflektieren dem Nutzer der Technik abnimmt. Die eigentliche Attraktivität der Technik ist darin festzumachen, dass die Anwendung der Technik eine Form des reflexionsfreien Vollzugs ermöglicht, das heißt, dass mit der Wahl der Technik kein weiteres Nachdenken notwendig wird. Dieser reflexionsfreie Vollzug wird im technischen Setting dadurch ermöglicht, dass über die Technik „fixierte Zweck-Mittel-Kombinationen" (Hennen 1992, S. 180) verwendet werden, die so in eine Routinisierung übergehen, dass die Verwendung der Technik in gewisser Weise „entproblematisiert" (ebd., S. 181) wird. Eine besondere Attraktivität der Technik liegt also gerade darin, dass der Anwender der Technik in ihr eine Art Wegweiser findet, der „ihn von allzu vielen Entscheidungen entlastet" (ebd., S. 181).

4. Technik als Sachzwang

Ab dem Moment, da eine bestimmte Technik „etabliert" worden ist, erscheint ihr Einsatz fraglos vernünftig und der Griff nach einer nicht-technischen Lösung erhält einen Hauch von Antiquiertheit und erscheint im Vergleich zur vermeintlich effizienten Technik als planloses und nicht zielführendes Vorgehen. Genau diese Gleichsetzung von technischer Mittelwahl und Rationalität ist der Grund dafür, dass der technische Einsatz eine Eigendynamik entwickelt, weil ab dem Moment des Einsatzes der Denkrahmen vorgegeben ist und es schwer wird, diesen Rahmen wieder zu sprengen. Dadurch, dass die Technik aus diesen Gründen zu einer Selbststeigerung neigt, zieht eine Technik unweigerlich die nächste technische Steigerungsstufe nach sich, eine technische Möglichkeit wird alsbald von der nächsteffizienteren überholt. Die Technik, so Jacques Ellul, „geht, wohin der nächste Schritt sie führt" (Ellul 1958, S. 55). Dadurch, dass andere Bewertungsmuster jenseits der planend-berechnenden abgewertet werden, verselbständigt sich diese Strategie hin zu einem technischen Automatismus.

Ein Charakteristikum der technischen Herangehensweise an die Gegebenheiten der Welt besteht darin, dass sich die Technik innerhalb des Möglichen keine eigene Grenze als die des Machbaren setzt. Das heißt, dass sich innerhalb einer technischen Logik die Frage der Scheu, der Zurückhaltung, des Zurücktretens nicht stellt. Franco Volpi hat einmal von der Technik als „einen ständigen Versuch des Möglichen" (Volpi 2007, S. 47) gesprochen. Was technisch möglich ist, erscheint auch moralisch gesollt, weil die Erweiterung der Verfügungsmacht aus einer technologischen Logik heraus als Wert an sich gilt. Innerhalb einer Steigerunslogik gibt es kein Argument gegen die weitere Steigerung der Verfügung über das Seiende, und so schafft sich die Technik allein über ihre Möglichkeit die Legitimationsbasis für weiteres Eindringen. Solange man sich nicht gewahr wird, dass man in einem präjudizierenden technologischen Zeitalter lebt, so lange gilt die technische Verfügbarmachung der Welt apriori als sinnvoll. Es ist in diesem Kontext, dass Max Weber von dem „ehernen Gehäuse der Hörigkeit" (Weber 1976, S. 44 ff.) spricht und dabei die von ihm so genannte „formale Rationalität" der Technik von der „materialen Rationalität" des „wertbezogenen" Handelns abgrenzt. Seiner Meinung nach käme innerhalb der der Technik eigenen formalen Rationalität die Individualität des Menschen und seiner Situation nicht mehr zum Zuge, gerade weil die Technik mit ihrer ihr eigenen Rationalität aufgrund ihrer sich verselbständigenden Tendenz sich darüber hinwegsetzt.

Unter dem Schlagwort „Sieg des Sachzwangs" (Schelsky 1979, S. 457) beschreibt Helmut Schelsky, wie innerhalb einer „technischen Denkweise" die vermeintlichen Sachgesetzlichkeiten an die Stelle von Wertkonflikte treten, d. h. dass dort, wo Wertkonflikte auftauchen, diese gar nicht als solche anerkannt werden, sondern sie in einer Weise „versachlicht" werden, dass die oft dilemmatischen Normkonflikte letzten Endes überführt werden in vermeintlich eindeutig und ambivalenzfrei lösbare Rechenaufgaben: Diese Konflikte werden gar nicht mehr vom einzelnen Menschen aufgegriffen und verarbeitet, sondern so formalisiert, dass sie in gewisser Weise nur noch als Herausforderung an das Management wahrgenommen und bürokratisiert werden. Aus dem moralischen Konflikt wird also ein Verwaltungsproblem, aus dem Wertentscheid wird eine zu bürokratisierende Sachfrage. Es findet innerhalb eines technischen Denkmodells somit eine Negierung des genuin Moralischen und eine Subsumierung der Welt auf berechenbare Sachgesetzlichkeiten statt. Unschwer erkennen wir hier die inhaltliche Nähe zwischen Technisierung und Bürokratisierung, kann man letzten Endes in Anlehnung an Max Weber und an die oben aufgeführte Technikdefinition von Gottl-Ottlilienfeld die Bürokratisierung als eine bestimmte Ausprägungsform der Technisierung begreifen.

5. Technik als Machbarkeitserwartung

Deutlich wird hier, dass es die Entzauberung der Welt war, die den Weg gebahnt hat für das technische Zeitalter. Aber in der Selbstverständlichkeit, mit der der Veränderung per se ein Wert beigemessen wird und in der damit verbundenen Annahme, dass alles technisch machbar sei, genau in dieser Illusion ist eine „Wiederverzauberung der Welt auf technologischer Basis" (Belardinelli, S. 55) auszumachen. Die Wiederverzauberung besteht eben darin, dass die Welt als für die menschlichen Bedürfnisse grundsätzlich modellierbar wahrgenommen wird und vor allem, dass Wissenschaft und Technik als die eigentlichen Heilmittel für alle unsere Probleme angesehen werden. Die Dinge der Welt hängen, so dieses wiederverzaubernde Credo, allein davon ab, ob und wie wir die Technik weiterentwickeln, kurz: Es hängt allein von unserer Macht ab, wie die Dinge der Welt sein werden. Die Machbarkeit der Welt ist die eigentliche Denkstruktur, die der technischen Herangehensweise zugrunde liegt und die Heilserwartung, die an die Technik geknüpft wird, stellt die moderne Form der Remystifizierung der Welt im technologischen Zeitalter dar (vgl. Rapp 1978). Der Technik wird die Fähigkeit zugeschrieben, zur Erlösung in der Welt beizutragen, was nichts anderes ist als ein mythisch überhöhtes Verständnis von Technik.

6. Technik als Materialisierung der Welt

Günter Seubold hat, angeregt von Martin Heidegger, anschaulich herausgearbeitet, wie die Technik an der Konstitution von Natur und Welt beteiligt ist (Seubold 1986). Über den technischen Zugang wird die Sicht auf die Welt verändert; die Technik entwickelt eine wirklichkeitskonstituierende Kraft, indem sie die Welt als Ansammlung von Material in Erscheinung bringen lässt. Indem die Dinge der Welt nur noch unter der Perspektive ihrer Verwendbarkeit, Formbarkeit und Verwertbarkeit betrachtet werden, verlieren sie innerhalb einer technischen Denkweise ihren Wert als etwas Eigenständiges. Der technische Zugang auf die Welt reduziert das Vorhandene auf ihren Gebrauchswert und lässt es nicht mehr in seinem Eigensein zur Geltung kommen. Hineingestellt in einen rein technischen Verwendungs- und Verwertungszusammenhang wird das Vorhandene in der Welt, so der Heideggersche Gedanke, unter rein funktionalistischer Perspektive wahrgenommen und so weit zur bloßen verwendbaren Sache herabgestuft, dass die Phänomene selbst nicht mehr, wie Heidegger es sagte „in ihrem Wesen" erkannt werden. Das heißt, dass die Technik das Verhältnis des Menschen zu Natur und Welt in einer Weise bestimmt, dass die Welt reduziert wird auf ihren instrumentellen Wert (Seubold 1986, S. 43). Wenn aber damit die Welt als bloßes Material zur weiteren Verarbeitung angesehen wird, dann bedeutet das, dass mit dem technischen Denken die Dinge der Welt ihre Eigenheit und ihren inhärenten Wert verlieren. Diese Materialisierung der Welt bringt Seubold sehr plastisch zum Ausdruck, wenn er schreibt: „Die Dinge sind jetzt allein durch den technischen Umgang konstituiert und haben keinen darüber hinausgehenden Horizont, haben nichts mehr von dem, was sie in ihrer Eigenständigkeit und Dignität retten könnte" (Seubold 1986, S. 47). [1]

1: Es ist Hans Blumenberg, dem wir eine treffende Analyse dieses Zusammenhangs zu verdanken haben: „Die Technik ist primär nicht ein Reich bestimmter, aus menschlicher Aktivität hervorgegangener Gegenstände; sie ist in ihrer Ursprünglichkeit ein Zustand des menschlichen Weltverhältnisses selbst." (Blumenberg 2010, S. 206)

Man könnte es mit Heidegger auch so sagen, dass der technische Zugang den „Horizont" der Welt kappt und dadurch das Vorhandene in der Welt auf bloße Materie reduziert. Dem Vorhandenen werden keine anderen Verweisungsbezüge zugedacht als nur ihr Nutzen für die technische Gestaltung. Dieser Gedanke findet sich in den berühmten „Holzwegen", wo Heidegger beschreibt, dass durch das „technische Herstellen" der Mensch selbst und „seine Dinge der wachsenden Gefahr ausgesetzt, zum bloßen Material und zur Funktion der Vergegenständlichung zu werden" (Heidegger 2003, S. 270). Durch die Reduzierung der Dinge auf ein formbares „Etwas" werden die Dinge nicht nur der totalen Verfügung anheimgestellt, sondern sie verlieren zudem „ihr eigenes Gesicht", das heißt sie werden in ihrem eigentlichen Wesen nicht mehr erkannt. Jürgen Habermas stellt sich – ohne es wirklich zuzugeben – in diese Denklinie und natürlich in die von Herbert Marcuse, wenn er betont, dass die technische Herangehensweise einer Verkürzung der Rationalität aufsitzt, indem sie sozialen Fortschritt mit einer immer effektiveren Beherrschung der Gegebenheiten der Welt gleichsetzt (Habermas 1968).

Ein aktuelles Beispiel für ein solches Kappen des Bedeutungsbezugs des Vorhandenen durch den technologischen Zugang ist die Sichtweise auf den Embryo im Zeitalter der technisierten Fortpflanzung. Dem Embryo wird von der Reproduktionsmedizin kein Verweisungsbezug zugestanden, der über das Stoffliche hinausgeht; er wird schlichtweg zum formbaren und verwertbaren Material, wenn zum Beispiel vorgeschlagen wird, zur Steigerung der Schwangerschaftsrate statt einen Embryo, lieber 20 Embryonen zu zeugen, um nur die „besten" zu verwenden – eine Methode, die unter dem Begriff des „single embryo transfer" seit Jahren vehement propagiert wird.

7. Technik als Veränderung unseres Verhältnisses zur Welt

Nach all dem Gesagten wird deutlich, dass der technische Zugang die Haltung zur Welt verändert. Innerhalb eines technisierten Zeitalters wird der Mensch sich seiner Welt gegenüber immer mehr wie ein Ingenieur im Angesicht seines formbaren Materials verstehen und die Welt als eine Bearbeitungsaufgabe betrachten. Resultat dieser Haltung ist die Reduktion des Handlungszwecks auf das „Bewirken", auf den sichtbaren Effekt (Hubig 2007, S. 27). Dies führt zu einer Situation, die Norbert Bolz im Rekurs auf Edmund Husserl treffend beschrieben hat, wenn er betont, dass technisches Handeln nichts Anderes heißt, als „sich auf eine Sache [zu] verstehen, ohne die Sache selbst zu verstehen" (Bolz 2012, S. 17).

Technisch an die Welt heranzugehen bedeutet, die Welt auf die technische Veränderung hin zurechtzuschneiden; das heißt, dass die Welt unter der Perspektive der Veränderbarkeit betrachtet und auf die Merkmale fixiert wird, die sie als veränderbar erscheinen lassen. Dieser dem Technischen inhärente Prozess des Zurechtschneidens startet schon mit dem Anspruch, die Welt berechenbar, und das heißt also zählbar, messbar, quantifizierbar zu machen. Dieser methodische Schritt des Berechnens ist nun alles andere als voraussetzungsfrei, denn wenn man den Anspruch erhebt, die Welt zu berechnen, dann muss die Hinsicht, woraufhin berechnet werden soll, erst einmal vorgegeben werden, d. h. dass beim Rechnen die „Natur schon in einer gewissen Weise festgelegt sein muss, nämlich als so oder so zu berechnende" (Seubold 1986, S. 89). Das ist ein wichtiger Aspekt der Technik, denn berechnend an die Welt herangehend, legt – so Heidegger – die Technik die Gegebenheiten der Welt auf etwas Bestimmtes

fest, woraufhin sie zu berechnen sind, das heißt, dass der berechnende Zugang auf die Welt unweigerlich mit einer Reduktion der
Gegebenheiten einhergeht.

Wenn das Bewusstsein dieser Vorannahmen des berechnenden
Zugangs verloren geht und innerhalb eines technischen Denkens
so getan wird, als wäre die Welt, wie sie unter dem Verfügungs-
vorhaben berechnet wurde, die „wahre" Welt, dann sitzt man einem problematischen Reduktionismus auf. Hans Blumenberg
verweist unter Rückgriff auf Husserl mit Grund darauf, „dass es
noch eine andere Realität als die theoretisch vermessungsfähige
gibt" (Blumenberg 2010, S. 12). Der technische Zugang auf die Welt
macht eine Reduktion der Dinge auf ihre Berechenbarkeit notwendig, so dass eine kritische Reflexion der Technik eben nicht
bedeutet, ihre Sinnhaftigkeit in Frage zu stellen, sondern sie muss
bedeuten, den Gegebenheiten der Welt die Perspektiven wieder
zurückzugeben, die durch das berechnende Denken aus ihnen
herausdestilliert wurden. Es gilt anzuerkennen, dass die Dinge
der Welt sich nicht durch ihre Berechenbarkeit konstituieren,
sondern vielmehr durch ihr Da-Sein, durch ihre Erscheinung in
der Welt. In die Betrachtung der Dinge muss der lebensweltliche
Bezug zu den Dingen wieder neu hineingelegt werden, damit
die Dinge nicht in ihrer entfremdeten Struktur verharren. Diese
lebensweltliche Perspektive kann am Ende bedeuten, dass man
die eigene Haltung zu den Dingen wieder revidiert, sie durch den
Reflexionsprozess sozusagen enttechnisiert, was darauf hinaus-
liefe, sich von der Haltung des Totalverfügens, des Produzierens,
der Herrschaft über die Dinge wieder zu distanzieren und in gewisser Weise neu zu erlernen, den Dingen ihren Raum zu lassen,
sie nicht allein beherrschen zu wollen, sondern sie gewähren
zu lassen, oder wie Seubold es ausdrückt „mit ihnen zu gehen"
(Seubold 1986, S. 92). Dass dieses Mit-ihnen-Gehen so wichtig sein

kann, können wir abermals bei der Reproduktionsmedizin erkennen; je mehr die Reproduktionsmedizin versucht, die Reproduktion zu beherrschen, ihr ihre technische Autorität aufzudrücken, desto mehr kapriziert sie sich in eine Eskalation hinein, bei der am Ende das Bewusstsein verloren geht, dass zum Entstehen eines neuen Menschen technische Perfektion allein nicht ausreicht, wenn dieses beherrschende Denken nicht zugleich gepaart wird mit einem dienenden Denken, nämlich dem Denken, dass dem Paar innere Ruhe, Zuversicht und Gelassenheit ermöglicht werden muss, damit die „Reproduktion" auch glückt.

Technik, so viel sollte deutlich werden, schafft durch das in ihr wohnende Präjudiz für das materialisierende Verfügen eine affektive Distanz zu dem, worüber verfügt bzw. was technisch gemanagt wird. Technik verändert eben nicht nur Handlungen, sondern sie verändert somit vor allen Dingen Wahrnehmungsmuster. Technische Herangehensweisen gehen mit einer Überbewertung der objektivierbaren Aspekte des Vorhandenen und einer Abwertung der genuin ästhetischen, assoziativen und intuitiven Zugänge auf die Welt einher. Ein technisches Weltverhältnis zu verinnerlichen, bedeutet daher letzten Endes alle Gegebenheiten der Welt in einen solchen Bedeutungszusammenhang zu stellen, der das Nicht-Ausdrückliche, das Implizite und das Uneindeutige aus dem Wahrnehmungsfenster verbannt. Das technische Weltverhältnis ist eines, in dem der Umgang mit den Gegebenheiten der Welt reduziert wird auf „Zweck-Mittel-Kalküle, abstrakte standardisierte Beschreibungen und explizite eindeutige Aussagen, mit denen wir uns die Welt verfügbar machen" (Dietz 1993, S. 321). Der technische Zugang auf die Welt ist demnach mit dem impliziten Anspruch verbunden, die Phänomene der Welt im Hinblick auf ein vorhersehbares Regelwissen hin erklärbar und damit restlos verfügbar zu machen. Auf diese Weise wird nicht nur ein selbstverständliches Verfügen über die Gegebenheiten der Welt etabliert, sondern schwerwiegender als das verändert das technisch veränderte Weltverhältnis vor allen Dingen die innere Einstellung zu und zugleich die Vorstellung von den Phänomenen, die wir technisch in den Griff zu bekommen versuchen (vgl. dazu Böhme 2008).

Schlussfolgerung

Was macht die Technik mit uns? Sie bestimmt unser Denken und verändert unser Verhältnis zur Welt, das sind unsere Schlussfolgerungen. Im Wesentlichen sind es nämlich drei Charakteristika, die das technische Handeln als solches qualifizieren:

1. Festlegung eines bestimmten Zweck-Mittel-Schemas: Wenn wir von technischem Handeln sprechen, so implizieren wir, dass die Lösung einer bestimmten Situation in Algorithmen vorgegeben ist. Technisches Handeln hat etwas mit algorithmischer Lösung zu tun, weil das technische Handeln ein Rückgriff auf eine vorgegebene detaillierte Handlungsabfolge bedeutet.

2. Wiederholbarkeit des Handelns: Die Technizität des Handelns ergibt sich daraus, dass das technische Handeln von sich aus jederzeit wiederholbar ist. Ein Handeln, das als eine singuläre Antwort auf eine singuläre Situation in Erscheinung tritt, kann kein technisches Handeln sein. Das Charakteristikum der Wiederholbarkeit kann aber nur um den Preis der Schematisierung und der Fixierung der Zweck-Mittel-Relation erkauft werden. Daher sind diese beiden Charakteristika eng miteinander verknüpft. Man könnte auch sagen, dass technische Lösungen konservierte

Lösungen sind, die jederzeit und beliebig oft abgerufen werden können und oft als Instantlösungen abgefragt werden. Das führt uns zum dritten Charakteristikum.

3. Knopfdruckqualität: Es war Hans Blumenberg, der das Wesen der Technik mit seinem Knopfdruckcharakter umschrieben hat. Damit meinte er nicht nur, dass das technische Handeln ein instant-Handeln ist, das eine sofortige Wirkung in „Echtzeit" erzielt. Vor allem meinte er damit, dass die Funktionsweise der Technik sich verbirgt und durch das Unsichtbarwerden des technischen Ablaufs eine Abkopplung von der sinnlich wahrnehmbaren Lebenswelt vorgenommen wird.

Zu Ende gedacht lässt sich sagen, dass der Eintritt ins technische Zeitalter Ausdruck einer Gesellschaft ist, die den Wert der Kalkulierbarkeit hochschätzt und dem strategisch-kontrollierenden Handeln den Vorzug gibt vor der inneren Haltung des Gewährenlassens und des Sich-Einrichtens innerhalb des Vorgegebenen. Das Projekt der Moderne ist ein Projekt, in dem Emanzipation gleichbedeutend ist mit Erweiterung der Kontrolle. Dass zur Emanzipation aber nicht allein die Zunahme der Kontrollmöglichkeiten gehört, sondern in gleicher Weise auch bedeuten könnte, sich innerlich von den äußeren Bedingungen unabhängiger zu machen durch die Arbeit an der Haltung zur Welt, wird durch den technischen Zugang gedanklich ausgeklammert. Dieses annehmende Verhältnis zur Welt ist durch die Selbstverständlichung der technischen Lösungen in die esoterische Nische verbannt worden. Das mit der Technik verknüpfte Credo hat Hans Blumenberg so treffend wie kein anderer auf den Punkt gebracht, als er es in den Slogan packte „Nichts hinnehmen, alles erzeugen" (Blumenberg 2010, S. 190).

Und so kommen wir auf unseren Ausgangspunkt zurück:

Technik verändert die Art, wie wir die Welt und uns selbst sehen, weil sie im Kern das ist, was Hans Blumenberg als „ein Zustand des menschlichen Weltverhältnisses" (ebd, S. 32) so treffend beschrieben hat. Wenn wir den eigentlichen Eingriff der Technik so verstehen, dann kann die Antwort auf diesen Eingriff nicht etwa die Verteuflung der Technik sein und nicht die pauschale Technikkritik, sondern vielmehr geht es darum, sich dieser Veränderung der Weltsicht bewusst zu bleiben, um auch innerhalb einer technisierten Welt den Blick offenzuhalten für das, was der technische Blick unweigerlich verstellt. Es gilt die Haltung zu den Dingen neu zu erlernen, die Haltung der Achtung, die Haltung des Staunens, die Haltung des begierdefreien Betrachtens, die Haltung der Wertschätzung des So-Seienden. Denn zu Ende gedacht, bedeutet die Etablierung einer technischen Logik mit all ihren Tendenzen der Selbststeigerung und der Kontrollerwartung nichts anderes als die sukzessive Überführung von fraglosen Wirklichkeiten in kontingente Wirklichkeiten, „um daraus Spielraum für Erfindung und Konstruktion zu schöpfen" (Rammert 2002, S. 8), das heißt dass innerhalb eines technischen Zeitalters ohne kritische Reflexion derselben es nichts mehr gibt, was für sich genommen einen Sinn ergibt, sondern Sinn stiftet die technisierte Welt allein aus dem Ausmaß der Machbarkeit der Welt. Ob das ein Zugewinn an Freiheit bedeutet oder nicht vielmehr ein Einstieg in ein Hamsterrad der stetigen Perfektionierung ohne Maß und ohne Ziel, hängt ganz davon ab, mit wie viel kritischer Reflexion auf die technischen Möglichkeiten zurückgegriffen wird.

Dies gilt für alle Lebensbereiche, aber für die Medizin in besonderer Weise. Eine pauschale Technikkritik kann den mit der Technisierung der gesamten Medizin verbundenen Herausforderungen genauso wenig gerecht werden wie ein technischer Solutionismus in Form einer Technikeuphorie, sondern es geht um einen reflektierten und bewussten Umgang mit Technik. Nur so ein reflektierter Umgang kann dafür sorgen, dass die Technik nicht zur selbstverständlichen Herangehensweise auch an solche Probleme wird, die nicht technisch, sondern sozial oder psychotherapeutisch oder durch Zuwendung zu lösen sind.

Literatur

BELARDINELLI, Sergio: Leiden und Sterben im Zeitalter der Technik. In: ABEL, Günter; CRISTIN, Renato; HOGREBE, Wolfram (Hrsg.): Lebenswelten und Technologien. Berlin: Parerga 2007, S. 49-59

BÖHME, Gernot: Invasive Technisierung. Technikphilosophie und Technikkritik. Kusterdingen: Die Graue Edition, 2008

BLUMENBERG, Hans: Theorie der Lebenswelt. Berlin: Suhrkamp, 2010

BOLZ, Norbert: Das Gestell. München: Fink, 2012

DIETZ, Simone: Die Technisierung der Lebenswelt. In: SCHEFE, Peter; HASTEDT, Heiner; DITTRICH, Yvonne u. KEIL, Geert (Hrsg.): Informatik und Philosophie. Mannheim, Leipzig, Wien, Zürich: BI-Wissenschaftsverlag, 1993, S. 315-324

ELLUL, Jacques: La technique ou l'enjeu du siècle. Paris: Colin, 1954

ELLUL, Jacques: Leben als moderner Mensch. Zürich: Zwingli Verlag, 1958

FREYER, Hans: Zur Philosophie der Technik. (1929). In: Herrschaft, Planung und Technik. Aufsätze zur politischen Soziologie. Weinheim: VCH Verlags-Gesellschaft, 1987, S. 7-16

GOTTL-OTTLILIENFELD, Friedrich von: Grundriss der Sozialökonomik. Teil 2: Wirtschaft und Technik. Tübingen: Mohr, 1923

GRUNWALD, Armin: Technisierung als Bedingung und Gefährdung von Kultur. Eine dialektische Betrachtung. In: BANSE, Gerhard und GRUNWALD, Armin (Hrsg.): Technik und Kultur. Bedingungs- und Beeinflussungsverhältnisse. Karlsruhe: KIT Scientific Publications 2010, S. 113–128

HABERMAS, Jürgen: Technik und Wissenschaft als „Ideologie". Frankfurt a. M.: Suhrkamp, 1968

HEIDEGGER, Martin: Holzwege. Frankfurt a. M.: Vittorio Klostermann, 2003

HENNEN, Leonhard: Technisierung des Alltags. Ein handlungstheoretischer Beitrag zur Theorie technischer Vergesellschaftung. Opladen: Westdeutscher Verlag, 1992

HUBIG, Christoph: Die Kunst des Möglichen. Technikphilosophie als Reflexion der Medialität. Bielefeld: Transcript, 2006

HUBIG, Christoph: Handlung und Enttäuschung – Überlegungen zur technomorphen Verkürzung des Handelns mit Blick auf Hegel und Heidegger. In: HUBIG, Christoph (Hrsg.): Handeln und Technik - mit und ohne Heidegger. Münster: Lit, 2007, S. 27-46

JOERGES, Bernward: Technik im Alltag. Frankfurt a. M.: Suhrkamp, 1988

KOGGE, Werner: Technologie des 21. Jahrhunderts. Perspektiven der Technikphilosophie. Deutsche Zeitschrift für Philosophie 56 (2008) 6: 935-956

LINDE, Hans: Sachdominanz in Sozialstrukturen. Tübingen: Mohr-Siebeck, 1972

MARCUSE, Herbert: Der eindimensionale Mensch. Neuwied: Luchterhand, 1967

MÜLLER, Oliver: Natur und Technik als falsche Antithese. Philosophisches Jahrbuch 115 (2008) 1: 99-124

RAMMERT, Werner: Die technische Konstruktion als Teil der gesellschaftlichen Konstruktion der Wirklichkeit. Berlin, 2002 (TUTS - Working Papers 2-2002)

RAPP, Friedrich: Analytische Technikphilosophie. Freiburg: Alber 1978

SCHELSKY, Helmut: Der Mensch in der wissenschaftlichen Zivilisation. Köln/Opladen: Westdeutscher Verlag, 1961

SEUBOLD, Günter: Heideggers Analyse der neuzeitlichen Technik. Freiburg: Alber, 1986

VOLPI, Franco: Im Widerstreit zum Humanismus: die Techno-Wissenschaft in unserer kulturellen Selbstdarstellung. In: ABEL, Günter; CRISTIN, Renato u. HOGREBE, Wolfram (Hrsg.): Lebenswelten und Technologien. Berlin: Parerga, 2007, S. 35-48

WEBER, Max: Wirtschaft und Gesellschaft. Grundriß der verstehenden Soziologie. Tübingen: Mohr Siebeck, 1976

Sport als Weltbeziehungsbildung – Gedanken zum Nutzen von Sport für Individuum und Gesellschaft im digitalen Wandel

Richard Jung

Vorwort

Dieser Beitrag spiegelt meine Sicht als ambitionierten Hobbysportler wider. Es geht mir nicht darum, den extremen Ausdauersport in seiner Fülle an Erscheinungsformen zu erörtern. So vermeide ich es auch, wissenschaftliche Bezugslinien aufzubauen. Vielmehr möchte ich meine eigene Begeisterung für Sport und im Speziellen für meinen Sport den Ultra-Triathlon zum Ausdruck bringen, einmal introspektiv und dann wieder als Reflexion auf das, was der Sport bei mir und meiner Umwelt bewirkt. Wenngleich meine Ausführungen zunächst sehr subjektiv auf mich und meine Gedanken, Gefühle und Erfahrungen bezogen erscheinen, ist es mir doch ein Anliegen, es den Lesenden freizustellen, dem einen oder anderen Gedanken nachzuspüren und darüber eine eigene Sicht auf den Sport zu erlangen.

Meine Schilderungen nehmen Bezug auf meinen Wettkampfsport. Dort starte ich hauptsächlich bei Ultratriathlons und habe unter anderem zwei Weltrekorde im Deca-Ultratriathlon (38 km Schwimmen, 1.800 km Radfahren, 422 km Laufen) aufgestellt. Dreimal stand ich bei Weltmeisterschaften ganz oben (2013, 2014 und 2017). Und trotz dieser Leistungen, die ich für mich zu schätzen weiß, würde ich mich immer als ein Hobbysportler bezeichnen wollen. Es liegt mir fern, meine Leistung durch technische Hilfsmittel zu optimieren. Es liegt mir fern, mich mit digital ermittelten Parametern einer Selbstoptimierung auszusetzen und ich halte wenig davon, irgendwelche biometrischen Sollwerte zu erreichen, um zum Punkt X meine maximale Leistung abrufen zu können. Insofern stehe ich auf dem Standpunkt, dass die Digitalisierung, sofern sie der Optimierung körperlicher oder mentaler Leistungsfähigkeit dient, am Wesen sportlicher Betätigung vorbei greift. Vielmehr möchte ich die andere Seite des Sports betrachten und immer wieder selbst erleben – Sport als Lebensgefühl, als Nahrung für Körper und Geist, als Mittel der nachhaltigen Auseinandersetzung mit seiner Umwelt, als farbenfroher Glücksbringer jenseits des oft hektischen Alltags.

1 Sport zur Persönlichkeitsentwicklung

Ich bezeichne mich selbst als Wohlfühlsportler, da es für mich höchste Priorität hat, dass Sport zu meinem Wohlbefinden beiträgt. Sport soll mein Leben bereichern, nicht bestimmen. Bei der Fokussierung auf Leistung – wie in dem Wort Leistungssportler – liegt es oft nahe, der Leistung in messbaren Parametern wie Zeit, Distanz oder Platzierung alles andere unterzuordnen. In der Folge bestimmen dann leistungsorientierte Ernährungs- und

Trainingspläne maßgeblich die Lebensgestaltung. Es ist erstaun-
lich, wie häufig Menschen die Worte *„ich muss dringend noch ..."*
gebrauchen und sich dabei gedrängt und fremdbestimmt vom
Wettbewerbsdruck gehetzt verhalten. Dabei kann Sport nicht
nur zu Leistung und Selbstwirksamkeit beitragen, sondern je
nach sportlicher Tätigkeit und Umfang dieser Tätigkeit auch zu
Gesundheit, Selbstständigkeit, Entschleunigung, Freundschaften, Anerkennung, Achtsamkeit sowie zu intensiven Erlebnissen
verhelfen. Nachfolgend möchte ich deshalb genau diese Perspektive des Sports in den Blick nehmen und entlang meiner eigenen
Erfahrungen aufzeigen, wie Sport das eigene Leben jenseits von
Wettbewerbs- und Leistungsdruck bereichern kann.

2 Gesundheit, Resilienz, Belastbarkeit

Unabhängig von den zweifellos zahlreichen wissenschaftlichen
Studien und Artikeln, die es zu diesem Thema gibt, erfahre ich an
mir selbst, Sport fördert das physisch-psychische Wohlbefinden.
Natürlich kann ich nicht sagen, wie es mir heute gehen würde,
hätte ich nicht schon mit 15 Jahren angefangen täglich Sport zu
treiben. Ich kann heute für mich sagen, Sport tut mir absolut gut.
Neben der Erfahrung, dass ich durch regelmäßige Bewegung draußen an der frischen Luft recht selten krank und dazu im Alltag
meist relativ fit, lebhaft und belastbar bin, hilft mir die Bewegung
draußen in der Natur auch beim Sortieren meiner Gedanken- und
meiner Gefühlswelt. Nach eindrücklichen Erlebnissen im Alltag,
kann ich beim Radfahren mindestens genauso abschalten und
meinen Gedanken nachhängen, das Erlebte reflektieren und sortieren wie beim Klavierspielen. In anderen Fällen hilft mir ein
Waldlauf den Alltag hinter mir zu lassen, eine Metaperspektive

einzunehmen und so den Fluss des Lebens immer wieder mal von außen zu beobachten, anstatt mich einfach nur davon mitreißen zu lassen. Bewegung und frische Luft eröffnen mir andere, neue Zugänge zu mir selbst. Ich denke über Dinge, Geschehnisse oder die Worte anderer Menschen auf andere Weise nach, lasse sie nachschwingen und erlange darüber oft andere Perspektiven und Erkenntnisse. Sport ist an dieser Stelle für mich wie ein Seelenöffner, Welterklärer und Mutmacher. Es wirkt sich positiv auf meine Stimmung aus, wenn alle meine Sinne stimuliert werden, wenn ich Sonne und Wind auf meiner Haut spüre, wenn ich die Gerüche der Natur bewusst aufnehme oder meine Sinne und Muskeln in ihrem Zusammenspiel scheinbar mühelos den Lauf koordinieren und meine Beine jeden gedanklichen Impuls in eine kraftvolle Bewegung umsetzen. So tragen Sport und Bewegung immer wieder zur körperlichen und mentalen Ausgeglichenheit bei. Man begibt sich auf den Weg, der oft anstrengend und manchmal herausfordernd und unbequem daherkommt. Und doch tut es gut. Nach der Anstrengung, die immer auch eine Befreiung von dem ist, was zurückliegt, stellt sich meist ein Zustand des Glücks ein. Es mögen die Endorphine sein, es ist aber auch der unbelastete Moment, der diesen Glückszustand herbeiführt. Unbelastet, weil vieles an Last sprichwörtlich auf der Strecke zurückgeblieben ist.

Höher, schneller, weiter, das Messbare drängt sich immer zuerst auf, wenn es darum geht, den Mehrwert einer sportlichen Betätigung zu bewerten. Physische und psychische Gesundheit als Mehrwert einer sportlichen Tätigkeit werden in der Regel marginalisiert. Im Drang sich zu vergleichen und miteinander zu messen, geht letzteres daher schnell unter und die wichtige zwischenmenschliche Währung der Anerkennung orientiert sich eher an der erreichten Platzierung oder Bestzeit, als an der Fähigkeit auf sich zu achten und sich gesund zu erhalten.

3 Achtsamkeit und intensive Erlebnisse

Leistungssport pur, also ohne Zeitmessung, Pulskontrolle, ohne Ernährungspläne oder Lactatmessungen, lehrt in den Körper hineinzuhören, ein Gespür dafür zu entwickeln, was im Körper, in jedem einzelnen Muskel passiert. Es scheint mir unumgänglich, ein Gefühl dafür zu entwickeln, welche Geschwindigkeit für den jeweiligen Trainings- oder Wettkampftag die richtige ist, wann der Körper etwas zu Essen und zu Trinken benötigt, welche Muskeln besonders aktiv sind. Diese Achtsamkeit hilft die eigenen Grenzen wahrzunehmen und sie im Einklang mit sich, der eigenen physischen und psychischen Mentalität so zu verschieben, dass die sportliche Aktivität das bleibt, was sie sein soll – ein Gewinn für Körper und Geist.

Neben der Achtsamkeit für sich selbst, kann Sport auch helfen, sich tiefer und interaktiver mit seiner Umwelt auseinanderzusetzen. Smartphone, Internet, fast grenzenlose Reiseverbindungen mit Bahn, Schiff oder Flugzeug erlauben es fast jedem maximal viel Welt in kürzester Zeit zu erschließen. So ist es möglich, Menschen in allen Erdteilen unmittelbar zu erreichen, Daten abzurufen oder Orte aufzusuchen. Eine Reizüberflutung globalen Ausmaßes überkommt einen da. Es zählen nur mehr Kontakte, Eindrücke, Spotlights. Eine derartige Welterschließung sättigt nicht die Sinne, sie reizt sie nur und macht hungrig auf Mehr. Mit dem Rad dagegen eine Trainingseinheit um seinen Wohnort zu absolvieren, zwingt zu einer bewussten Auseinandersetzung mit seiner Umwelt. Man spürt die Strecke, die man zurücklegt, bewegt sich in ihr nicht als Fremdkörper, sondern als Teil davon. Es sind haptische, olfaktorische, akustische und visuelle Reize, die einen überkommen. Wind und Wetter stehen in Korrespondenz zum eigenen Körper, Anstrengung und Erschöpfung werden zum

Erlebnis für die Sinne. Das kann positiv aber auch negativ bela-
den sein. So erinnert mich z. B. Verwesungsgeruch häufig an eine
Radtour durch Rumänien bei der die Straßenränder sehr oft mit
überfahrenen Tieren gesäumt waren. Sport treiben wird hier zu
einem Abenteuer für die Sinne. Sport hat hier etwas Entschleuni-
gendes. Im Auto dagegen, geschützt vor Regen, Wind, Kälte, fern
von eigener körperlicher Anstrengung, wirkt die Umwelt eher als
Hindernis, als Zeitfresser, die das Autofahren zur Belastung werden lässt – Sinneswahrnehmungen werden reduziert. Auf dem
Fahrrad dagegen wird die Welt bunter, lässt sich mit mehr Sinnen erfahren und meist mit mehr Erlebnissen verknüpfen. Einige
meiner eindrücklichsten Erfahrungen (und am besten verinner-
lichten Erkenntnisse) hatte ich bei langen Radtouren. Dann, wenn
der Körper langsam in seinen Rhythmus findet, die Durchblu-
tung spürbar zunimmt, die Sinne wacher werden, und ich mich
aufmerksamer fühle, meinem Puls nachspüren kann und meine
Bewegungen in einen Automatismus verfallen, der meiner Aufmerksamkeit nicht mehr bedarf, dann werden selbst kleine, sonst
unscheinbare Wahrnehmungen am Straßenrand zu einem Feuer-
werk für die eigenen Sinne. Das Denken wird freier und am Ende
einer sehr langen Trainingseinheit ist man im Reinen mit sich.
Selbst Hunger kann zum emotionalen Erlebnis werden; dann,
wenn sich über Stunden die Vorfreude auf etwas zu Essen aufbaut und der Geist einen Appetit auf etwas immer größer werden
lässt. Es macht Spaß die Muskeln spielen zu lassen und gefühlt
unermüdlich und mit Leichtigkeit dahinzusausen, genauso aber
auch die Müdigkeit zu genießen und sich auf eine Pause zu freuen,
wenn die Energie dann doch nachlässt. Es macht Spaß Sternen-
himmel und schöne Landschaften zu bewundern, sich eine Pause
in einem Bergsee zu gönnen und am Ende des Tages unter dem
Eindruck den all diese Erlebnisse hinterlassen haben, entspannt

das Nichtstun zu genießen. Erwähnen, möchte ich an dieser Stelle auch die Wertschätzung für die alltäglichen Dinge, die man über den Sport erlernen kann. Neben all den schönen Naturerlebnissen und eindrücklichen Sinneserfahrungen, die man bei Bewegungsaktivitäten draußen in der Natur sammeln kann, stammen meine schönsten und eindrücklichsten Erlebnisse oft auch von der Wertschätzung für ganz alltägliche Dinge wie essen, trinken, duschen oder schlafen, die eine ganz neue Qualität bekommen, wenn man an seine diesbezüglichen Grenzen geht. So erinnere ich mich z.B. auch nach 14 Jahren noch gut an das Wasser eines Trinkwasserbrunnens in Südspanien bei einem herausfordernden und kräftezehrenden Lauf und kann durch dieses Erlebnis auch heute noch Wasser mit anderen Augen sehen als davor.

4 Entschleunigung, Selbstfindung, Selbstwirksamkeit

Vieles hiervon wurde in den vorangehenden Absätzen bereits angesprochen. Sport kann dabei helfen, zu sich selbst zu kommen, Abstand zu gewinnen, den Alltag von außen zu betrachten, nachzudenken, in einer Tätigkeit aufzugehen, abzuschalten.

Ein weiterer Aspekt des Sports, den ich schätze, ist die Weiterentwicklung der Fähigkeit auf eigenen Beinen seinen Mann oder seine Frau zu stehen. Die eigenen Handlungsoptionen erweitern sich, ohne komplizierte Hilfsmittel. So gelingt es nach regelmäßigem Training eine längere Strecke aus eigener Kraft zu bewältigen, oder handwerkliche Fähigkeiten durch ein gutes Körpergefühl und motorische Kontrolle schnell zu erlernen. Motorische Fähigkeiten sind darüber hinaus oft mit implizitem Wissen verknüpft, sei es das bereits erwähnte Körpergefühl für eigene Bedürfnisse und Grenzen, das Wassergefühl beim Schwimmen, oder das Gefühl für Gleichgewicht, Balance, Untergründe und vieles mehr. Einher geht das mit einem gesteigerten Vertrauen in die eigenen Fähigkeiten und dem Gefühl in einer Tätigkeit völlig aufzugehen. Näher analysiert hat die Verbindung zwischen Glück und dem Aufgehen in einer Tätigkeit der Psychologe Mihaly Csikszentmihalyi unter anderem in seinem Buch *Flow – Das Geheimnis des Glücks* (Csikszentmihalyi 2008). Alles zusammen fördert das Empfinden von Glücklichsein und völliger Erfüllung.

5 Soziales Miteinander, Anerkennung, Gemeinschaft

Sport kann auf verschiedene Weisen verbindend wirken. Oftmals gestaltet Sport die Rahmenbedingungen und Impulse für soziale Interaktionen. Sportler einigen sich auf gemeinsame Spielregeln und interagieren untereinander in dem sie verschiedene Rollen einnehmen – Angreifer oder Verteidiger, Mitspieler oder Gegenspieler. Dabei rücken Sprachbarrieren oder soziale Herkunft in den Hintergrund, Unterschiede werden zweitrangig und die Kommunikation wirkt barrierefrei selbst mit ganz unterschiedlichen Menschen.

Die Begeisterung für eine gemeinsame Sache – den Sport – verbindet. So erlebe ich bei Wettkämpfen im Ultratriathlon sehr wenig Missgunst. Die Wettkämpfe sind geprägt davon, sich gemeinsam einer Herausforderung zu stellen, gemeinsam dem Wettbewerb zu frönen und sich gegenseitig anzuspornen und zu motivieren. Entsprechend teilt jeder auch die Freude über die erreichten Erfolge. Wettstreit erlebe ich hier als positiv. Ich habe nicht den Druck besser sein zu müssen und muss nicht Angst haben, dass die anderen besser sind als ich. Wettkampf macht mehr Spaß mit guten Konkurrenten, die mir über Tiefpunkte hinweghelfen, an denen

ich mich orientieren kann und ohne die ich es nicht schaffen würde, mich zu motivieren. Sie leisten mir auf der Strecke und in der
gemeinsamen Anstrengung Gesellschaft; von ihnen fühle ich
mich verstanden, da jeder von uns Ähnliches leistet. Jedem von
ihnen gönne ich Erfolg und mit ihnen kann ich mich freuen, wenn
sie ihre Ziele erreichen. Viele Freundschaften habe ich beim Sport
geknüpft.

Wettkampfveranstaltungen sind für mich zuallererst gesellige
Freizeitbeschäftigungen. Die Teilnehmenden und die Betreuenden
wohnen für die Zeit des Wettkampfes zusammen in einer Turn-
halle, Schule oder campen gemeinsam. Alle essen zusammen,
machen gemeinsam Sport, tauschen sich über ihre Erwartungen
und erreichten Leistungen aus – das verbindet und macht zugleich
stark für das, was nach dem Wettkampf im Alltag kommt.

Sport und Anerkennung der Leistung gehören zusammen. Leider finden die meisten Menschen einen Weltmeistertitel beeindru-
ckender als die Fähigkeit z. B. eine Weltreise unabhängig von mo-
torisierten Fortbewegungsmitteln aus eigener Kraft meistern zu
können. Auch das ist meiner Meinung nach eine weltmeisterliche
Leistung und das im doppelten Wortsinn. Die Veranstalter überlegen sich oft schöne Zeremonien und ein Rahmenprogramm, um
die Sportler den Zuschauern näher zu bringen, Austausch zu ermöglichen, Respekt auszudrücken und Leistungen zu feiern. Auch
viele Moderatoren beschäftigen sich intensiv mit der Biografie der
Sportler und tragen dazu bei, deren Geschichte und Motivation
weiterzutragen. Und nicht zuletzt ist es auch wohltuend, sich in
der Aufmerksamkeit der begeisterten Zuschauer zu sonnen.

6 Schattenseiten – Überlastung, Doping, Materialfetischismus, Kommerzialisierung

In unserer Gesellschaft herrscht eine Wettbewerbskultur vor, von der sich viele Sportlerinnen und Sportler enorm unter Druck gesetzt fühlen. So sehr, dass sie ihre Freude und Selbstbestimmtheit am Sport dem Diktat von Trainingsplänen unterwerfen. Trainingsziele sind häufig bereits so hoch angesetzt, dass es zu Überbelastungen kommt, mentale Überforderungen eintreten, das Immunsystem permanent am Rande seiner Belastungsgrenze arbeitet und nicht selten als Ausweg daraus, Menschen bereit sind Medikamente und illegale leistungssteigernde Mittel einzunehmen. Hinzu kommt, dass zunehmend die Ausrüstung, das Material und der optimierte Einsatz von technischem Equipment den Wettkampferfolg bestimmen. Unzählige Trainingskilometer, ein sich endlos anfühlendes im Kreis-Schwimmen, der Verzicht auf lustvolles Essen, das gesellige Beisammensein mit Freunden und Familie, das alles, um irgendwo auf der Welt bei einem Wettkampf schneller zu sein als andere. Nicht selten bleiben dabei Fairness, Respekt, Gesundheit und eine nachhaltige Lebensweise auf der Strecke. Diejenigen, die dann am besten abschneiden, gemessen an einfachen Leistungsparametern, die dem Motto – immer schneller, immer höher, immer weiter – folgen, werden dann zu Kultfiguren stilisiert. Paradox ist dann, dass gerade diese Menschen, dem sie verehrenden Fan, die oft ungesündesten Dinge anpreisen – Werbung für Energieriegel, Energy-Drinks, zuckerhaltige Brotaufstriche usw. als Gegenleistung, um den Wettkampfsport finanzieren zu können. Sportler als Heilsversprecher einer rücksichtslosen Nahrungsmittelindustrie – das hat wenig mit dem zu tun, was den tieferen Sinn des Sports ausmacht.

Das zeigt Wirkung. So wird auch seit vielen Jahren im Hobbysport-Bereich ein ähnliches Verhalten gezeigt. Leistungsdruck und der Wunsch nach leistungssteigernden Substanzen nehmen ebenso zu, wie das Bedürfnis eine spezielle Kleidung beim Sport tragen zu müssen oder spezielle Nahrungsmittel für Wettkampf und Regeneration zu konsumieren. Die Auseinandersetzung mit digitalen Trainingsplänen, Apps und Trainingstagen bei Profis schaffen einen neuen Markt und nehmen immer mehr Zeit in Anspruch. Statt Lebensfreude und eine gesteigerte Leistungsfähigkeit über die sportliche Betätigung zu erreichen, steht der Optimierungswahn an erster Stelle – und wenn es dann nicht klappt, war nicht mangelndes Training schuld, sondern fehlende Technik, mangelnde Wirksamkeit der Nahrungsergänzungsmittel etc. Anstatt zu lernen, in sich hineinzuhören und ein Gefühl für sich zu bekommen, ordnet man sich Plänen und den Empfehlungen elektronischer Geräte unter. Anstatt Zeit für sich zu haben, plant man seine Selbstoptimierung und die Verwaltung unzähliger *Hilfsmittel*. Anstatt unabhängiger und selbstständiger zu werden, investiert man hunderte von Euro und viele Stunden darauf, an einem bestimmten Tag und Ort eine bestimmte Strecke ein paar Sekunden schneller zurücklegen zu können.

Insofern verstehe ich mich trotz meiner besonderen sportlichen Erfolge als ein Anhänger eines unverbrauchten Breitensports, dessen praktischer Nutzen in der Steigerung der physischen, psychischen und sozialen Gesundheit liegt. Der die Achtsamkeit, Selbstständigkeit und Zufriedenheit möglichst vieler Menschen fördert und weniger Schauplatz von Gladiatoren ist, die von der Unterhaltungs-, Werbe- und Konsumgüterindustrie gesteuert werden.

7 Sport als Impuls für Nachhaltigkeit

Wie kann Sport zu einem verantwortlichen Handeln in unserer
Gesellschaft verhelfen? Welche Bedeutung wird Sport auch zukünftig in einer Gesellschaft 4.0 zugesprochen bekommen? Auch
hier möchte ich mich in meinem Selbstverständnis als Sportler
abgrenzen von Sport als Konsumtreiber. Wie schon an anderer
Stelle ausgeführt, lehne ich persönlich die zunehmende Kommerzialisierung des Sports ab. Mein Zugang zu Sport ist Sport als
Vorbild für ein gelingendes gesellschaftliches Miteinander, Sport
als Ort für Fairness, Respekt, Selbstverwirklichung und Selbstbeherrschung.

Es sind die Sportler, die über ihren Sport, ihre sportlichen Leistungen und ihre Haltung, die sie im sportlichen Wettkampf aber
auch außerhalb eines Wettbewerbs einnehmen. Sportler leisten
immer dann Überdurchschnittliches, wenn sie in einen Vergleich
zu den Zuschauenden und Fans gestellt werden. Entsprechend
hoch ist die Bewunderung und die öffentliche Aufmerksamkeit.
Will man der Kommerzialisierung des Sports etwas Positives ab-
ringen, dann ist es diese mediale Aufmerksamkeit, die sportliche
Leistungen über die Medien erfahren. Fluch und Segen sozusagen,
denn nur mit dieser Aufmerksamkeit können Sportlerinnen und
Sportler als Vorbild für zentrale Tugenden des gesellschaftlichen
Zusammenlebens wirken. Zum Ausdruck kommt das dann in
Form von Subkulturen um die jeweilige Sportart herum.

8 Gesellschaftliches Miteinander – Fairness, Respekt, Teilhabe

Sport bietet die Möglichkeit durch gemeinsame Regeln, für einen räumlich und zeitlich begrenzten Zeitraum, Rahmenbedingungen zu schaffen, die dazu animieren, unterschiedlichste Fähigkeiten auszuspielen, Rollen auszuprobieren, mit anderen zu interagieren und dies erstmal in einem Schutzraum, ohne Ziel, Zweck und Konsequenzen außerhalb des Spiels. Die Beteiligten einigen sich auf gemeinsame Spielregeln und üben ganz nebenbei Formen des demokratischen Miteinanders ein. Mannschaften kooperieren als Schicksalsgemeinschaft und ziehen an einem Strang. Wettstreit wird friedlich und partnerschaftlich ausgetragen, wobei gegenseitige Fairness und das Streben nach Bestleistungen verbindet – mehr oder weniger unabhängig von Milieu, Nationalität, Alter oder Geschlecht. Insofern kommt dem Sport eine besondere Rolle als Übungsfeld für das Einüben eines gesellschaftlichen Miteinanders zu.

9 Förderung des Einzelnen – Selbstverwirklichung

Wie bereits angedeutet bietet Sport, meiner Ansicht nach, Zugangsmöglichkeiten zu sich und der Umwelt, zur Entwicklung von Sinnen, Reflexion, Aufmerksamkeit, Durchhaltevermögen und vielen anderen Fertigkeiten. Sport bietet abwechslungsreiche Spielräume zum selbstbestimmten und kreativen Ausprobieren. Sport kann, aus dieser Perspektive betrachtet, einen wesentlichen Beitrag dazu leisten, für sich einen Lebensweg zu finden, der zu einem hohen Maß an Lebenszufriedenheit führen kann.

10 Bescheidenheit – Selbstbeherrschung, Suffizienz, Selbstständigkeit, Achtsamkeit

Ein Aspekt der mir sehr wichtig ist, ist die Fähigkeit sich selbst Grenzen zu setzen. Albert Schweitzer warnte 1954, als er den ihm verliehenen Friedensnobelpreis entgegennahm, dass die wachsende Macht des Menschen bislang leider nicht begleitet ist von entsprechend wachsender Vernunft und Verantwortungsfähigkeit (vgl. Schweitzer 1967, S. 118–120). Unsere Gesellschaft hat sich weitgehend von den moralischen Normen befreit, die den Konsum beschränken. Der Fokus liegt viel mehr auf der Frage wie der technische Fortschritt und damit die Macht des Einzelnen vorangetrieben werden kann. Nur marginal wird in der breiten Öffentlichkeit die Frage nach einem verantwortungsvollen Umgang mit dieser Macht diskutiert. Der technische Fortschrittsglaube scheint unerschöpflich. Wenig im Blick sind die möglichen Folgen dieses ungezügelten Fortschritts, dieser ungebremsten Digitalisierung eines so komplexen Systems wie das des Menschen und seiner Umwelt. Die Nebenwirkungen der Macht, die unsere Zivilisation auf Knopfdruck bereitstellt, werden zunehmend unbeherrschbar. Die vermeintliche Freiheit, die z. B. der digitale Fortschritt erwarten lässt, verschleiert die Nebenwirkung einer zunehmenden Abhängigkeit und damit einer wachsenden Unfreiheit des Einzelnen innerhalb der digitalen Gesellschaft.

Hier kann der Sport eine erdende Funktion einnehmen. Eigene Aktivität kann dabei helfen ein gesundes Maß zu finden. Bei Fremdversorgung und Konsummentalität steigen die Erwartungen immer weiter, während bei Eigenaktivität die Freude am Tun, der Stolz auf die eigenen Leistungen und der Bezug zum Erreichten viel schneller zu Zufriedenheit und Selbstbegrenzung führen (vgl. Rosa 2016; Csikszentmihalyi 2008, S. 23). Im Jahr 2010 bin ich mit dem Fahrrad nach Istanbul und wieder zurückgefahren und anstatt mich über zu wenig Platz für Gepäck zu ärgern, habe ich nie etwas vermisst, war stolz darauf, dass ich 5 Wochen unterwegs sein kann, mit weniger als 10 Liter (bzw. 3 Kilo Gepäck) und habe es genossen unbeschwert voranzukommen. Als ich zu einem anderen Zeitpunkt die Strecke auf dem Rückweg von einer internationalen Konferenz im Flugzeug zurückgelegt habe, saß neben mir ein Mann, der ständig auf seine Uhr sah und *„das zieht sich aber"* gemurmelt hat. Ich selbst dagegen war viel eher beeindruckt davon, wie schnell ich im Vergleich zum Fahrrad unterwegs bin. Und anstatt immer wieder die neueste Radtechnik zu kaufen, hänge ich an dem Fahrrad, an dem Schlafsack, dem Pulli und dem Campingbesteck, mit dem ich in diesen Wochen so viel erlebt hatte.

Bei mir persönlich sind auf jeden Fall Sport und eine gewisse Begeisterung für Suffizienz miteinander verknüpft. Was ich nicht brauche, muss ich weder kaufen noch auf Reisen mit mir herumschleppen, spare also Kraft und Zeit, die ich für schöne Erlebnisse in der Natur oder mit anderen geschenkt bekomme. Selbst für meinen Sport als Triathlet hatte ich nie größere Anschaffungen. Da ich sowieso alle meine Strecken mit dem Fahrrad oder zu Fuß zurückgelegt habe, nie mit Bus, Bahn oder Auto in die Schule, zur Uni oder in den Urlaub gefahren bin, war ich es gewohnt mit dem auszukommen, was ich gerade hatte. Schwimmen konnte ich, wenn ich unterwegs war in Baggerseen oder im Meer. Sollte es der Menschheit angesichts drängender ökologischer Probleme irgendwann gelingen, die Spielregeln unserer Gesellschaft so zu ändern, dass sie weniger auf Wettbewerb und stetiges Wirtschaftswachstum ausgerichtet ist, kann Sport sicher einen Beitrag zur Verinnerlichung anderer Werte leisten.

Schlussbemerkung

Für mich selbst ist Sport ein sehr bereichernder Teil meines Lebens. Schließlich kann ich selbst darüber bestimmen, welche Rolle er in meinem Leben einnimmt. Im ersten Teil dieses Aufsatzes habe ich viele der positiven Wirkungen auf Gesundheit, Kognition, Selbstbestimmtheit oder soziales Miteinander angedacht. Das zeigt, welche Bedeutung der Sport für mich persönlich hat und ich über den Sport einen guten Zugang zur Welt bekomme. Sport ist wie ein gutes Medium – du kannst die Welt mehrperspektivisch erschließen und zu ihr in Beziehung treten. Dieses In-Beziehung-treten ist für mich stets sehr spannend und immer erfahre ich Dinge über diese Welt, die ich anders so nicht erfahren hätte. Anderen mag es anders gehen. Jedoch sollen meine Ausführungen als Brücke denen dienen, die zweifeln oder auf dem Weg sind, etwas in ihrem Leben zu ändern. Gerade in diesen Zeiten, die durch den SARS-Cov-2 Virus besonders herausfordernd sind, bin ich davon überzeugt, dass der Sport ein Weg sein kann, Veränderungen nachhaltig für sich und seine Umwelt angehen zu können – und das Schöne ist, dass es an Lebensfreude nicht mangeln muss.

Meine Einstellung zur gesellschaftlichen Rolle von Sport ist durchaus ambivalent. Das liegt daran, dass es für mich keinen Konsens darüber gibt, mit welcher Strategie die Gesellschaft auf die drängenden Fragen im Kontext der großen gesellschaftlichen Transformation zu Antworten gelangen kann. Ob der Sport, wie ich ihn betreibe, dazu einen Beitrag leisten kann, sollen andere an anderer Stelle diskutieren. Ich für mich kann sagen, Sport ist Teil meines Lebensmodells und das teile ich mit meiner jungen Familie.

Literatur

CSIKSZENTMIHALYI, Mihaly (2008): Flow: das Geheimnis des Glücks. Stuttgart: Klett-Cotta.

ROSA, Hartmut (2016): Resonanz: Eine Soziologie der Weltbeziehung. Frankfurt am Main: Suhrkamp.

SCHWEITZER, Albert; BÄHR, Hans-Walter (1967): Die Lehre von der Ehrfurcht vor dem Leben: Grundtexte aus fünf Jahrzehnten. München: Beck.

Soziale Arbeit in der Gesellschaft 4.0

Einleitende Gedanken

Jürgen Rausch

Der Titel *„Innovation der Sozialen Arbeit in der Gesellschaft 4.0"*
impliziert zunächst, dass Soziale Arbeit einem Wandel unterliegt
und zweitens, dass dieser Wandel durch gesellschaftliche Veränderungen insbesondere unter dem Eindruck einer rasant zunehmenden Digitalisierung stattfindet. Dabei ist Soziale Arbeit als
solche nicht in Frage gestellt, jedoch deren Leistungserbringung.
Stephan Leissenich nennt das den neosozialen Umbau des Sozialstaates. Gemeint ist damit auch die von Holger Ziegler und Albert
Scherr diskutierte Zunahme von Kontroll- und Zwangselementen
in der Sozialen Arbeit (vgl. 2013). Diesen Entwicklungsverläufen
quer liegen Ökonomisierungstendenzen der Sozialen Arbeit wie
sie etwa Michael Buestrich et al. zur Geltung bringen (Buestrich
et al. 2008). Parallel dazu lassen sich strukturelle, strategisch-

institutionelle Wandlungsprozesse in der Trägerschaft Sozialer Arbeit ausmachen. Es kommt zu zunehmender Wettbewerbsorientierung, zur Einführung professioneller Qualitätsmanagementsysteme und damit einher zur Einführung von Managementmethoden wie sie bislang nur aus der gewinnorientierten Wirtschaft bekannt waren. In der Konsequenz kommt es zu Veränderungen bei den Arbeitsbedingungen und zu neuen Aushandlungsprozessen um das Selbstverständnis Sozialer Arbeit. Das kommt u. a. dadurch zum Ausdruck, dass Transformationsprozesse der Sozialen Arbeit ihren Ursprung in gesellschaftlichen Veränderungen haben – etwa im demografischen Wandel, in zunehmender Migrationsbewegung, in wachsender Urbanisierung oder in einer alle Lebensbereiche durchdringender Digitalisierung und damit einhergehender Veränderung der Kommunikation, der Information und Interaktion zwischen den Menschen. Wenn wir von einer großen gesellschaftlichen Transformation sprechen, dann deutet sich damit auch an, dass Soziale Arbeit Teil dieses Transformationsprozesses ist (vgl. Böllert et al. 2013, S. 10) und zugleich selbst Ziel eines transformatorischen Prozesses ist. Entsprechend entfaltet sich eine Dialektik der Transformation in deren Konsequenz der Sozialen Arbeit eine passive und aktive Rolle gleichermaßen zuzuschreiben ist.

Vor diesem Hintergrund eines großen Transformationsprozesses, der einen sozialen Wandel unserer Gesellschaft provozieren wird und dem Stimmen aus Wissenschaft und Forschung eine Einzigartigkeit zuschreiben, scheint die Aussage

> „Die Zukunftsfähigkeit des Sozialstaats und damit der Erfolg des sozialen Wandels unserer Gesellschaft steht und fällt mit der Kompetenz in der Sozialen Arbeit Innovationen zu generieren und zu verstetigen"

m. E. diskussionswürdig. Zwei Grundgedanken lassen sich dieser Hypothese zugrunde legen: Soziale Innovation ist geeignet, den gesellschaftlichen Wandel mitzugestalten und Innovationen sind jene Voraussetzung dafür, die Zukunftsfähigkeit sozialwirtschaftlicher Unternehmen innerhalb des Feldes der Sozialen Arbeit sicherzustellen.

Bewusst wird mit dem Titel *„Innovation der Sozialen Arbeit"*, der Sozialen Arbeit eine passive Rolle gegenüber und innerhalb innovativer Entwicklungsprozesse zugeschrieben. Ausgehend von der Annahme, dass in der Breite der Sozialen Arbeit Innovation als programmatischer Anspruch, um auf gesellschaftliche Problemlagen zukunftsfeste Antworten geben zu können, noch nicht die Bedeutung beigemessen wird, die sie verdiente. Insbesondere aus der Sozialen Arbeit fehlen mitunter die Antworten auf gesellschaftliche Veränderungen. Zu sehr wird auf ordnungspolitische Vorgaben vertraut, die dann reaktives Verhalten durch die Akteure der Sozialen Arbeit bewirken. Ursachen dafür lassen sich viele ausmachen. Einerseits ist die Deutung des Begriffs Innovation für die Soziale Arbeit unscharf. Es herrscht in der Breite ein falsches Selbstverständnis sozialwirtschaftlicher Unternehmen vor – häufig verstehen sie sich als ordnungspolitisch gesteuertes soziales Gedächtnis, als verlängerter Arm der Kostenträger und Schnittstellen zwischen gesellschaftlichen Bedarfslagen und politischen Entscheidungslagen. Weiterhin finden Sozialwirtschaftliche Unternehmungen keinen echten Markt vor, auf dem wettbewerblich um Kunden und Marktvorteile gebuhlt werden kann. Daran ändert sich auch nichts, wenn Kostenträger durch direktive Steuerungsprozesse einen Wettbewerb auf einem imaginären Markt suggerieren wollen. So bleibt die Notwendigkeit Produkte, Dienstleistungen und Angebote zu genieren, anzupassen, neu zu präsentieren, äußerst gering. Nicht immer sind die professionellen Organisationsstrukturen vorhanden, um Wissen für Innovation zu generieren. Nicht zuletzt fehlt auch die Kompetenz Change-Prozesse im Sinne einer positiven Veränderungskultur in den Unternehmungen wirksam zu implementieren und Mitarbeitenden als personale Kompetenz mit dem Ziel eine wirksame Sozialarbeit mit Gestaltungspotenzial innerhalb gesellschaftlicher Transformationsprozesse näher zu bringen. So fällt es nicht schwer, sich die sozialwirtschaftlichen Unternehmungen in einem verklärten Blick als Inseln der Glückseligen vorzustellen, die gerne mal den Kopf in den Sand stecken, während um sie herum die großen Transformationsprozesse im Gange sind. Sich jedoch diesem Bild all zulange hinzugeben, wäre kein Abenteuer, sondern ein vorsätzlich herbeigeführter Krisenfall, der zum Kollaps sozialer Systeme beitragen könnte.

Der Wandel hin zu einer digitalen Gesellschaft, verstärkt durch die rasante Entwicklung neuer Technologien, Konzepte und Modelle aus Wirtschaft und Industrie, muss Eingang in Theorie und Praxis der Sozialen Arbeit finden. Inwiefern dadurch der ethische Anspruch an die Gestaltung einer menschengerechten und offenen Gesellschaft gewahrt bleibt, ist bislang unzulänglich beantwortet.

Für die Soziale Arbeit muss gelten, Innovation ist nicht nur als Reaktion auf die sich wandelnden Bedarfe einer Gesellschaft 4.0 zu verstehen. Vielmehr müssen die Akteure der Sozialen Arbeit der Innovation konzeptionelle, prozessuale, strukturelle und auch strategische Zuschreibungen in der eigenen Organisation geben. Das setzt wiederum systemische Denkprozesse im Unternehmen, besonders im Management voraus. Vor diesem Hintergrund drängen sich Fragen zu Managementmodellen, Theorien der Führung, zur Unternehmensethik, zum Menschenbild und zur Selbstverpflichtung gegenüber dem Gemeinwohl auf.

In einem erforderlichen Umfang, so scheint es, sind diese Fragen in sozialwirtschaftlichen Unternehmungen, insbesondere bei kleineren Trägern noch nicht etabliert. Zu wenig sind sie in Interessensgruppen organisiert, zu wenig treten sie mit innovativen Antworten zu den gesellschaftlichen Herausforderungen in Erscheinung und zu wenig vertreten sie ihren Ethos gegenüber Kostenträgern und der Ökonomisierung sozialer Dienstleistungen. Wäre dem anders, setzten sie die Impulse, gäben sie Zukunftsszenarien zur Diskussion und würden sie Trends der Sozialwirtschaft setzen. Mit dem 3. Internationalen Fachtag „*Innovation der Sozialen Arbeit in der Gesellschaft 4.0*" im Mai 2019 in Lörrach, sollten Impulse gegeben werden. Sozusagen sollte von außen die Soziale Arbeit angestoßen werden, sich dem Themenfeld bewusster zuzuwenden. Die Teilnehmenden als Multiplikatoren und die Referenten und Referentinnen mit ihrer Expertise, sind der Stein des Anstoßes. Insofern waren die Erwartungen als Veranstalter klar gesteckt:

Impulse geben, zum Weitermachen anregen und den Austausch fördern. Und damit einen weiteren, wenngleich kleinen Beitrag zur Professionalisierung und zur Zukunftsfestigkeit sozialwirtschaftlicher Unternehmungen in der Region beizusteuern.

Begleitend zum Fachtag wurden alle Beiträge, Vorträge und Workshops, grafisch dokumentiert. Johanna Benz und Christina Röckl von graphic-recording.cool aus Leipzig haben sich diesem Verfahren verschrieben. Graphic Recording ist eine visuelle Dokumentationsmethode für Veranstaltungen, Tagungen und Workshops. Inhalte und Kernaussagen werden simultan in Zeichnungen übersetzt, Fakten, Ideen und Statements werden durch Zeichnungen veranschaulicht und festgehalten. Insofern sind die zur Verfügung gestellten Beiträge nur ein Spotlight auf den Fachtag, genügen aber, um aufzuzeigen, dass die Zukunft sozialwirtschaftlicher Unternehmungen nicht ohne Innovation und Mut für Veränderungen auszukommen scheint.

Literatur

BÖLLERT, Karin; ALFERT, Nicole; HUMME, Mark (2013): Einleitung: Soziale Arbeit in der Krise. In Soziale Arbeit in der Krise, Hrsg. Karin BÖLLERT, Nicole ALFERT, und Mark HUMME, 7–14. Wiesbaden: Springer VS.

BUESTRICH, Michael; BURMESTER, Monika; DAHME, Heinz-Jürgen / WOHLFAHRT, Norbert (2008): Die Ökonomisierung Sozialer Dienste und Sozialer Arbeit. Entwicklungen – Theoretische Grundlagen – Wirkungen. Baltmannsweiler: Schneider Verlag Hohengehren.

LESSENICH, Stephan (2008): Die Neue Ordnung des Sozialen. Der Sozialstaat im flexiblen Kapitalismus. Bielefeld: Transcript.

ZIEGLER, Holger; SCHERR, Albert (2013): Hilfe statt Strafe? Zur Bedeutung punitiver Orientierungen in der Sozialen Arbeit, in: Soziale Probleme, 24. Jahrgang, Heft 1, S. 118–136

Innovation und Digitalisierung in der Sozialen Arbeit

Anne Parpan-Blaser

> „Innovation is a conviction that things could be better." „Innovation ist die
> Überzeugung, dass die Dinge besser sein könnten." (Rapelang Rabana)

Einleitung

Innovation ist ein überaus hoffnungsvoller Begriff, wie das obige
Zitat der südafrikanischen Ökonomin Rapelang Rabana sichtbar
macht. Auch die Soziale Arbeit geht von der Prämisse aus, dass die
Lebenslagen ihrer Zielgruppen verbessert und soziale Probleme
entschärft werden können. Ziel des vorliegenden Beitrags ist es,
mit Fokus auf Organisationen der Sozialen Arbeit etwas Klarheit
darüber zu schaffen, was Innovation ist oder sein kann. Dazu sollen zuerst Merkmale und spezifische Bedingungen für Innovationen in der Sozialen Arbeit besprochen werden, um danach Bezüge
zum digitalen Wandel, dessen Potenzialen aber auch möglichen
neuen Herausforderungen herzustellen.

1   Soziale Innovation: wissensbasierte Entwicklung in der Sozialen Arbeit und im Sozialwesen

Innovation hat in der Sozialen Arbeit und im Sozialwesen eine lange Tradition. Und so vielfältig und veränderlich das Leben und die gesellschaftlichen Bedingungen, unter denen es stattfindet, sind, so proaktiv und einfallsreich muss die Soziale Arbeit als Wissenschaft und Profession agieren. Die Wirksamkeit sozialarbeiterischer Interventionen soll dabei auf der konstruktiven Verbindung von Wissen und Handeln basieren. Bei Einzelfällen entspricht dies einer fall- und situationsspezifischen Verwendung von Fachwissen und einer adäquaten Gestaltung von Unterstützungs-, Beratungs-, Erziehungs- und Bildungsprozessen mit Einzelnen, Familien, Gruppen oder im Gemeinwesen. Auf der Ebene von Programmen, Angeboten, Diensten und Organisationsstrukturen sprechen wir von Entwicklung oder eben von Innovation.

Der Sachverhalt, den Innovation bezeichnet, ist für die Soziale Arbeit also nicht neu – dass er unter dem Begriff *Soziale Innovation* diskutiert wird, jedoch schon. Stets ist es darum gegangen, für die Disziplin präzisere Beschreibungen sozialer Sachverhalte zu erreichen, Zusammenhänge umfassender zu erschließen und diese in die Verbesserung der Praxis einfließen zu lassen. Die Tatsache, dass diese Prozesse und deren Ergebnisse in den letzten Jahren auch in der Sozialen Arbeit vermehrt als Innovation diskutiert werden, hat meines Erachtens einen spezifischen und einen allgemeinen Bezugspunkt: Zum einen erhält Forschung in der Sozialen Arbeit einen zunehmend hohen Stellenwert. Das Forschungsaufkommen hat sich in den letzten fünfzehn, zwanzig Jahren massiv erhöht [1] und daraus resultieren veränderte Anforderungen an die Professionalität. Zum anderen hat sich die Beziehung zwischen Wissenschaft und Gesellschaft seit Anfang des 20. Jahrhunderts

---

1: So entstand beispielsweise 2014 die Europäische Gesellschaft für Forschung in der Sozialen Arbeit (European Social Work Research *Association* ESWRA), um eine Drehscheibe für die Entwicklung, die Zusammenarbeit und den Austausch von Forschungsergebnissen im Bereich der Sozialen Arbeit in ganz Europa zu schaffen.

generell verändert: Die Spezialisierung und die Durchdringung aller Bereiche der Gesellschaft durch wissenschaftliche Erkenntnis hat exponentiell zugenommen. Neue Akteure und Institutionen sind an der Wissensproduktion beteiligt und die Interaktion des (sozialwissenschaftlichen) Wissenschaftssystems mit seinem Umfeld wird immer intensiver (vgl. Grande et al. 2013). Während früher die Suche *wahrem Wissen* galt, ist heute zunehmend *sozial robustes Wissen* gefragt. Dabei gewinnen wissenschaftsexterne Kriterien wie z. B. gesellschaftliche Relevanz oder Transferpotenzial – für die Soziale Arbeit als Handlungswissenschaft seit jeher bedeutsam – an Gewicht.

Wissen bildet, so Jan-Peter Voss, die Substanz von Innovation (vgl. Voss 2003). Es ist eine notwendige, wenn auch nicht hinreichende Bedingung von Innovation. Wissen für eine bestimmte Praxis zu nutzen, ist worum es im Kern bei Innovation geht. Es bedarf allerdings eines Transformationsprozesses, um Wissen für einen Praxiskontext relevant werden zu lassen. Matthias Hüttemann und Maria Solèr (2018, S. 242) beschreiben dies entlang der kognitiven Schlüsselprozesse von Variation, Selektion und Retention. Wissensbestände sind bei relevanten Personen in verschiedenen Repräsentationsformen, Komplexitäts- und Verarbeitungsgraden und Verfügbarkeiten vorliegend und müssen oft expliziert und/oder kontextualisiert werden. Originelle Modifikationen von Wissenskomponenten bedingen einen sowohl systematischen wie auch kreativen Umgang mit Wissen (vgl. Hüttemann & Solèr 2018, S. 232). Im Bereich von Humandienstleistungen (zu dem Soziale Arbeit zu zählen ist), in dem Innovationen zumeist immaterieller Art und damit besonders wissensintensiv sind, ist es umso bedeutsamer, Wissensträger*innen in Austausch zu bringen. Dies führt zu produktiver Irritation, die zum Verlassen eingeschliffener Denkroutinen, zur Verbindung heterogener Wissensbestände hin zu bislang unbekannten Lösungsansätzen und zu Lerneffekten bei den beteiligten Personen führt.

Allerdings sollten wir uns vor einem verkürzten Verständnis von Praxisrelevanz von Wissen hüten: Eine Verengung auf einen unmittelbaren praktischen oder gar ökonomischen Nutzen von Wissen, eine übermäßige „Responsivität gegenüber ausserwissenschaftlichen Relevanzerwartungen" (Grande et al. 2013, S. 27) wäre verheerend, denn die analytisch-skeptische Funktion von Wissenschaft bzw. das Einnehmen unorthodoxer Perspektiven sind wesentlich – bezogen auf fachliche wie auch auf gesellschaftliche Zusammenhänge.

Wissenschaftlicher Erkenntnis kommt im Sinne von neuem Wissen in Bezug auf Innovation zweifellos eine wichtige Bedeutung zu. Oder wie Katharine McGowan und Frances Westely (2015, S. 52) es ausdrücken: „Forschung bietet einen Blick auf das Mögliche". Daneben sind jedoch weitere Wissensformen (Erfahrungswissen, prozedurales Wissen, Kontextwissen, Wertewissen) und soziale Kompetenzen wie Kommunikationsfähigkeit, Überzeugungskraft oder Begeisterungsfähigkeit innovationsrelevant (vgl. Parpan-Blaser 2018, S. 35). Birgit Blättel-Mink und Raphael Menez (2015, S. 15) halten dazu fest, der Innovationsprozess sei

> „heute hoch komplex, mit vielen von ihrer Funktionslogik her ganz unterschiedlichen Beteiligten, die über unterschiedliches (codiertes und Erfahrungs-)Wissen verfügen".

Die vorliegenden Ausführungen beziehen sich auf Soziale Innovation. Diese hebt sich ab von sozialer Innovation, die gesellschaftliche Innovation im Allgemeinen bezeichnet, worunter beispielsweise genossenschaftliches Wohnen, Ökotourismus, Carsharing u. ä.

fallen. Soziale Innovation meint dagegen Konzepte, Programme, Angebote, Dienste und Organisationsstrukturen der Sozialen Arbeit und im Sozialwesen, die sich auf überindividueller Ebene auf die neuartige Bearbeitung sozialer Probleme beziehen (vgl. Wendt 2005). Wie in anderen Bereichen ist Innovation damit sowohl eine Prozessform des Entwickelns, Testens und Implementierens wie auch ein als neuartig qualifiziertes Ergebnis mit beträchtlichem Veränderungspotenzial: Innovationen führen zu einer signifikanten, d. h. umfassenden, tiefgreifenden und dauerhaften Veränderung der Praxis (vgl. Moore et al. 1997). Im Zwischenbereich von sozialer und Sozialer Innovation käme noch die Innovation des Sozialen hinzu: Soziale Arbeit wirkt in dieser Lesart in ihrer Ausrichtung an sozialer Gerechtigkeit, gesellschaftlichem Zusammenhalt, Diversität und der Prävention sozialer Probleme bestenfalls gesellschafts- und strukturverändernd und trägt damit zu sozialen Entwicklungen bei.

Was sind die Auslöser von Innovationsprozessen in der Sozialen Arbeit und im Sozialwesen? Diese können im System selbst auftreten, wenn die bisherige Praxis (mit unbefriedigenden Ergebnissen) evaluiert wird, wenn neue Erkenntnisse aus Wissenschaft und Forschung bestehende Routinen in Frage stellen oder neue Möglichkeiten eröffnen oder wenn Lücken der Leistungserbringung offenbar werden. Es kann aber auch Druck von *außen* – im Sinne von Erwartungen der Öffentlichkeit, sozialen Bewegungen oder zivilgesellschaftlichen Initiativen – sein, der Innovationsprozesse lostritt. Nicht selten verbindet sich dieser Druck mit bereits konkreten Vorschlägen für Alternativen. Es handelt sich dabei meist um radikalere Entwürfe, als sie innerhalb der etablierten Strukturen des Sozialwesens entstehen, denn sie zielen meist klarer darauf ab, Machtbeziehungen zu verändern oder soziale Themen neu zu rahmen (vgl. Nicolls et al. 2015). Aber auch Druck von *oben* kann innovierend wirken: Dies beispielsweise im Fall von Gesetzesänderungen, finanziellen Restriktionen oder veränderten regulativen Zuständigkeiten. Zusammenfassend können folgende Merkmale für Innovation festgehalten werden:

- Deren *Neuartigkeit* und damit verbunden das Potenzial zu tiefgreifenden, umfassenden und dauerhaften Veränderungen der Praxis.
- Die *Relativität* dieser Neuartigkeit, die sich auf einen bestimmten zeitlichen, örtlichen, fachlichen Kontext bezieht. So wird beispielsweise was heute innovativ ist, im Lichte zeitlicher Distanz kritisch zu betrachten sein und möglicherweise nicht ausschließlich positiv bewertet werden.
- Die *Plastizität* dieser Neuartigkeit, die dazu führt, dass auf dem Weg von der Idee hin zur erstmaligen Umsetzung im Realkontext zuweilen Teile des Innovationsgehalts zu Gunsten der Machbarkeit oder Akzeptanz verloren gehen.
- Die mit Innovation einhergehende *Unsicherheit* im Zusammenhang mit nichtlinearen Mustern, Risiken des Scheiterns oder nicht antizipierbaren, „unerwünschten" Nebenwirkungen (Evers & Ewert 2015). Geoff Mulgan (2015, S. XVI) und Martin Heidenreich (2004, S. 129) halten dazu fest, dass Innovationen für gewisse Personengruppen wertschöpfend wirken, es jedoch meist auch „Innovationsverlierer" gibt. Absicherungen und institutionelle Garantien (wie beispielsweise Mitbestimmungsmöglichkeiten) dienen dann oft dazu, ihre Widerstände gegen Innovationen zu verringern.

Für die Soziale Arbeit und das Sozialwesen kommen weitere Merkmale hinzu:

> „Eine Innovation in der Sozialen Arbeit liegt dann vor, wenn ein neuartiges Angebot einen Bedarf deckt, der durch gesellschaftliche, sozialethisch fundierte Zentralwerte (soziale Gerechtigkeit, Integration, Partizipation usw.) begründet ist." (Hüttemann & Parpan-Blaser 2014).

Innovationsprozesse in der Sozialen Arbeit sind demnach als Investition anzusehen, die in Aussicht stellen, einen begründbaren und begründeten Bedarf wirksam und passgenau zu decken (vgl. Hüttemann & Parpan-Blaser 2015). Was einen begründeten Bedarf darstellt, ist das Ergebnis eines sozialen Aushandlungsprozesses, an dem verschiedene Interessengruppen und Instanzen beteiligt sind. Betroffene, Nutzer*innen, Politiker*innen, Verwaltungsstellen, Behörden, Wissenschaftler*innen, Medien und weitere mehr bauen Druck auf, um eine angemessene Priorisierung von Bedarfen angesichts teilweise konkurrierender Werte und Normen zu erreichen. Obwohl oft bemühend, sollte dieses Ringen um begründbare Bedarfe dem politischen Prozess nicht entzogen werden. Vielmehr ist es für gesellschaftliche und Soziale Innovationen und ihre Wirkung essentiell, dass ihr Gehalt in einem politischen Prozess durchgesetzt werden kann. Ketzerisch könnte man zum Thema Bedarfsorientierung mit Alex Nicolls et al. (2015) allerdings auch fragen, weshalb Soziale Innovation in den letzten Jahren so massiv an Bedeutung gewonnen hat: Hat dies am Ende damit zu tun, dass die Austeritätspolitik im öffentlichen Sektor und im Bereich sozialer Versorgung Lücken aufriss, die nun zynischerweise Innovationsbedarfen entsprechen?

Als Humandienstleistung hat Soziale Arbeit mit besonders vulnerablen Personengruppen zu tun. Dies bedingt, im Zusammenhang mit Innovationen die Risiken und Verantwortlichkeiten auszubalancieren und für Modellphasen ein angemessenes Risi-

komanagement vorzusehen. Andererseits kann auch die Aufrechterhaltung des Status quo oder der Verzicht auf innovative Entwicklungen ein Risiko für die Betroffenen sein und einen Nachteil
für sie nach sich ziehen. Ein weiteres Risiko ist in einer von der
Logik der Rechenschaftslegung (*Accountability*) geprägten Zeit
die Finanzierung ergebnisoffener Prozesse im Sozialwesen: Wo
keine oder kaum wirtschaftliche Erträge generiert werden, die für
die Finanzierung von Entwicklung zur Verfügung stehen, müssen
die Finanzen – oft auf der Basis einer systematischen Bedarfsana-
lyse – vorneweg gesichert sein. Drittmittel (z. B. von Stiftungen)
sind in diesem Zusammenhang als wichtiges Risikokapital zu betrachten.

Innovationen in der Sozialen Arbeit und im Sozialwesen finden
– und dies hat mit grösster Wahrscheinlichkeit wiederum mit den
Finanzierungsmechanismen zu tun – nicht in eigens eingerich-
teten, organisationsinternen Entwicklungsabteilungen wie beispielsweise in der Industrie statt, sondern sind projektförmig und
parallel zum Tagesgeschäft organisiert. Dies ist herausfordernd,
wenn es darum geht, ausreichend Irritation zu ermöglichen, die
Balance zwischen Struktur und Offenheit zu halten, der Tendenz zur Selbsterhaltung nicht nachzugeben und nicht zu früh
Fragen der Umsetzbarkeit aufkommen zu lassen. Die Nähe zum
künftigen Umsetzungskontext kann allerdings auch einen Vorteil
darstellen, indem die Stabilität des laufenden Betriebs die Unsi-
cherheitstoleranz in einem Innovationsprozess erhöht (vgl. Parpan-Blaser 2018). Entsprechend bedeutsam ist es, im organisationalen Kontext und im Zusammenhang mit Innovationsprozessen
die Routine wertzuschätzen.

Einrichtungen der Sozialen Arbeit sind eingebettet in ein spe-
zifisches Wohlfahrtsregime und gesetzliche Rahmenbedingungen, in nationale und regionale Strukturen der Sozialfürsorge und

Sozialpolitik. Bestimmte Dienste sind in die öffentliche Verwaltung integriert, andere arbeiten im Rahmen von gemeinnützigen Organisationen, die durch öffentliche Zuschüsse, Spenden oder andere private Mittel finanziert werden. Grundsätzlich ist in unterschiedlichsten Kontexten Innovation möglich, dies allerdings unter je anderen Bedingungen, mit ungleichen Herausforderungen und mit mehr oder weniger Raum zu scheitern. Wichtig ist hingegen überall, die wichtigen Akteure in Innovationsprozesse einzubeziehen – gemeint sind insbesondere Adressat*innen sowie Vertreter*innen der Zivilgesellschaft und des Gemeinwesens (vgl. von Hippel 2007).

Die Merkmale von Innovationen in Organisationen der Sozialen Arbeit sind demnach:

- *Wert*orientierung
- Bedarfsorientierung
- Erfordernis eines *spezifischen Umgangs mit Risiken* (vgl. Brown 2010) und
- eine Organisationsform in Projekten *neben dem laufenden Alltagsgeschäft*.

Allerdings steht zu diesen Merkmalen eine breite wissenschaftliche Auseinandersetzung noch aus (vgl. Parpan-Blaser & Hüttemann 2019).

2 Soziale Innovation und Digitalisierung

Digitalisierung bezieht sich in einem umfassenden Sinn auf die Einführung von Informations- und Kommunikationstechnologien:

„Bilder, Texte, Informationen jeglicher Art werden nicht mehr analog, sondern digital mithilfe elektronischer Geräte gespeichert, übermittelt, verarbeitet, zugänglich gemacht usw." (Flügel & Fasel 2019, S. 279).

Dies hat direkte Auswirkungen auf die an den Prozessen beteiligten Personen. Digitalisierung ist nicht statisch, sondern schreitet – angetrieben durch die weite Verbreitung digitaler Geräte und Prozesse – rasch voran (vgl. Muro et al. 2017). Die Digitalisierung durchdringt somit – wie vor mehr als hundert Jahren die Industrialisierung – alle Lebensbereiche, und birgt zahlreiche Chancen aber auch neue und noch nicht umfassend abschätzbare gesellschaftliche Herausforderungen und Risiken. Sie überlagert und beschleunigt zudem andere wirtschaftliche und gesellschaftliche Entwicklungen und Umwälzungen (wie z. B. die Globalisierung, Flexibilisierung, Individualisierung). Die digitale Transformation erfasst auch im Sozialwesen Organisation in ihrer Gesamtheit: Sie verändert die Prozesse, die Kultur und die Beziehungen zwischen den Beteiligten. Die digitale Transformation kann des Weiteren neue Angebote unterstützen oder zu neuen Dienstleistungen führen (vgl. Mergel et al. 2019).

Digitale Transformationsprozesse bringen für die Soziale Arbeit in verschiedener Hinsicht Herausforderungen mit sich. Herausforderungen, die stets auch Innovationspotenzial haben. Zum einen auf makrosozialer Ebene, wo es um die sozialstaatlichen Grundlagen und um die Solidarität zwischen Gewinner*innen und Verlierer*innen der Digitalisierung geht. Zum Beispiel, wenn Begegnungen von Angesicht zu Angesicht nicht mehr erforderlich sind, (langfristige) Folgen des Handelns an Bedeutung verlieren und es zur Fragilisierung von (digitalen) Beziehungen kommt. Jeder und jede kann sich in Netzwerkgemeinschaften in einem selbst gewählten Universum von Informationen und Freunden bewegen, kontroverse Formen der Meinungsbildung nehmen ab (Filterblasen, Personalisierung von Informationen sind hier die Stichworte) und demokratische Meinungsbildungsprozesse haben – durch den Verlust einer gemeinsamen Wirklichkeit – einen zunehmend schweren Stand.

Digitale Datenverarbeitung ermöglicht andererseits zahlreiche neue Arbeits- und Kommunikationsformen, die für die Praxis, die Wissenschaft und die Ausbildung der Sozialen Arbeit ebenso wirkmächtig sind wie für ihre Adressat*innen und Klient*innen. Damit verbunden sind allerdings Fragen nach Kompetenzen, nach Möglichkeiten zum Kompetenzerwerb, aber auch nach Zugänglichkeit und neuen sozialen Ungleichheiten, die durch die Verlagerung von immer zahlreicheren Prozessen in digitale Medien entstehen (vgl. Dobransky & Hargittai 2016). Es ist davon auszugehen, dass im Zusammenhang mit technischen und sozialen Barrieren, ungleichen Kompetenzen und mangelndem sozialen Bewusstsein ein digitales Prekariat entsteht, für das aufgrund unzureichendem Zugang zu digitalen Medien auch in der analogen Realität massive Benachteiligungen entstehen. Theoretische Arbeiten zu digitalen Ungleichheiten identifizieren drei Dimensionen einer digitalen Kluft: Ungleicher Zugang zum Internet, Ungleichheiten in der Nutzung und den Verwendungszwecken sowie heterogene Möglichkeiten, Online-Ressourcen in Lebenschancen umzuwandeln (vgl. Ragnedda & Muschert 2018).

Digitale Informations- und Kommunikationsformen bieten aber auch neue Chancen, auf spezifische Bedarfe bestimmter Personengruppen passgenau einzugehen. Gerade die Ortsunabhängigkeit digitaler Information und Kommunikation vermag Zugangsbarrieren zu senken und die Teilhabe in den verschiedensten gesellschaftlichen Bereichen (wie Bildung, Arbeit, Freizeit, Politik)

zu erleichtern. Martin Flügel und Hugo Fasel (2019) unterstrei-
chen, dass dazu mit Nachdruck eine integrative Digitalisierung
zu gestalten ist. Rahmenbedingungen dafür sind in den Augen
der Autoren dann gegeben, wenn der Primat der Politik und die
Transparenz über die Verwendung und Verarbeitung von Daten
beibehalten und verteidigt wird. Dies entspricht dem Konzept der
E-Inklusion: Der Inklusion mittels modernen Informations- und
Kommunikationstechnologien (IKT) jenseits von Technologien.

Angesichts der umfassenden Bedeutung des Digitalen bedeutet
dies eine Teilhabe an der Gesellschaft überhaupt (vgl. Pelka 2018).
Um Innovationpotenziale aber auch -grenzen im Zusammenhang
mit Digitalisierung für die Soziale Arbeit zu verdeutlichen, sollen
diese mit Bezug auf Adalbert Evers (2015), Benjamin Ewert (2015)
und Nicoletta Pavesi (2015) ausgeführt werden. Die Autoren dif-
ferenzieren für Innovationen im Sozialwesen fünf Dimensionen:

- Innovationen bei Dienstleistungen und deren Erbringung: In
  diesen Bereich gehören beispielsweise personalisierte Dienste (wie z. B. die Übersetzung einer App in verschiedene Spra-
  chen), Angebote der Mediensozialisation oder die Entwicklung
  von Apps mit Interventionen, die im Alltag der Klient*innen
  verankert sind (wie z. B. Just-In-Time Adaptive Interventions,
  vgl. Nahum et al. 2018).
- Innovationen in den Arbeitsmethoden: Dieser Dimension zu-
  zurechnen sind digitale methodische Instrumente z. B. zur
  Fallanalyse oder -dokumentation oder auch Online-Beratun-
  gen.
- Neuerungen in den Vorschriften und Rechten: In dieser Dimension sind im Zusammenhang mit der Digitalisierung
  beispielsweise Datenschutzregelungen oder Präventionspro-
  gramme gegen Cybermobbing zu nennen.

- Innovationen in der Governance: In diesen Bereich fällt das digitale Beziehungsmanagement einer Organisation über Internet, einen Newsletter, Facebook oder Twitter oder auch die Digitalisierung von Prozessen innerhalb der Organisation.
- Innovationen, die das gesamte Wohlfahrtssystem betreffen: Hier wirft Digitalisierung – wie oben ausgeführt – Fragen der Zugänglichkeit auf oder auch ethische Fragen z. B. zur präventiven Nutzung von Daten.

Betrachtet man nicht die Dimensionen, in denen Innovationen in der Sozialen Arbeit und im Sozialwesen auftreten, sondern einen spezifischen Themenbereich, in dem sich Innovationsbedarf manifestiert – wie beispielsweise die alternde Gesellschaft, lassen sich Potenziale der Digitalisierung auch aus Klient*innenperspektive aufzeigen: Der demographische Wandel führt dazu, dass der Anteil alter Menschen an der Bevölkerung steigt, verbesserte Lebensbedingungen und eine in unseren Breitengraden hochdifferenzierte medizinische Versorgung führen auch bei Personengruppen zu einer höheren Lebenserwartung, die aufgrund ihrer Biographie zu Voralterung tendieren: Suchtmittelabhängige, chronisch Kranke, Menschen mit einer körperlichen, kognitiven oder psychischen Behinderung werden älter als früher, und es stellen sich Fragen zu Wohnformen und Möglichkeiten der Begleitung, zur Beratung pflegender Angehöriger oder zur Gesundheitsprävention im Alter. Auch hier schaffen digitale Informations- und Kommunikationstechnologien Möglichkeiten zu neuartigen Diensten und Angeboten, z. B. zur gezielten Informationssuche im Internet, zur Bündelung und Aufbereitung von Fachwissen in spezialisierten Foren, für digitale Vernetzungsformen von Betroffenen oder Angehörigen, für die Entwicklung von altersgerechten Applikationen.

3 Zum Schluss

Die Suche nach und die Möglichkeit zu besseren Angeboten für Klient*innen in sozialen Problemlagen führt zu Innovationen in Organisationen der Sozialen Arbeit und des Sozialwesens. Soziale Innovationen zielen damit

- auf eine effektivere, präzisere Bewältigung sozialer Probleme und normativ gerechtfertigter Bedarfe sowie
- auf die Optimierung von Versorgungsstrukturen (vgl. Hüttemann & Parpan-Blaser 2015).

Soziale Bedarfe bilden den Ausgangspunkt für Soziale Innovationen: Wahrgenommenen Lücken und Unzulänglichkeiten wird mit Änderungsvorschlägen begegnet. Bestenfalls beziehen sich diese auch auf die kausalen Zusammenhänge und strukturellen Ursachen, die der Problemlage zu Grunde liegen (vgl. Westley et al. 2017). Digitalisierung kann in dieser Konstellation sowohl problemlösend wie auch problemgenerierend wirken. Ersteres wenn sie als Ressource genutzt und ihr Potenzial in den Dienst eines kreativen und vernetzten Vorgehens gestellt wird. Letzteres wenn ausschließlich technische Lösungen angestrebt werden, während soziale und ethische Aspekte außen vor bleiben.

Insgesamt scheint Innovation ein geeignetes Konzept für Soziale Arbeit als Disziplin im Spannungsfeld von Individuum und Gesellschaft zu sein. Dies nicht zuletzt im Sinne der Vienna Deklaration, die davon ausgeht, dass die dringendsten und wichtigsten Innovationen des 21. Jahrhunderts im Sozialbereich stattfinden werden. Wenn Soziale Arbeit sich dabei die Möglichkeiten digitaler Informations- und Kommunikationstechnologien zu Nutze machen kann – umso besser. Die Bedingung dafür, dass (digitale)

Soziale Innovation gelingen und zur weiteren Professionalisierung der Sozialen Arbeit beitragen kann, ist eine kontinuierliche und kritische Reflexion anhand der zentralen Wertorientierungen Sozialer Arbeit. Denn die Überzeugung, dass die Dinge besser werden können, sollte stets auch strukturelle Veränderungen im Blick haben.

Literatur

BLÄTTEL-MINK, Birgit; MENEZ, Raphael (2015): Kompendium der Innovationsforschung. Wiesbaden: Springer VS.

BROWN, Louise (2010): "Balancing Risk and Innovation to Improve Social Work Practice", British Journal of Social Work, 40/1, S. 1–18.

DOBRANSKY, Kerry; HARGITTAI, Eszter (2016): Unrealized Potential: Exploring the Digital Disability Divide. URL: https://www.sciencedirect.com/science/article/pii/S0304422X16300237?casa_token=hpaBv-9QScoAAAAA:PcuJyzX3GfYT7qh7F5zfzPyCutkRkIuaKgp4O3_12lWWpMk-qDrImGj3eshSZS7sug5SHrM2uV-E, letzter Zugriff: 20.2.2019.

EVERS, Adalbert; EWERT, Benjamin (2015): Social Innovation for Social Cohesion. In: NICOLLS, Alex; SIMON, Julie; GABRIEL, Madeleine (Hg.) New Frontiers in Social Innovation Research. Houndmills / New York: Palgrave. S. 107–127.

FLÜGEL, Martin; FASEL, Hugo (2019): Digitalisierung integrativ gestalten. In: Caritas (Hg.) Sozialalmanach: Digitalisierung – und wo bleibt der Mensch? Luzern: Caritas Verlag. S. 279–299.

GRANDE, Edgar; JANSEN, Dorothea; JARREN, Otfried; SCHIMANK, Uwe; WEINGART, Peter (2013): Die neue Governance der Wissenschaft. In: dies.; Rip, Arie (Hg.) Neue Governance der Wissenschaft. Bielefeld: transcript. S. 15–45.

HEIDENREICH, Martin (2004): Innovationen und soziale Sicherung im internationalen Vergleich. In: Soziale Welt, 55/2, S. 125–143. URL: https://www.jstor.org/stable/40878453?casa_token=KVYDgnji-FkAAAAA:Q-Q99xPnco9trwbh3o1q5ruerO2_rE1HtHvwn_DtbH_cko6JjAaU3G54xFn_G8IzyOZLHLXzKhkMEGEY_OMZgwM2ARzxs5c6scVwL6Jsw5CYccb-4TOjjZ&seq=1#metadata_info_tab_contentsletzter Zugriff: 27.5.2020.

HÜTTEMANN, Matthias; PARPAN-BLASER, Anne (2014): Innovation in der Sozialen Arbeit. In: Hochschule für Soziale Arbeit FHNW (Hg.). Soziale Innovation. Olten. S. 46–51.

HÜTTEMANN, Matthias; PARPAN-BLASER, Anne (2015): Wie Innovation in der Sozialen Arbeit entsteht. In: WÜTHRICH, Bernadette; AMSTUTZ, Jeremias; FRITZE, Agnès (Hg.): Soziale Versorgung zukunftsfähig gestalten. Wiesbaden: VS Verlag. S. 135–141.

HÜTTEMANN, Matthias; SOLÈR, Maria (2018): Zur Relevanz und „Relevierung" von Wissen im Innovationsprozess. In: EURICH, Johannes; GLATZ-SCHMALLEGGER, Markus; PARPAN-BLASER, Anne (Hg.): Gestaltung von Innovationen in Organisationen des Sozialwesens. Wiesbaden: Springer VS. S. 225–251.

MCGOWAN, Katharine; WESTELY, Frances (2015): At the Root of Change: The History of Social Innovation. In: NICOLLS, Alex; SIMON, Julie; GAB-RIEL, Madeleine (Hg.) New Frontiers in Social Innovation Research. Houndmills/New York: Palgrave Macmillan. S. 52 – 68.

MERGEL, Ines; EDELMANN, Noella; HAUG, Nathalie (2019): „Defining digital transformation: Results from expert interviews", Government Information Quarterly URL: https://doi.org/10.1016/j.giq.2019.06.002, letzter Zugriff: 2.9.2019.

MOORE, Mark H.; SPARROW, Malcolm; SPELMAN, William (1997): Innovation in policing: From production line to jobs shops. In: ALTCHU-LER, Alan; BEHN, Robert D. (Hg.): Innovation in American Government. Washington, D.C.: Brookings Institution.

MULGAN, Geoff (2015): Foreword: The study of social innovation – theory, practice and progress. In: NICOLLS, Alex u. a. (Hg.): New Frontiers in Social Innovation Research. Wiesbaden: Springer VS.

MURO, Mark u. a. (2017): Digitization and the American Workforce. URL: https://www.brookings.edu/wp-content/uploads/2017/11/mpp_2017nov15_digitalization_full_report.pdf, letzter Zugriff: 22.3.2020.

NAHUM-SHANI, Inbal u. a. (2018): „Just-in-Time Adaptive Interventions (JITAIs) in Mobile Health: Key Components and Design Principles for On-going Health Behavior Support", Annals of Behavioral Medicine, 52/6, S. 446 – 462.

NICHOLLS, Alex; SIMON, Julie; GABRIEL, Madeleine (2015): Introduction: Dimensions of Social Innovation. In: dies. (Hg.) New Frontiers in Social Innovation Research. Houndmills. New York: Palgrave Macmillan. S. 1 – 26.

PARPAN-BLASER, Anne (2018): Organisationen des Sozialwesens als Ort von Innovation. In: EURICH, Johannes; GLATZ-SCHMALLEGGER, Markus; PARPAN-BLASER, Anne (Hg.): Gestaltung von Innovationen in Organisationen des Sozialwesens. Wiesbaden: Springer VS. S. 31 – 53.

PARPAN-BLASER, Anne; HÜTTEMANN, Matthias (2019): Social Innovation in Social Work. In: HOWALDT, Jürgen u. a. (Hg.): Atlas of Social Innovation: A World of New Practices. 2. Band. München: oekoem verlag. S. 80 – 83.

PAVESI, Nicoletta (2015): Social innovation and social work. In: BERTIN, Giovanni; CAMPOSTRINI, Stefano (Hg.) Equiwelfare and social innovation. Milano: Franco Angeli. S. 163 – 177.

PELKA, Bastian (2018): Digitale Teilhabe: Aufgaben der Verbände und Einrichtungen der Wohlfahrtspflege. In: KREIDENWEIS, Helmut (Hg.). Digitaler Wandel in der Sozialwirtschaft. Grundlagen – Strategien – Praxis. Baden-Baden: Nomos. S. 57 – 77.

RAGNEDDA, Massimo; MUSCHERT, Glenn W. (2018): Introduction. In: dies. (Hg.) Theorizing Digital Divides. London/New York: Routledge. S. 1–7.

VON HIPPEL, Eric (2007): "Horizontal innovation networks - by and for users", Industrial and Corporate Change, 16/2, S. 293–315.

VOSS, Jan-Peter (2003): Nationale Innovationssysteme. In: VOSS, Jan-Peter u. a. (Hg.): Innovation. An integrated concept for the study of transformation in electricity systems. TIPS. Discussion Paper 3, S. 16–18.

WENDT, Wolf Rainer (2005): Dimensionen sozialer Innovation. In: ders. (Hg.). Innovationen in der sozialen Praxis. Baden-Baden: Nomos. S. 13-48.

WESTLEY, Frances; MCGOWAN, Katharine; TJÖRNBO, Ola (2017): The history of social innovation. In: dies. (Hg.) The Evolution of Social Innovation: Building Resilience Through Transitions. Cheltenham/Northampton: Edward Elgar Publishing. S. 1–117.

Grundkategorien der Innovationsfähigkeit sozialer Organisationen

Roland Schöttler

Wird in sozialen Organisationen die Frage nach deren Innovationsfähigkeit gestellt, so lässt sich häufig eine von zwei Reaktionen beobachten. Entweder wird darauf hingewiesen, dass diese Fähigkeit bereits gut ausgeprägt sei, da laufend neue Ideen und Projekte entwickelt würden und somit in dieser Frage kein Handlungsbedarf bestünde. Oder aber die Fähigkeit zur Innovation wird als etwas gesehen, das vor allem für die Industrie, und hier insbesondere für Technologieunternehmen relevant ist. Soziale Organisationen hingegen wären vom technisch-ökonomischen Paradigma der Innovation nicht betroffen. Das Ergebnis ist in beiden Fällen in der Regel das gleiche: sich mit der eigenen Innovationsfähigkeit zu beschäftigen wird nicht als notwendig erachtet.

Zur gleichen Zeit lässt sich jedoch beobachten, dass in Gesellschaft und Politik das Thema *Soziale Innovation* an Raum gewinnt. Und auch soziale Organisationen schließen sich vermehrt der Diagnose an, dass angesichts vielfältiger Veränderungen die sozialen Herausforderungen der Gesellschaft, beispielsweise in Form des demographischen Wandels, des Inklusionsziels, der Digitalisierung oder der Armutsentwicklung, mit den bisherigen Konzepten und Strukturen mittel- bis langfristig wohl nicht zu lösen sein werden (vgl. Nock, Krlev & Mildenberger 2013). Als Konsequenz wird die Fähigkeit zur Innovation gerade auch in sozialen Organisationen zunehmend als Notwendigkeit angesehen.

Wie lässt sich dieser scheinbare Widerspruch erklären? Bevor wir also über die Innovationsfähigkeit von sozialen Organisationen sprechen, wollen wir zunächst den Fragen nachgehen, warum diese überhaupt innovativer werden sollten, worin sich dieses *innovativer sein* von dem unterscheidet, was Führungskräfte und Mitarbeitende ohnehin schon längst machen und was schließlich soziale Innovationsprozesse von anderen Wandelprozessen unterscheidet. Erst dann macht es Sinn, danach zu fragen, wie soziale Organisationen innovativer werden können. Entsprechend gestaltet sich der vorliegende Beitrag entlang dieser Fragestellungen. Dabei wird der Versuch unternommen, Grundkategorien zu entwickeln, die zu einem tieferen Verständnis von Innovation und Innovationsfähigkeit in sozialen Organisationen beitragen können.

1   Wandel und Innovationsnotwendigkeit: Modi der Veränderung

Warum also sollten wir innovativer werden? Menschen wie Organisationen stehen in Beziehung und in Verbindung mit ihrer Umwelt und diese bestimmt in kaum zu überschätzender Weise Möglichkeiten und Grenzen des Handelns. Eine Organisation und ihre Umwelt sind strukturell miteinander gekoppelt (vgl. Luhmann 2011) und die Existenz und Legitimation einer Organisation hängen nicht zuletzt davon ab, ob sie auf die spezifischen Herausforderungen der Umwelt vor dem Hintergrund der eigenen Fähigkeiten eine strategische Antwort formulieren kann.

Je besser ihr das gelingt und je näher sie somit mit ihrer strategischen Ausrichtung an den Trends und Entwicklungen der Umwelt bleibt, desto wahrscheinlicher wird es der Organisation gelingen, benötigte Ressourcen zu gewinnen und nutzbringende Lösungen zu entwickeln und anzubieten (vgl. Johnson 1988). Aus diesem Zusammenhang können für Organisationen nun drei mögliche *Modi* abgeleitet werden, mit denen eine Organisation mit ihrer Umwelt interagieren und auf Veränderungen reagieren kann, je nachdem mit welcher Geschwindigkeit sich die Umwelt ändert (vgl. Schöttler 2019) [1]. Diese drei Modi können als *Routine*, *Optimierung* und *Innovation* bezeichnet werden.

In Phasen oder Bereichen relativer Stabilität ist eine Organisation in der Lage, eine ebenso stabile Routine auszubilden, mit der die alltäglich anfallenden Aufgaben abgearbeitet werden können. Hierzu gehören unter anderem die formalen Prozesse, die eine Organisation definiert, z. B. die Erbringung von Dienstleistungen, die Aufnahme von Klientinnen und Klienten, die Erstellung von Angeboten, die Herstellung von Produkten, Rechnungsstellung, Finanzbuchhaltung oder auch die Einstellung von Mitarbeitenden. Üblicherweise sind diese Abläufe von geringer Unsicherheit geprägt, da die Beteiligten wissen, was das Ziel ist, was zu tun ist und was dafür benötigt wird. Bewegt sich nun die gesamte Organisation in einer längeren Phase der stabilen Rahmenbedingungen, wird immer mehr Unsicherheit durch die Routine absorbiert, da die Organisation nur selten etwas vollständig Unbekanntem begegnet. Nicht nur für den Sozialbereich kann die These aufgestellt werden, dass eine solche Phase zwischen den 1950er und den 1970er Jahren in Deutschland und anderen westlichen Industrie-

---

1: Dabei ist zu berücksichtigen, dass verschiedene Tätigkeitsbereiche einer Organisation durchaus mit unterschiedlichen Änderungsgeschwindigkeiten konfrontiert sein können.

nationen beobachtet werden konnte. Aus volkswirtschaftlicher
Sicht wird sie entsprechend gelegentlich verklärend als *goldenes
Zeitalter* bezeichnet (vgl. Temin 2002). Natürlich gab es auch in
dieser Zeit immer wieder Veränderungen, auf die reagiert werden
musste. Jedoch waren diese für die meisten sozialen Organisationen mit Hilfe inkrementeller Anpassungen handhabbar.

Der organisationale Modus, der für solche inkrementellen Anpassungen von Bedeutung ist, kann als Optimierung bezeichnet
werden (vgl. Rüegg-Stürm & Grand 2019). Während das vorherrschende Instrument der Routine die Prozesse einer Organisation sind, so finden sich im Modus der Optimierung in der Regel
die Projekte einer Organisation. Dies können neue Angebote auf
Grund neuer Sozialgesetzgebung, eine Organisationsentwicklung,
eine neue Software, etc. sein. Während die Routine darauf zuge-
schnitten ist, wiederkehrende Aufgaben und Probleme zu bearbeiten, werden in Projekten einmalige oder erstmalige Themen und
Aufgabenstellungen in den Blick genommen. Wie oben beschrieben, zeichnet sich Routine dadurch aus, dass sowohl der Weg als
auch die Mittel und das Ziel bekannt sind. Demgegenüber ist Projekten zwar in der Regel ein klar beschriebenes Ziel zu eigen, die
Schritte zur Erreichung dieses Ziels werden jedoch häufig erst im
Projektverlauf erkennbar. Methoden des (klassischen) Projektma-
nagements haben daher die Aufgabe, diese Schritte zu identifizieren, zu bewerten und zeitlich anzuordnen, um die planmäßige
Erreichung des gesetzten Ziels zu erlauben. Entsprechend sind
Mittel und Wege in Projekten von einer deutlich höheren Unsicherheit geprägt, als dies in der Routine der Fall ist. Dennoch bewegt
sich die Organisation nach wie vor in weitgehend bekannten Rahmenbedingungen. Solange die Änderungsgeschwindigkeit der
Umwelt mit ihren Trends und Entwicklungen nicht zu groß ist,
reichen diese inkrementellen Anpassungen aus, um die Organisa-

tion in relativer Nähe zu ihrer Umwelt zu halten.

Anders verhält es sich, wenn die Veränderungsgeschwindigkeit in der relevanten Umwelt deutlich zunimmt. In diesem Fall sind die bisherigen organisationalen Modi *Routine* und *Optimierung* nicht geeignet, um die Organisation schnell genug auf die Veränderungen einzustellen. Dieses Phänomen lässt sich gut anhand des Begriffs der *Strategischen Drift* verdeutlichen (vgl. Johnson 1988).

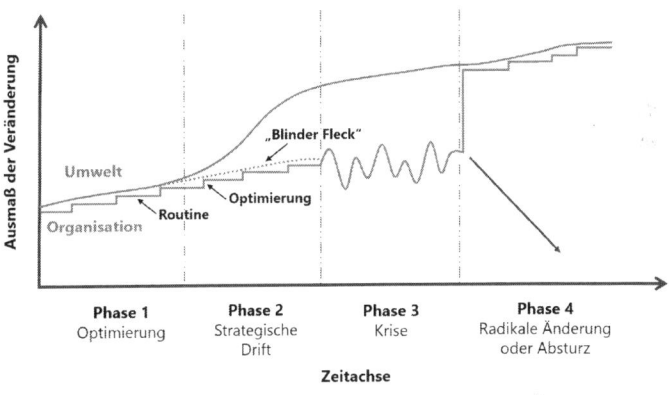

Abbildung 1: Strategische Drift (eigene Abbildung nach ebd.)

In Zeiten dynamischen Wandels verändert sich die Umwelt so schnell und so grundlegend, dass Organisationen über die Optimierung hinausgehen müssen. Diese Betrachtung führt uns schließlich zum dritten organisationalen Modus: *Innovation* (vgl. wiederum Rüegg-Stürm & Grand 2019). Innovation ist spätestens dann notwendig, wenn auf Grund einer hohen Dynamik der Umwelt die Methoden, Instrumente und Angebote der Vergangenheit in der Zukunft nicht länger hinreichend funktionieren werden. Hierbei entstehen jedoch zwei Phänomene, die einander bedingen.

Zum einen führt diese Entwicklung zu einer Zunahme der Unsicherheit. Die Routine, sozusagen das geronnene Wissen der Vergangenheit, besitzt nur noch unzureichend Aussagekraft darüber, was in Zukunft zu tun ist – eben weil die Zukunft sich deutlich von der Vergangenheit unterscheidet. Zum anderen tendieren Organisationen jedoch häufig dazu, Unsicherheit zu vermeiden. Dies gilt umso mehr, je länger und intensiver sich eine Organisation sich auf ihre Routine verlassen konnte, die lediglich von Zeit zu Zeit etwas optimiert bzw. angepasst werden musste.

Diese beiden Phänomene – die Zunahme von Unsicherheit bei gleichzeitigem Bestreben, Unsicherheit zu vermeiden – führen in Organisationen häufig zu einem blinden Fleck. Was außerhalb der bekannten Routine abläuft, wird immer mehr ausgeblendet und stattdessen eine Realität konstruiert, in der eine Veränderung der bekannten Routine nicht erforderlich erscheint. Diese Realitätskonstruktion kann so lange aufrechterhalten werden, bis die Differenz zwischen Umwelt und Organisation so groß geworden ist, dass sie vom blinden Fleck nicht mehr abgedeckt werden kann. Es folgt die Krise, die einer Phase großer Orientierungslosigkeit entspricht und in der häufig fundamentale und existenzielle Entscheidungen zu treffen sind (vgl. Abbildung 1).

Über lange Zeit war dieser Zusammenhang zwischen Wandel der Umwelt, Notwendigkeit zur Innovation und dem blinden Fleck der Organisation insbesondere auf privatwirtschaftlichen Wettbewerbsmärkten beobachtbar. Aufgrund der fortlaufenden technologischen Entwicklung war es für kaum ein Unternehmen eine Option, jahrelang das gleiche, lediglich hin und wieder optimierte Produkt anzubieten. Und Unternehmen, die trotz neuer Entwicklungen in der Umwelt nicht in der Lage waren, ihren blinden Fleck auszuleuchten, fanden sich nicht selten in einer existenziellen Krise wieder[2]. Entsprechend verfolgte die Innovationsforschung

---

2: Ein häufig genanntes Beispiel ist in diesem Zusammenhang das Unternehmen Kodak, einst Weltmarktführer in analoger Filmtechnik, das die Entwicklung der Digitalfotografie zu lange ignorierte. Als man versuchte, ebenfalls auf digitale Technologien umzusteigen, war der Rückstand zum Wettbewerb zu groß. Kodak ist heute nur noch in Nischen vertreten und ein Schatten früherer Größe. Daher gibt es in der englischsprachigen Managementliteratur den Ausspruch „Don't get Kodak-ed".

seit Anfang des 20. Jahrhunderts bis in die 1990er Jahre hinein einen überwiegend technisch-ökonomischen Schwerpunkt (vgl. Schöttler 2017).

Betrachtet man jedoch Entwicklungen wie die fortschreitende Ökonomisierung des Sozialen, die zunehmende Digitalisierung vieler Lebensbereiche, die Individualisierung und Polarisierung der Gesellschaft, die gerade auch den Sozialbereich auf ganz unterschiedlichen Ebenen betreffen, so ist erklärbar, warum das Thema der Sozialen Innovation bzw. der Innovation des Sozialen so sehr an Sichtbarkeit gewonnen hat. Akteure, die diese Veränderungen als für sich relevant wahrnehmen, sehen Innovationsfähigkeit folgerichtig als wichtige Kompetenz. Zugleich kann gewagt werden, auch die beiden in der Einleitung angesprochenen Reaktionen auf das Thema Innovation – dass sie den Sozialbereich entweder nicht betreffe oder aber dass selbiger ohnehin schon immer innovativ war – ebenfalls auf das beschriebene Modell zurückzuführen. Im ersten Fall mag ein blinder Fleck die Wahrnehmung der Umwelt überlagern; im zweiten Fall wird Optimierung möglicherweise mit Innovation verwechselt.

Innovationsfähigkeit ist also auch für soziale Organisationen von besonderer Bedeutung. Warum? Weil wir in Zeiten eines dynamischen Wandels der Umwelt und der gesellschaftlichen Rahmenbedingungen leben, dem mit Routine und Optimierung zu begegnen aller Wahrscheinlichkeit nicht ausreichen wird. Dies bringt uns zur nächsten Frage: Was macht den Modus der Innovation in sozialen Organisationen aus, wenn er denn schon benötigt wird? Um dem nachzugehen, lohnt ein Blick auf die *Paradoxien* der Innovation.

2 Unsicherheit als Begleiterin:
Paradoxien der Innovation

In Abgrenzung zur Routine und zur Optimierung bewegt sich
Innovation in einem Bereich großer Unsicherheit. Letztlich sind
weder das konkrete Ziel noch die benötigten Mittel oder der Weg
bekannt. Wie Günther Ortmann schreibt, soll Innovation „etwas
Neues, noch Unbekanntes hervorbringen [...], von dem man eben
deshalb nicht wissen kann, wo und wie es zu finden ist" (1999, S.
249). Eine weitere Unsicherheit besteht darin, nicht zu wissen, wie
das Neue auf das Bestehende wirken wird. Ist bei Routineabläufen
und Projekten das Ergebnis im Wesentlichen bekannt und können
somit auch hinreichend genaue Annahmen darüber getroffen werden, welche Auswirkungen ein solches Ergebnis auf die Organisation, die Mitarbeitenden, die Kunden oder Klientinnen hat, ist dies
bei Innovationen nicht in gleichem Maße gegeben. So ist es eine
Erkenntnis der Technikfolgenforschung, dass eine Innovation die
mit ihr einhergehenden beabsichtigten und unbeabsichtigten Folgen erst dann vollumfänglich zeigt, wenn die Innovation bereits
Verbreitung gefunden hat. Häufig ist es an dieser Stelle dann aber
bereits zu spät, die Innovation wieder zurückzunehmen. Dieser
Zusammenhang wird in der Innovationsforschung gelegentlich
als Paradoxie der Zukunft bezeichnet (vgl. auch Collingridge 1980;
Schöttler 2019). Diese Unsicherheiten – es wird etwas gesucht, von
dem man nicht weiß, was es ist; es wird etwas beabsichtigt, von
dem man nicht weiß, wie es sich auswirkt – sind die klassischen
Paradoxien in jedem Innovationsgeschehen.

Darüber hinaus kann für soziale Organisationen jedoch eine
weitere Paradoxie in Innovationsprozessen ausgemacht werden,
die in ihrer spezifischen Organisationsstruktur begründet ist:
Sie gelten als pluralistische, hybride oder auch multirationale

Organisationen (vgl. Denis, Langley & Rouleau 2007; Schedler & Rüegg-Stürm 2013), da sie zugleich mehreren Steuerungslogiken unterliegen. Sie müssen unter anderem sozialpolitische Rahmenbedingungen, ökonomische Marktmechanismen, medizinische und soziale Professionslogiken und, im Falle konfessioneller Organisationen wie Diakonie oder Caritas, theologische Begründungszusammenhänge berücksichtigen. Somit wird eine gut beobachtbare Binnendifferenzierung der Organisation in unterschiedliche Professionen und Disziplinen erforderlich: Um sich gegenüber einer ökonomischen Steuerungslogik im Zuge der Ökonomisierung sozialer Arbeit zu legitimieren, werden Ökonomen benötigt; zur Anschlussfähigkeit gegenüber der Kirche eines konfessionellen Trägers sind Theologinnen und zur Legitimation gegenüber einer medizinischen, sozialen oder anderen *Community* sind entsprechend Mediziner, Sozialarbeiterinnen, Altenpfleger, Psychologinnen, Pädagogen, aber auch Verwaltungsfachleute, Juristen oder möglicherweise Ingenieure erforderlich. Schedler und Rüegg-Stürm führen aus: „Pro Referenzsystem wird (mindestens) eine interne Stelle oder Gruppe die Federführung übernehmen, um die Legitimation dieses Referenzsystems sicherzustellen" (2013, S. 73). Eben in dieser Pluralität lässt sich nun eine weitere, für Sozialunternehmen typische Innovationsparadoxie verorten. Denn einerseits kann die Kombination und Konfrontation unterschiedlicher Rationalitäten und Disziplinen in einer Organisation ein erhebliches Innovationspotential entfalten. Diese Sichtweise deckt sich mit einer Kernthese der Innovationsforschung, dass die Wahrscheinlichkeit für die Entstehung des Neuen an oder auf den Grenzen zwischen Systemen, Disziplinen, Professionen, Kulturen, Rationalitäten, etc. besonders hoch ist (vgl. Stark 2009; Milgram 2009, S. 103; Bergmann & Daub 2006, S. 123). Andererseits kann eben diese Komplexität der unterschiedlichen Professionen, Disziplinen und Kulturen zu Spannungen und Konflikten führen, die das Scheitern von Innovationsprozessen zur Folge haben können. Schedler und Rüegg-Stürm führen aus, dass nicht selten aus diesem „Widerstreit [...] hochgradig wertgeladene und emotionale Debatten entstehen [können]" (2013, S. 77), so dass „die widersprüchlichen Anforderungen an eine Organisation gemeinschaftliches Handeln und Entscheiden zu blockieren drohen" (Rüegg-Stürm, Schedler & Schumacher 2015, S. 6). Ohne ein solches gemeinschaftliches Handeln und Entscheiden werden soziale Innovationsprozesse jedoch nahezu unmöglich. Die sozialunternehmerische Innovationsparadoxie ist somit darin begründet, dass wesentliche Bedingungen für Innovationen in dieser Pluralität und Komplexität den gleichen Ursprung haben wie die Bedingungen ihres Scheiterns (vgl. Schöttler 2017).

Nachdem nun einerseits die Notwendigkeit und andererseits die Schwierigkeit sozialer Innovationsprozesse begründet wurde, stellt sich schließlich die Frage, wie soziale Organisationen ihre Innovationsfähigkeit erhöhen können. Entsprechend der Argumentation, dass die Herausforderungen, denen sich soziale Organisationen in ihren Innovationsprozessen gegenübersehen, auf die drei Paradoxien der Suche, der Zukunft und der Pluralität zurückzuführen sind, gehen wir davon aus, dass Innovationsfähigkeit im Allgemeinen und in sozialen Organisationen im Besonderen zu wesentlichen Teilen die Fähigkeit ist, diese Paradoxien zu entfalten, d. h. sie konstruktiv zu transformieren. Um zu einem besseren Verständnis zu gelangen, woraus sich die Innovationsfähigkeit sozialer Organisationen zusammensetzt, werden in der Folge drei analytische Ebenen unterschieden und konzeptionell dargestellt, auf denen die drei Paradoxien entfaltet werden können und die als *Tiefenstruktur* der Innovationsfähigkeit in sozialen Organisationen verstanden werden können: die Ebenen der *Resonanz*, des

Diskurses und der *Integration.*

3 Entfaltung der Paradoxien: Ebenen der Innovationsfähigkeit

Auf der Ebene der Resonanz beobachtet die Organisation ihre Umwelt. Wenn Routine dazu tendiert, blinde Flecken zu produzieren, dann ist Resonanz die Fähigkeit, Veränderungen der Umwelt jenseits der bekannten Routine wahrzunehmen und die dadurch entstehenden *Irritationen* durch organisationales Handeln und Entscheiden konstruktiv zur Unterbrechung der Routine zu nutzen. Innovative Organisationen zeichnen sich dadurch aus, dass sie ein breites Spektrum möglicher Umwelten und Perspektiven mit ihren jeweiligen Trends und Entwicklungen in den Blick nehmen. Somit wird auf dieser Ebene die Paradoxie der Suche bearbeitet, indem die Organisation auf vielfältige Weise und in ganz unterschiedlichen Kontexten nach Irritation und Inspiration sucht. Im Umkehrschluss bedeutet dies, dass eine Organisation Unsicherheit zulassen muss, um innovativer zu werden. Wird versucht, jegliche Unsicherheit weiterhin durch die Routine zu absorbieren (werden damit blinde Flecke produziert), sinkt die Wahrscheinlichkeit für Innovation. Entsprechend lässt sich in fast allen Innovationsprozessen ein Konflikt zwischen Innovation und Routine beobachten, der nicht selten zu Gunsten der Routine entschieden wird – denn wer will schon Unsicherheit? Zusammenfassend kann man sagen: Resonanz erzeugt notwendige Unsicherheit und damit Differenz zur Routine. Eine soziale Organisation, die innovativer werden möchte, sollte sich somit die Frage stellen, in welchen Räumen innerhalb und außerhalb der Organisation eine solche Resonanzfähigkeit entwickelt und gelebt werden kann.

Auf der zweiten Ebene, der der Diskurse, erfolgt die Bearbeitung der Spannungen, die durch die Versorgung mit Unsicherheit zwangsläufig entstehen. Diese Spannungen haben ihren Ursprung einerseits im grundlegenden Widerspruch zwischen Innovation und Routine, andererseits in den angesprochenen Konfliktlinien zwischen den unterschiedlichen Professionen, Logiken und Zielen in hybriden Organisationen. Neue Ideen erzeugen vor diesem Hintergrund häufig reflexhaft eine Abwehrreaktion. Sei es ein neues Beratungskonzept oder Pflegemodell, dem unmittelbar Unwirtschaftlichkeit bescheinigt wird, der Einsatz neuer Technologien, denen sofort Menschenfeindlichkeit unterstellt wird oder eine sozialpolitische Reform, der aus fachlicher Sicht Realitätsferne vorgeworfen wird. Für erfolgreiche Innovationsprozesse ist es dabei nicht von Bedeutung, dass es gegen jede Idee durchaus auch Sachargumente gibt. Von Bedeutung ist vielmehr, ob die Spannungen zur Blockade oder zu einem konstruktiven Diskurs führen. Somit wird auf dieser Ebene die Paradoxie der Pluralität in sozialen Organisationen zu bearbeiten sein. Hierbei ist zu beobachten, dass Organisationen über die unterschiedlich ausgeprägte Fähigkeit verfügen, diesen Diskurs konstruktiv zu gestalten. Zugleich lässt sich aus beobachteten Innovationsprozessen sagen, dass jede im Diskurs nicht hinreichend berücksichtigte Rationalität mit hoher Wahrscheinlichkeit zu einem späteren Zeitpunkt Innovationsbarrieren produzieren wird [3]. Dabei ist es unerheblich, ob es sich hierbei um die Vernachlässigung einer fachlichen, ökonomischen, ethischen, sozialpolitischen oder auch technischen Rationalität handelt. Eine erfolgreiche Innovation benötigt die hinreichende Legitimation jeder einzelnen Logik, die nur durch den Diskurs zu erreichen ist. Zusammenfassend kann man sagen: Diskurs erzeugt notwendige Legitimation. Entsprechend sollte sich eine Organisation die Frage stellen, an welchen Orten, in wel-

---

3: Dabei wird an dieser Stelle unter Rationalität die Summe der in einer Gruppe oder Profession vorherrschenden Handlungs- und Begründungslogiken verstanden (vgl. Schedler und Rüegg-Stürm 2013), so beispielsweise die Kriterien anhand derer Sinn, Erfolg und Angemessenheit des eigenen Handelns entschieden werden.

chen Formaten, mit welcher Beteiligung und welcher Atmosphäre diese Diskurse stattfinden können.

Schließlich wird auf der Ebene der Integration das Neue mit der relevanten Praxis verbunden. Hierbei geht es einerseits darum, dass Bestehende sinnvoll mit dem Neuen zu verknüpfen, zu ergänzen oder zu ersetzen. Hierfür sind Kompetenzen im Veränderungsmanagement von Organisationen und Prozessen hilfreich, sowie insbesondere die Einbindung aller relevanter Stakeholder, die noch nicht zu einem früheren Zeitpunkt im Innovationsprozess involviert waren. Andererseits müssen die Beiträge der verschiedenen Professionen und Logiken praxistauglich in die Innovation integriert werden. Ein neues Konzept oder eine neue Dienstleistung braucht eben nicht nur eine fachliche Ausgestaltung, sondern auch eine funktionierende Finanzierung bzw. ein Geschäftsmodell, eine Vereinbarung mit einem Leistungsträger, eine kommunizierbare ethische Position oder auch die Sicherstellung technischer Machbarkeit. An dieser Beschreibung wird noch einmal deutlich, warum Innovationsprozesse in sozialen Organisationen häufig so komplex sind.

Die Grundlage für eine erfolgreiche Integration liegt daher zu einem guten Teil ebenfalls in der Diskursfähigkeit. Denn ist dieses reichhaltige Spannungsfeld in erster Linie durch Blockadehaltungen gekennzeichnet, werden Innovationen nur schwerlich den Weg in die Praxis finden. Zusammenfassend kann man sagen: Integration erzeugt praxisrelevante und damit zukunftsfähige Innovationen. Auf dieser Ebene bedarf es geeigneter Experimentier- und Erfahrungsräume, in denen diese Integration bearbeitet werden kann. Sie sind im engeren Sinne als die eigentlichen Innovationsräume zu verstehen und sind somit auch die Orte, die mit den notwendigen Ressourcen auszustatten sind und in denen das notwendige Wissen entwickelt wird, damit Innovationsprojekte gelingen können. Beispiele hierfür können angemessen ausgestattete und heterogen zusammengesetzte Projektteams aus dem Sozialbereich sein, die durch Coaches und Mentoren im sozialen Innovationsprozess unterstützt werden (dieser Ansatz findet sich in den an verschiedenen Stellen etablierten *Inkubatoren*, Innovationslaboren oder Social Impact Labs)[4]. In vielen Innovationsprozessen findet auf dieser Ebene zudem ein sogenanntes *Rapid Prototyping* statt, d. h. neue Ideen werden nach einer ersten Konzeption möglichst früh in begrenztem und geschütztem Rahmen in der Praxis ausprobiert. Dadurch können in einem frühen Stadium konkrete Erfahrungen gesammelt werden, die in den Innovationsprozess rückgekoppelt werden können und in weiterer Resonanz- und Diskursphasen neue Perspektiven öffnen. Somit wird auf dieser Ebene auch die Paradoxie der Zukunft bearbeitet, indem versucht wird, die Wirkung des Neuen auf das Bestehende frühzeitig wahrzunehmen und zu reflektieren.

4 Innovation zweiter Ordnung: Gestaltungsdimensionen der Innovationsfähigkeit

Nachdem nun einerseits die Notwendigkeit von Innovationen insbesondere in Zeiten dynamischen Wandels verdeutlicht wurde, andererseits die mit Innovation verbundenen Paradoxien als grundlegende Herausforderungen formuliert wurden, für deren Entfaltung ihnen die spezifischen Fähigkeiten von Resonanz, Diskurs und Integration gegenübergestellt wurden, stellt sich abschließend die Frage, was die bisher gewonnenen Erkenntnisse für die Entwicklung der Innovationsfähigkeit in sozialen Organisationen bedeuten. Naturgemäß kommt an dieser Stelle die Frage auf, was denn jetzt endlich konkrete Schritte wären, die zu

---

4: Beispielsweise das IntraLab der Mission Leben gGmbH (https://intra-lab.de/) oder die Social Impact Labs (https://socialimpact.eu/).

unternehmen seien. Jedoch muss jede Organisation das letztlich für sich selbst herausfinden, auch wenn nicht selten *Patentrezepte* für Innovationsfähigkeit gewünscht werden. Dies hat damit zu tun, dass bereits anhand der Tiefenstruktur von Resonanz, Diskurs und Integration erkennbar wird, dass es sich bei nachhaltiger Innovationsfähigkeit nicht um eine leicht verfügbare Ressource handelt.

Vielmehr ist ein organisationaler Lern- und Entwicklungsprozess notwendig, um diese Fähigkeiten aufzubauen. Wie genau dieser Prozess aussieht, welche Ziele erreicht werden können und welche Methoden und Ressourcen benötigt werden, ist zu Anfang in der Regel wenig konkret oder sogar unbekannt und unterscheidet sich je Organisation mitunter deutlich. Betrachten wir diese Merkmale – ein unbekannter Weg, ein unspezifisches Ziel und nicht abschätzbare Mittel – wird jedoch erkennbar, dass der Aufbau von Innovationsfähigkeit selbst ein Prozess der Innovation ist. In diesem Sinne kann von einer *Innovation zweiter Ordnung* gesprochen werden, in der die gleichen Herausforderungen und Paradoxien zum Tragen kommen. Das bedeutet, all das, was bis hierher über Resonanz, Diskurs und Integration und die Paradoxien der Innovation gesagt wurde, gilt gleichermaßen für die Entwicklung der Innovationsfähigkeit selbst. Folgt man dieser These, dann können drei Beobachtungen gemacht werden, die einige Hinweise auf die Gestaltung eines Lern- und Entwicklungsprozesses geben können.

Erstens sollte dieser Prozess nicht als Projekt verstanden werden, bei dem man mehr oder weniger genau weiß, was zu tun ist, um ein bekanntes Ziel zu erreichen. Vielmehr ist damit zu rechnen, dass wie in jedem Innovationsprozess Versuch und Irrtum notwendiger Bestandteil des Lernens sein werden. Scheitern und Nicht-Funktionieren sind daher kein Versagen, sondern notwendige Erfahrungen. Wie eine Organisation mit solcher Erfahrung umgeht, wird dabei wesentlich von den vorherrschenden Kulturen der Organisation bestimmt. Vertrauen und Fehlertoleranz helfen, Misstrauen und Versagensängste nicht. Dabei zeigt sich, dass starre und stark hierarchische Organisationen eher zu Letzterem tendieren, während flexiblere und selbstorganisiertere Formen Ersteres befördern. Die klassische Linienorganisation ist wesentliches Merkmal der Routine, die in der Regel widerständig auf Neuerungen reagiert. Je größer und damit bedrohlicher das Neue einerseits erscheint, und je hierarchischer und starrer die Organisation andererseits agiert, desto mehr Widerstand ist zu erwarten. Somit sind sowohl Struktur als auch Kultur, das Manifeste und das Latente, wesentliche Dimensionen in der Gestaltung der Innovationsfähigkeit.

Zweitens wird es in jeder Organisation Menschen geben, denen z. B. auf Grund ihrer Biografie, Kreativität, Haltung oder Charisma eine besondere Energie und Offenheit für das Neue zu eigen ist. Gerade im Sozialbereich, in dem viele Mitarbeitende intrinsisch motiviert sind, spielen diese Personen eine große Rolle in Innovationsprozessen. In Anlehnung an den *Entrepreneur* als innovativem Unternehmer Joseph Alois Schumpeterscher Prägung (vgl. Hauschildt & Salomo 2011, S. 123) wird in diesem Zusammenhang in der Literatur auch von *Social Intrapreneuren* gesprochen (vgl. Then et al. 2013, S. 8), also Menschen in sozialen Organisationen, die ein besonderes Innovationspotenzial mitbringen. Dieses Potenzial kann in einer Organisation nun entweder aktiviert oder gebremst werden, hervorgehoben oder ignoriert werden. Wie mit diesem Potenzial umgegangen wird, hängt dabei wesentlich von den Kommunikations- und Entscheidungsprozessen ab (die ihrerseits wiederum eng mit der Struktur und der Kultur der Organisation verknüpft sind). Gelangen also Ideen und Beiträge solcher

Innovationsträger in die Kommunikation der Organisation und werden sie in Entscheidungsprozessen berücksichtigt, oder werden sie ignoriert und mehr oder weniger direkt abgewehrt? Gerade im Sozialbereich begegnen uns dabei typische Reaktionen, mit denen Routine versucht, Innovationsträger aus Kommunikation und Entscheidung herauszuhalten. So zum Beispiel durch das AGA-BU-Syndrom (*„Alles-ganz-anders-bei-uns"*), das Not-Invented-Here-Syndrom (*„wenn es nicht von uns kommt, taugt es nichts"*) oder das Scheinargument schlechthin: *„Das haben wir schon immer so gemacht".* Um die Innovationsfähigkeit sozialer Organisationen zu aktivieren, ist es daher notwendig, Innovationsträger zu identifizieren, zu unterstützen und sie in Kommunikations- und Entscheidungsprozessen zu berücksichtigen. Neben Struktur und Kultur sind somit Personen und Prozesse weitere Gestaltungsdimensionen der Innovationsfähigkeit.

Drittens ergibt sich aus der Perspektive der Innovation zweiter Ordnung, dass der erforderliche Lern- und Entwicklungsprozess zirkulärer Natur sein sollte. Im Gegensatz zu früheren linearen Vorstellungen von Innovationsprozessen, in denen es entweder erst Forschung, dann Entwicklung, Produktion, Vertrieb und schließlich Service gab (vgl. Rosenberg 1994), oder der gestuften Abfolge des Stage-Gate-Prozesses im Innovationsmanagement (vgl. Cooper 1990), gehen aktuelle Modelle von zirkulären, iterativen und rückgekoppelten Abläufen im Innovationsgeschehen aus. Beispiele hierfür sind die *Spirale* Sozialer Innovationen (vgl. Murray, Caulier-Grice & Mulgan 2010), das Design-Thinking-Modell (vgl. Brown & Katz 2009) oder auch agile (Projekt-)Management-Methoden. Im Kern geht es in diesen Ansätzen darum, nach Klärung des Kontextes und der Fragestellung möglichst früh mit kleinen, gangbaren und konkreten Schritten zu beginnen und die daraus gewonnenen Erkenntnisse in den nächsten Zyklus einzuspeisen. Dadurch werden langwierige, ressourcenintensive und doch an der Realität vorbeigehende Projekte vermieden und Lerneffekte schnell in den Innovationsprozess integriert. Auch für den Entwicklungsprozess der Innovationsfähigkeit in sozialen Organisationen ergeben sich aus diesem Verständnis eine Reihe von Vorteilen: Weniger Überforderung durch kleinere Schritte, weniger Ressourcenaufwand am Anfang, zügiges Erkennen, was auf Resonanz trifft und wo in der Organisation Energie entsteht, die zur Befeuerung der weiteren Entwicklung genutzt werden kann.

5   Fazit

„Wir leben in Zeiten dynamischen Wandels." Dieser Wahrnehmung wurde schon seit längerer Zeit nicht mehr widersprochen. Zugleich hat dies nicht notwendigerweise dazu geführt, dass soziale Organisationen die eigene Komfortzone von Routine und Optimierung verließen und sich auf das unsichere Eis der Innovation wagten *(Modi der Veränderung)*. Warum sollte etwas gesucht werden, von dem man nicht wusste, wie es aussieht, was es mit sich brachte und über das nur mühsam Einigkeit hergestellt werden konnte *(Paradoxien der Innovation)*. Viel zu leicht, so schien es, konnten Veränderungen ausgeblendet und im blinden Fleck verborgen werden, statt die Schwingungen der Umwelt wie ein Resonanzkörper aufzugreifen. Viel zu zäh wäre doch der Diskurs im vielstimmigen Chor der Professionen und Disziplinen gewesen. Und zu schwierig und aufwändig die Veränderung lange bestehender Praxis *(Ebenen der Innovationsfähigkeit)*. Und die Veränderung von Strukturen und der Kultur, von Personen und Prozessen glich doch einem Kampf gegen Windmühlen *(Gestaltungsdimensionen)*.

So oder ähnlich mag es sich mancherorts in der Sozialwirtschaft angefühlt haben, zumindest bis in den März 2020. Es erscheint ungewöhnlich, in einem Aufsatz einen solchen Bezug und einen solchen Stil zu wählen. Aber gerade aus Sicht der Innovationstheorie kann die mit der Corona-Pandemie verbundene Dynamik nicht ignoriert werden. Denn damit verbunden ist ein Wandel, der in keinen noch so großen blinden Fleck passt. Die Untauglichkeit existierender Praxis angesichts des *Lockdowns* war weder zu leugnen noch zu ignorieren. Entsprechend hoch war zu diesem Zeitpunkt die Bereitschaft für das Neue, für das, was man bisher so nicht gemacht hatte.

Und entsprechend gering war der Widerstand der Routine, da zu offenkundig war, dass das *geronnene Wissen der Vergangenheit* keine Aussagekraft für aktuelle Gegenwart und nahe Zukunft hatte. Als Folge der ersten Maßnahmen zur Eindämmung der Corona-Pandemie geschah in vielen Organisationen das, was wie ein Innovationsprozess im Zeitraffer erscheint. Anders ausgedrückt, die Paradoxien der Innovation entfalteten sich scheinbar nur durch die Kraft des Faktischen. Resonanz ist keine Kunst, wenn die ganze Welt im Takt des einen Themas schwingt. Diskurs fällt leicht, wenn die alten Argumente sich selbst widerlegen. Und neue Praxis erwächst und integriert sich und füllt das Vakuum aus sich heraus, das die Unterbrechung der alten Praxis (weil aktuell nicht möglich) hinterlässt.

Aufgrund der Kraft dieser Intervention lässt sich nur schwer vorhersagen, welche Wirkung der Wandel gerade auch auf soziale Organisationen und ihre Fähigkeit zur Innovation hat. Ob Diskurse nicht doch besser nachgeholt werden sollten, um den Veränderungen nachhaltige Legitimation zu geben, oder mit welcher Kraft die alte Routine nach der Pandemie ihr Recht einfordern wird. Scheinbar kluge Ratschläge oder konkrete Handlungsempfehlungen sind vor diesem Hintergrund noch unangebrachter, als sie es ohnehin gewesen wären. Auch lässt sich Stand heute (Mai 2020) noch nicht sagen, auf welche Leserschaft dieser Text treffen wird. Werden wir eine Rückorientierung auf die *gute, alte Zeit* erleben oder erlebt haben, wenn die Pandemie vorbei ist? Oder werden wir eine Energie und Freude erinnern, mit der Menschen gemeinsam mit Kreativität, Mut und Begeisterung neue Lösungen für neue Probleme gefunden haben? Und was werden soziale Organisationen sich davon bewahren?

Vielleicht helfen die vorgestellten Grundkategorien, die Modi der Veränderung, die Paradoxien der Innovation, die Ebenen und die Gestaltungsdimensionen der Innovationsfähigkeit dabei, die aktuelle Zeit des großen dynamischen Wandels noch einmal anders zu betrachten und zu reflektieren, um daraus Erkenntnisse für das eigene Handeln und Entscheiden in sozialen Organisationen zu gewinnen. So sollten sie verstanden werden und dafür waren sie von Anfang an gedacht.

Literatur

BROWN, Tim; KATZ, Barry (2009): Change by design. How design thinking transforms organizations and inspires innovation. New York: Harper Business.

COLLINGRIDGE, David (1980): The social control of technology. New York: St. Martin's Press.

COOPER, Robert G. (1990): Stage-Gate Systems: A New Tool for Managing New Products. In: Business Horizons (May-June), S. 44 – 54.

DENIS, J.-L.; LANGLEY, A.; ROULEAU, L. (2007): Strategizing in pluralistic contexts: Re-thinking theoretical frames. In: Human Relations 60 (1), S. 179 – 215.

HAUSCHILDT, Jürgen; SALOMO, Sören (2011): Innovationsmanagement. 5. Auflage (Vahlens Handbücher der Wirtschafts- und Sozialwissenschaften). München: Vahlen.

JOHNSON, Gerry (1988): Rethinking incrementalism. In: Strat. Mgmt. J. 9 (1), S. 75 – 91.

LUHMANN, Niklas (2011): Organisation und Entscheidung. 3. Aufl. Wiesbaden: VS Verlag für Sozialwissenschaften.

MILGRAM, Stanley (2009): Interdisciplinary Thinking and the Small World Problem. In: SHE-RIF, Muzafer; SHERIF, Carolyn W. (Hg.): Interdisciplinary relationships in the social sciences. New Brunswick: Aldine Transaction, S. 103 – 120.

MURRAY, Robin; CAULIER-GRICE, Julie; MULGAN, Geoff (2010): The Open Book of Social Innovation. London. http://youngfoundation.org/wp-content/uploads/2012/10/The-Open-Book-of-Social-Innovationg. pdf, aufgerufen am 10.05.2020.

NOCK, Lukas; KRLEV, Gorgi; MILDENBERGER, Georg (2013): Soziale Innovationen in den Spitzenverbänden der Freien Wohlfahrtspflege. Strukturen, Prozesse und Zukunftsperspektiven. Zentrums für soziale Investitionen und Innovationen, Universität Heidelberg. Berlin. https://www.bagfw.de/fileadmin/user_upload/Veroeffentlichungen/Publikationen/2013_12_17_Soziale_Innovationen_Spitzenverbaenden_FWp.pdf, aufgerufen am 10.05.2020.

ORTMANN, Günther (1999): Innovation als Paradoxieentfaltung – Eine Schlußbemerkung. In: SAUER, Dieter; LANG, Christa (Hg.): Paradoxien der Innovation. Perspektiven sozialwissenschaftlicher Innovationsforschung. Frankfurt, New York: Campus (Veröffentlichungen aus dem Institut für Sozialwissenschaftliche Forschung e. V.), S. 249 – 262.

ROSENBERG, Nathan (1994): Exploring the black box. Technology, economics, and history. Cambridge [England], New York: Cambridge University Press.

RÜEGG-STÜRM, Johannes; GRAND, Simon (2019): Das St. Galler Management-Modell. 1. Auflage. Stuttgart: UTB.

RÜEGG-STÜRM, Johannes; SCHEDLER, Kuno; SCHUMACHER, Thomas (2015): Multirationales Management. Fünf Bearbeitungsformen für sich widersprechende Rationalitäten in Organisationen. In: Organisationsentwicklung (2), S. 4–11.

SCHEDLER, Kuno; RÜEGG-STÜRM, Johannes (2013): Multirationales Management. Der erfolgreiche Umgang mit widersprüchlichen Anforderungen an die Organisation. 1. Auflage. Bern: Haupt.

SCHÖTTLER, Roland (2017): Die Innovationsparadoxie der Sozialwirtschaft. Rekonstruktion eines multirationalen Innovationsprozesses in einem Diakonischen Unternehmen: Vandenhoeck & Ruprecht.

SCHÖTTLER, Roland (2019): Innovationsprozesse in Sozialunternehmen: Entfalten von Paradoxien. In: BECHER, Berthold; HASTEDT, Ingrid (Hg.): Innovative Unternehmen der Sozial- und Gesundheitswirtschaft, Bd. 33. Wiesbaden: Springer Fachmedien Wiesbaden (Sozialwirtschaft innovativ), S. 85–96.

STARK, David (2009): The sense of dissonance. Accounts of worth in economic life. Princeton: Princeton University Press.

TEMIN, Peter (2002): The Golden Age of European growth reconsidered. In: European Review of Economic History 6 (1), S. 3–22.

THEN, Volker u. a. (2013): Social Entrepreneurship in Deutschland. Potentiale und Wachstumsproblematiken. Heidelberg.

Soziale Arbeit 5.0: Rolle der Robotik

Barbara Klein

1. Warum Soziale Arbeit 5.0?

Der Begriff Industrie 4.0, mit dem die umfassende Digitalisierung, Vernetzung und Kommunikation von Mensch, Maschine und Produktion bezeichnet wird, wird mittlerweile in vielen anderen Bereichen verwendet. Medizin 4.0 oder Pflege 4.0 – es gibt kaum einen Bereich, der sich nicht auch mit einer 4.0 schmückt. Japan geht seit einiger Zeit schon einen Schritt weiter und will weltweiter Vorreiter für die Gesellschaft 5.0 werden. Sie zeichnet sich dadurch aus, dass alle Innovationen der 4. Industriellen Revolution wie Internet of Things, Künstliche Intelligenz, Robotik und Plattformökonomie sowohl die Industrie als auch das soziale Leben durchdringen. Diese Veränderungen führen zu anderen Werten und kontinuierlich sich entwickelnden neuen Dienstleistungen, die ein komfortableres und nachhaltigeres Leben ermöglichen sollen. Für eine alternde Gesellschaft – Japan gehört neben Deutschland zu den *Super-Aging* Societies – kann dieses bedeuten, dass Versorgungsstrukturen digitalisiert werden und z. B. medizinische, pflegerische oder sozialarbeitsbezogene Daten in digitalisierter Form für die Arbeit der unterschiedlichen Akteure zur Verfügung stehen, Online-Beratung, telemedizinische, telepflegerische oder teletherapeutische Versorgung ermöglicht wird und durch künstliche Intelligenz Prozesse und Entscheidungsstrukturen unterstützt werden. Dazu kommen mittlerweile Roboter bzw. robotische Systeme als erste käufliche Produkte auf dem Markt, die sowohl für Klient*innen der Sozialen Arbeit als auch für Fachkräfte neue Potenziale bieten.

Da im Bereich der Sozialen Arbeit das soziale Miteinander und eine reflektierte Werteorientierung im Fokus stehen, kann von einer technologischen Durchdringung weder flächendeckend noch vom Innovationsgrad allenfalls in Ansätzen die Rede sein. Doch könnte gerade das Aufgreifen der digitalen Möglichkeiten in Verbindung mit einer werteorientierten, klient*innenzentrierten Arbeit eine Vorreiterrolle der Sozialen Arbeit für eine Gesellschaft 5.0 ermöglichen.

Corona-Pandemie bedingt kommen veränderte Formen der Arbeitserbringung nun auch in Deutschland vermehrt auf. Der Einsatz von künstlicher Intelligenz und Robotik bietet ein Potenzial, um Fachkräfte zu entlasten und Klient*innen mehr Autonomie und Teilhabe zu ermöglichen. Bislang finden diese Ansätze vor allem in den Medien und weniger in der Praxis ihren Niederschlag.

Im Folgenden werden einige ausgewählte technologische Entwicklungen in der Robotik aufgezeigt, um im Anschluss der Frage nachzugehen, in welchen Anwendungsfeldern diese technologischen Entwicklungen in der Sozialen Arbeit vertreten sein können.

2. Technologische Entwicklungen

Die Digitalisierung und die sich entwickelnden bzw. auf den Markt kommenden robotischen Produkte wenden sich zum einen an die Klient*innen und zum anderen an die Fachkräfte. Allerdings sind die Übergänge fließend und die Technik an sich kann für verschiedene Anwendungsfelder und Zielgruppen eingesetzt werden, wie es das Beispiel Exoskelett verdeutlicht. Exoskelette gehören nach der DIN EN ISO 13482:2011-11 zu den am Körper fixierten bewegungsunterstützenden Robotern. Sie können als Assistive Technologie bzw. Hilfsmittel gelähmte Menschen in der Mobilität beim Gehen unterstützen. Diese Technologie kann aber auch Fachkräfte beim Heben und dem Transfer von hilfebedürftigen Menschen unterstützen. Exoskelette spielen auch in der Rehabilitation und Physiotherapie eine Rolle – hier werden sie für das Training von Menschen mit Mobilitätseinschränkungen zum Beispiel nach einem Schlaganfall eingesetzt. In Japan konnte die Autorin ein Exoskelett für physiotherapeutische Anwendungen ausprobieren, bei dem in Verbindung mit einer App eine Ganganalyse und daraus resultierende Mobilitätsempfehlungen möglich waren.

Assistive Technologien: Robotische Systeme bieten neue Potenziale für die Klient*innen

Assistive Technologien ist ein Oberbegriff der WHO und umfasst die unterschiedlichsten Technologien, Konzepte und Dienstleistungen, die ein selbständiges Leben im Alter und bei Behinderung ermöglichen. Anstelle von *Assistiven Technologien* wird in Deutschland der Begriff *Hilfsmittel* in der Gesetzgebung und den dazugehörigen Verordnungen verwendet. Während die WHO fünf Kategorien im Bereich der Assistiven Technologien unterscheidet – solche die, die Mobilität unterstützen, Technologien, die das Sehen, das Hören, die Kommunikation und die Kognition unterstützen (WHO 2011, S. 101), unterscheidet das Hilfsmittelverzeichnis des GKV-Spitzenverbandes 41 Produktgruppen mit rund 800 Produktuntergruppen sowie ca. 2.600 Produktarten, die rund 32.500 Produkte aufweisen (vgl. GKV-Spitzenverband 2019, S. 15). Die momentanen technologischen Fortschritte wie z. B. in der Sensorik, Robotik, Software etc. führen zu vielen – auch robotischen – Produktinnovationen, die ganz neue Möglichkeiten des Behinderungsausgleiches bieten. So gibt es – auch als verordnungsfähige Leistung – Exoskelette (z. B. ReWalk), die gelähmte Menschen beim Laufen unterstützen oder robotische Essapparate, die bei der Nahrungsaufnahme unterstützen wie auch robotische Arme (Jaco, iArm oder Bateo), die Menschen, die ihren Oberkörper aufgrund einer Querschnittlähmung oder neurologischen Erkrankung nicht oder nur sehr eingeschränkt nutzen können, bei vielen Aktivitäten des täglichen Lebens unterstützen. Es wird an robotischen Rollatoren und Gürteln geforscht, die blinde, ältere Menschen dabei unterstützen, sich in der Umgebung zurechtzufinden. Aber auch Brillen mit Kamera, Detektionsmöglichkeiten und Sprachausgabe sind neben dem Smartphone oder einer Smartwatch, innovative Möglichkeiten ein selbständiges Leben zu unterstützen. Bei gehörlosen oder stark höreingeschränkten Menschen bieten Cochlea-Implantate oder moderne Hörgeräte/-systeme eine Chance wieder in die Welt der Hörenden zu kommen. Das Themenfeld der Unterstützten Kommunikation hat sich in den letzten zehn Jahren mit dem Aufkommen von PCs und Tablets mit den dazugehörigen Apps rasant entwickelt.

Birte Schiffhauer (2020, S. 265) schlägt vor, dass auch die soziale Unterstützung in den Blick genommen werden sollte. Während bei Assistiven Technologien, die die physischen Funktionsverluste unterstützen, vor allem der Bezug zu Medizin und Pflegewissenschaften im Vordergrund steht, plädiert sie

> „für einen systematischen Diskurs über assistive Technologien in der Sozialen Arbeit [...] sich besonders mit den nicht-physischen Unterstützungsmöglichkeiten zu beschäftigen." (Schiffhauer 2020, S. 267),

also der kognitiven und der sozialen Unterstützung.

In der Robotik gibt es eine Vielfalt an Begriffen für verschiedene Roboter. In Abgrenzung zur Industrierobotik werden Roboter, die außerhalb der Produktion eingesetzt werden, als Serviceroboter bezeichnet (Klein et al. 2018). Nach der DIN EN ISO 13482:2014 verrichten Serviceroboter nützliche Aufgaben für Menschen, die Gesellschaft oder Einrichtungen. Weitere Begriffe, die beschrieben werden, sind hier zu unterscheiden:

- mobile Roboter, die sich unter Kontrolle bewegen können,
- persönliche Assistenzroboter, die Handlungen ausführen, die unmittelbar zu einer Verbesserung der Lebensqualität führen (ausgenommen sind medizinische Anwendungen),
- mobile Roboterassistenten, die in der Lage sind, sich zu bewegen, um im Zusammenspiel mit Personen unterstützende Aufgaben auszuführen,
- bewegungsunterstützende Roboter, die eine physische Unterstützung anbieten und körperliche Fähigkeiten ihres/r Nutzer*in ergänzen oder verstärken können,
- (nicht) am Körper fixierte bewegungsunterstützende Roboter und
- Personenbeförderungsroboter.

Unabhängig von den normativen Entwicklungen (vgl. DIN EN ISO 13482:2014) gibt es darüber hinaus Begriffe wie *Pflegeroboter*, der in Deutschland mit negativen Konnotationen verbunden ist, da häufig ein humanoider, also menschenähnlicher, Roboter verstanden wird, der pflegerische Aufgaben ausübt. Dieses Bild ist jedoch weit von der technischen Realität entfernt. Im pflegerischen Kontext gibt es in Deutschland bislang vor allem Lift-Systeme, die das Tragen und den Transfer von mobilitätseingeschränkten Menschen unterstützen. Entwicklungsprojekte wie das EU-Projekt I-Supported Bath Robots (HORIZON 2020; 643666; 2015-2018), bei dem es um die Entwicklung eines robotischen Duschsystems ging, stießen sowohl bei den betroffenen Menschen als auch bei den Fachkräften in der Altenhilfe überwiegend auf eine positive Resonanz (vgl. Klein & Schlömer 2018). Hier wurde das Potenzial gesehen, dass die Selbstständigkeit und Autonomie mobilitätseingeschränkter Personen gefördert wird, mehr Komfort und Lebensqualität bietet, da damit unabhängig, auch täglich geduscht werden könne, was heute in der Regel auf Grund des Personalmangels nicht möglich sei.

Neben dem Begriff *Pflegeroboter* gibt es auch den Begriff *sozialer Roboter*, der in den Arbeiten von Cynthia Breazeal Anfang der 2000er Jahre geprägt wurde (vgl. Breazeal 2003). Hier ging Breazeal davon aus, dass die Kommunikation mit einem autonomen Roboter natürlich und intuitiv sein solle. Soziale Roboter zielen dabei auf erfahrbare Aspekte wie Zugehörigkeit ab (Kolling et al. 2013). Emotionale Roboter, als Unterkategorie der sozialen Roboter, zielen dagegen primär auf die Bedienung spezifischer Bedürfnisse wie Interaktion, Kommunikation, Gemeinschaft und Verbundenheit. Emotionale Roboter sind in der Lage, dass Nutzer*innen sich mit ihnen emotional verbunden fühlen können, indem der Roboter sowohl auf das Verhalten der Nutzerin oder des

Nutzers reagieren als auch proaktiv agieren kann. Paradebeispiel dafür ist der einer Plüschrobbe ähnelnde Roboter PARO, der seit 2005 als Produkt erwerbbar ist.

Im Zuge der verschiedenen technologischen Entwicklungen wurden von Elena und Alexander Libin (2004) die Begriffe *robot psychology* und *robotherapy* eingeführt, die mehrere Aspekte umfassen. Die *robotherapy* wird dabei als Interaktion zwischen Mensch und Roboter beschrieben, die dazu dienen soll, negative Erlebnisse mit Hilfe von Coping-Strategien, die durch das technische Werkzeug *Roboter* unterstützt werden, zu überwinden und eine positive Lebenseinstellung zu erlangen. Weiterhin ist es ein neuer methodischer Ansatz für nicht-pharmakologische Interventionen, die auf Interaktion und den damit verbundenen Methoden basieren. Hinzu kommt der wissenschaftsbasierte Ansatz, um das ‚ideale' Erscheinungsbild und das Verhalten von Robotern für bestimmte Krankheitsbilder zu analysieren, sodass diese für den Einsatz bei bestimmten psychologischen oder physischen Problemen eingesetzt werden können. Bei den Robotern kann eine Unterscheidung in Tier-, Fabelwesen- oder menschenähnlicher Gestalt getroffen werden (Klein et al. 2018, S. 62).

Für die kognitive und soziale Unterstützung gibt es drei verschiedene soziale Robotertypen, mit denen an der Frankfurt University of Applied Sciences am Fachbereich Soziale Arbeit und Gesundheit vielfältige Erfahrungen in der Lehre, in Forschungsprojekten und über die am Fachbereich implementierten langjährigen Ausstellungen gesammelt wurden. Dieses sind emotionale Roboter für therapeutische und aktivierende Ansätze, Telepräsenz-Roboter für soziale Interaktionen und Kommunikation sowie humanoide, menschenähnliche Roboter mit vielfältigen Anwendungsmöglichkeiten.

Emotionale Roboter

Im Bereich der sozialen Unterstützung sind Entwicklungen und Produkte von emotionalen und sozialen Roboter interessant. Seit 2005 gibt es in Form einer kuscheligen Robbe den Roboter PARO zu erwerben, der speziell für therapeutische Zwecke entwickelt wurde[1] und weltweit in Pilotprojekten mit unterschiedlichen Zielgruppen erprobt wurde. Die Frankfurt University of Applied Sciences setzte diesen Robbenroboter als erste Hochschule in Deutschland seit 2008 in Anwendungsfeldern der Sozialen Arbeit ein. So wurde dieser in der Behindertenhilfe, bei Kindern in der Frühförderung, überwiegend jedoch in der Altenhilfe in studentischen Lehrforschungsprojekten erprobt (Klein 2011). 2013 wurde darüber hinaus zusammen mit dem Arbeiterwohlfahrt Kreisverband Frankfurt am Main eine explorative Studie mit Wachkomapatient*innen in einer Pflegeeinrichtung durchgeführt (Klein et al. 2014).

Zur guten Praxis in Pflegeeinrichtungen gehören das biografieorientierte Arbeiten und Leitbilder der Selbständigkeit und Selbstbestimmung, Teilhabe, Lebensqualität und des Wohlbefindens (vgl. Regierungspräsidium Gießen 2020). Diese Bedeutung schlägt sich in einem erheblichen Anstieg der Beschäftigtenzahlen in der Sozialen Betreuung nieder. Waren bei der ersten Pflegestatistik 1999 rund 15.000 Personen in der Sozialen Betreuung in rund 8.900 Pflegeeinrichtungen für 573.000 pflegebedürftige Menschen beschäftigt (Statistisches Bundesamt 2001, S. 17), so sind dies in 2017 rund 42.700 Personen in 14.500 Pflegeeinrichtungen mit 818.000 pflegebedürftigen Menschen. Dazu kommen weitere rund 54.200 zusätzliche Betreuungskräfte nach § 43b, SGB XI (Statistisches Bundesamt 2018, S. 35).

Im Rahmen dieser Betreuung und Gestaltung des Alltags-

[1] Erfinder Dr. Takanori Shibata am 20.01.2009 während des Workshops „Therapeutic Seal?" an der Frankfurt University of Applied Sciences in Frankfurt am Main

lebens bieten Pflegeeinrichtungen eine Vielzahl an Therapie- und Präventionsangeboten sowie Aktivitäts- und Betreuungsangebote (TNS Infratest Sozialforschung 2017, S. 305 ff.) an. Zu diesen Angeboten gehören auch die tiergestützte Therapie oder tiergestützte Aktivitäten. Gerade tiergestützte Aktivitäten werden in vielen Einrichtungen z.B. mittels Besuchshunde oder *Rent a Huhn* angeboten. Die robotergestützte Therapie bzw. robotergestützte Aktivitäten lehnen sich an diesen Konzepten an. Bei den tier- oder robotergestützten Therapien geht es darum, in einer Triade zwischen Klient*in, dem Tier bzw. Roboter mit Hilfe des/r Therapeut*in festgelegte Ziele zu erreichen. Bei tier- bzw. robotergestützten Aktivitäten werden diese zur Unterhaltung, Abwechslung oder Alltagsstrukturierung eingesetzt. Tiere sind beispielsweise wegen hygienischer Anforderungen oder Allergien nicht immer geeignet. Auch ist ihr Einsatz auf maximal eine Stunde am Tag begrenzt und selbst dieser relativ geringe Zeitanteil bedeutet oft viel Stress für das Tier. Tierähnliche Roboter wie der Robbenroboter PARO oder die interaktive Katze JustoCat für Menschen mit dementiellen Erkrankungen können eine Alternative darstellen wie auch der Spielzeugdinosaurier PLEO. Ihnen ist gemeinsam, dass sie mehr oder weniger ausgeprägt ein reaktives und proaktives Verhalten haben und damit die Interaktion und Kommunikation stimulieren. In den von der Frankfurter University of Applied Sciences durchgeführten Erprobungen wurden in der Regel positive Effekte beobachtet wie Entspannung, Lächeln und Miteinander Reden in der Altenhilfe, aber auch weniger Speichelfluss und Kontrakturen bei den Einsätzen bei behinderten Menschen und Personen im Wachkoma (Klein 2011; Klein 2012; Klein, Gaedt, Cook 2013). Das Potenzial dieser tierähnlichen Roboter liegt hier insbesondere im psychosozialen Bereich. Der Zugang der Fachkraft zur/zum Klient*in wird über die Interaktion mit

dem Roboter erreicht. Er ermöglicht nicht nur Berührungen wie z.
B. das Fell zu streicheln und somit Zärtlichkeit zu fühlen, sondern
initiiert oft das Reden über biografische Erlebnisse mit Tieren oder
andere Erinnerungen, die angestoßen werden. Das haptische Erleben von Zärtlichkeit beim Streicheln ist gerade im hohen Alter und
bei sozialer Isolation sehr eingeschränkt und kann bei manchen
der betroffenen Menschen durch den robotischen Ersatz kompen-
siert werden. Auch der Fürsorglichkeitsaspekt spielt eine Rolle:
Klient*innen können sich um den Roboter kümmern, ihn bürsten,
mit ihm reden, ins *Bett* bringen usw. Dieses sich um etwas kümmern, kann dabei über die Selbstwirksamkeit zu einem Mehr an
Zufriedenheit im Augenblick beitragen. In den hochschulinternen
Diskussionen werden weitere Potenziale der emotionalen Robotik
in der Sozialen Arbeit bei traumatisierten Kindern und Erwachse-
nen und auch in der Behindertenpädagogik gesehen.

Telepräsenzroboter

David W. Schloerb beschreibt das Konzept der *Telepräsenz* als
eine technologiebasierte Möglichkeit, an einem Ort *präsent* zu
sein und auch so wahrgenommen zu werden, während man sich
körperlich gleichzeitig anderswo aufhält. Das Telefonieren ist eine
erste Basisversion der Telepräsenz: der Ton wird an einen anderen Ort zu einem/r anderen Kommunikationspartner*in übertragen und kommt dort so an, als ob man vor Ort wäre. Die nächste
Erweiterung ist eine Videokonferenz, bei der das eigene bewegte
Videobild und der Ton übertragen werden. Ist diese Übertragung
einer Videokonferenz mit einer mobilen Plattform verbunden,
handelt es sich um einen Telepräsenzroboter. Bei Telepräsenzro-
botern ist eine gezielt gesteuerte Bewegung mittels Software am
PC, Tablet oder Smartphone theoretisch von jedem Ort der Welt

möglich. Die Person, die PC, Tablet oder Smartphone steuert, kann kilometerweit vom Telepräsenzroboter entfernt sein. Dieser kann über seine mobile Plattform durch einen Raum bewegt werden und eine Videokommunikation kann mit den im Raum befindlichen Personen stattfinden. Voraussetzung dafür ist allerdings eine ausreichend gute Internetverbindung. Mittlerweile gibt es rund 20 verschiedene Telepräsenzroboter zu kaufen, viele werden u. a. mit einer Reihe von Zusatzfunktionen entwickelt.

So kursierten während der Corona-Pandemie im Internet Videoclips aus China, bei denen Telepräsenzroboter durch ein Krankenhaus gesteuert wurden und diese mit Halterungen für ein Tablet mit Essen und Trinken, Medikamenten und ähnlichem ausgestattet waren. So konnte der Roboter an die Türen der Corona erkrankten Patient*innen gesteuert werden und diese konnten sich – ohne weiteren Personalkontakt – das Tablet nehmen und der Roboter wieder zurückfahren.

An der Frankfurt UAS wurden und werden verschiedene Telepräsenzsysteme – darunter GIRAFF (seit 2009), VGo und DOUBLE (seit 2013), BEAM (seit 2019) – in Forschungsprojekten und in der Ausstellung *Barrierefreies Wohnen und Leben* in Hinblick auf Gebrauchstauglichkeit, Akzeptanz und mögliche Anwendungsfelder sowie in der Lehre erprobt und eingesetzt. Mögliche Einsatzfelder eines Telepräsenzroboters wurden mit GIRAFF im Rahmen des BMBF-Projektes „ERimAlter – Emotionale und soziale Robotik" (Knopf et al. 2015) in Anwendungsszenarien ausgelotet. Dazu gehörten der virtuelle Besuch der hochschuleigenen Ausstellung zum barrierefreien Wohnen über ehrenamtliche Wohnraumberater*innen in Hanau. Diese besuchten die Ausstellung virtuell über den Telepräsenzroboter und es wurde aufgezeigt, wie bei Bedarf die Expertise des Ausstellungsteams herangezogen werden kann (https://www.youtube.com/user/barrierefreieswohnen Playlist: Telepräsenzrobotik). Weitere mögliche Anwendungsfelder sahen Gesundheitsexpert*innen z. B. in der ambulanten Pflege, um damit die soziale Teilhabe und selbständige Lebensführung älterer Menschen zu verbessern. Zudem könnten über den Telepräsenzroboter zusätzliche virtuelle Kontakte zu Angehörigen und Freund*innen ermöglicht werden. Befragte Pflegekräfte bzw. pflegende Angehörige konnten sich eine entlastende Wirkung beim Einsatz eines Telepräsenzroboters vorstellen, da damit eine bessere Kontrolle und besseres Monitoring bei gleichzeitiger Reduktion von Zeit und Wegen möglich sind. Bedauerlicherweise sind Telepräsenzroboter im Sozial- und Gesundheitswesen so gut wie nicht verbreitet. Das liegt u. a. auch an der bislang noch nicht abgeschlossenen Digitalisierung in diesem Bereich. Altenpflege- und Behinderteneinrichtungen bieten häufig keine Internet-Verbindungen standardmäßig für ihre Klient*innen an. Diese müssen sie sich quasi *privat* zulegen, was für diejenigen, die die finanziellen Ressourcen nicht haben, ein Ausschluss der digitalen Teilhabe bedeutet. In der Corona-Krise bedeutete das Besuchsverbot in den Altenpflege- und Behinderteneinrichtungen, dass diese wochenlang alleine in ihrem Zimmer versorgt wurden und keinen Besuch bekommen durften. Fehlende Internetangebote oder Tablets mit Video- und Chatfunktionen führten zu einer immensen sozialen Isolation und sicherlich auch zu viel Verzweiflung und großer Langeweile. Herbert Kubicek (2020) kam in einer Studie mit Aufsuchender Digitalassistenz zu dem verblüffenden Befund, dass auch mit großer Unterstützung die mediale Kompetenz im fortgeschrittenen Alter nicht erworben wurde. In solchen Settings könnte mittels eines Telepräsenzroboters vieles erreicht werden. Angehörige und Fachkräfte könnten sich in den Roboter per Videokonferenz einwählen und sie könnten berührungslos in die Wohnung/Zimmer der älteren bzw. behinderten Angehörigen fahren und mit ihr

kommunizieren. Dass dieses auch in der Altenhilfe und bei kognitiv eingeschränkten Personen machbar ist, zeigte eine Machbar-
keitsstudie, die die Potenziale des Telepräsenzroboters GIRAFF
in einer Altenpflegeeinrichtung in Australien in Bezug auf die
Kommunikation zwischen Menschen mit einer dementiellen Erkrankung und deren Angehörigen untersuchte (Moyle et al. 2014).
Die Menschen mit dementieller Erkrankung konnten ihre Angehörigen auf dem Bildschirm des Telepräsenzroboters erkennen.
Die beteiligten Fachkräfte beurteilten diese Möglichkeit als eine
positive Option für den gegenseitigen Austausch.

Interessant sind Telepräsenzroboter auch für andere Kommuni-
kationsanwendungen: so könnten sich Ärzt*innen ein Bild vor Ort
machen, um entscheiden zu können, ob eine Visite in der Pflege-
oder Behinderteneinrichtung sinnvoll ist.

Auch im schulischen Kontext werden Telepräsenzroboter in
den USA oder in Kanada schon seit einigen Jahren eingesetzt. Der
Telepräsenzroboter VGo bietet einem schwer erkrankten Kind die
Möglichkeit, virtuell über den Roboter an der Schule am Unterricht teilzunehmen und sich mit seinen Mitschüler*innen auszutauschen. Eine vergleichbare Anwendung wird an der Frankfurt
University of Applied Sciences im interdisziplinären Masterstudiengang Inclusive Design M. Sc. (Nachfolge: Barrierefreie Systeme)
realisiert. Studierende, die krank sind oder aus anderen Gründen
nicht an die Hochschule kommen können, wählen sich in den Telepräsenzroboter BEAM ein und können damit auf gleicher Höhe
neben ihren Kommiliton*innen platziert an der Vorlesung oder
Seminarveranstaltung teilnehmen und sich auch in den Räum-
lichkeiten bewegen, um in Studierendengruppen zu arbeiten.

Für den schulischen Bereich gibt es in Deutschland den Telepräsenzroboter AV1, eine nicht mobile knapp 30 cm große Version eines
Telepräsenzroboters, der laut Internet-Seite des norwegischen

Start-ups No Isolation Kindern, die krankheitsbedingt nicht in die Schule gehen können, *Augen*, *Ohren* und *Stimme* im Unterricht verleihen kann. Dieses erfolgt mittels einer App auf einem Smartphone oder Tablet (https://www.noisolation.com/de/av1/ Zugriff: 09.08.2020). Gerade die Telepräsenzrobotik bietet vielfältige Potenziale für die Soziale Arbeit, die noch lange nicht ausgelotet sind. Interessant sind hier die neueren technologischen Entwicklungen, die Telepräsenzfunktionen z. B. in komplexere und autonome robotische Produkte einbinden und weitergehende Möglichkeiten für beispielsweise therapeutische Ansätze ermöglichen.

Humanoide, menschenähnliche Roboter: komplexe Assistenzrobotik

Zur komplexen Assistenzrobotik zählen auch humanoide Roboter (Klein et al. 2018, S. 100 f.). Während komplexe Assistenzroboter bislang überwiegend im Entwicklungsstatus sind und ihre Einsätze in Pilotprojekten erprobt werden, gibt es die (preisgünstigeren) Roboter NAO und PEPPER, beide von Softbank Robotics/Aldebaran, die als Plattformen für Schulen und Hochschulen sowie für Unternehmen angeboten werden. Der Einsatz in Schulen und Hochschulen dient dazu, erste Anwendungen in der Robotik zu konzipieren und zu programmieren und generell zu einer Sensibilisierung hinsichtlich dieser technologischen Entwicklungen beizutragen. Beiden Robotern ist gemein, dass für sie Anwendungen konzipiert und programmiert werden müssen. Ohne diese sind die Roboter unfähig etwas zu machen. Für die Altenhilfe wird die Anwendung ZORA vom belgischen Unternehmen Zora Bots mit einem NAO-Roboter angeboten. Diese dient zur Aktivierung der Bewohner*innen z. B. durch Turnübungen. Mittlerweile gibt es einige Unternehmen, die sich auf die Anwendungsentwicklung für die beiden Roboter spezialisiert haben wie auch mehrere Forschungs- und Entwicklungsprojekte.

Die Frankfurt University of Applied Sciences hat in dem für alle Bachelor-Studiengänge der Hochschule verpflichtenden, interdisziplinären Studium Generale ein Angebot zu Robotik im Sozial- und Gesundheitswesen durchgeführt (Prof. Dr. B. Klein, Soziale Arbeit (Koordination); Prof. Dr. P. Nauth, Robotik; Prof. Dr. A. Ruppert, Recht). Hier wurden von den Studierenden, begleitend zur Vorlesung, Projekte mit 8 bis 10-jährigen Kindern einer Kindertagesstätte durchgeführt und der Roboter NAO wurde eingesetzt. Der knapp 60 cm große Roboter hat zwei Arme und Beine, wiegt 5,5 kg und ist, wie auch das mit 1,20 Meter größere Geschwister PEPPER, mit Spracherkennung und -ausgabe, Gesichterkennung, Geräuscherkennung und –ortung ausgestattet. Zusammen mit den Kindern wurden von den Studierenden die Anforderungen für zu entwickelnde Einsatzszenarien erhoben und mit den Kindern umgesetzt. Besonders beliebt waren Quizduelle, sportliche Aktivitäten und die Entwicklung und Durchführung von Fantasiegeschichten mit dem Roboter.

Der seit 2016 in Europa erhältliche Roboter PEPPER verfügt darüber hinaus über Emotionswahrnehmung (Freude, Traurigkeit, Ärger oder Überraschung). Zusätzlich gibt es auf der Brust des Roboters ein Tablet, das eine zusätzliche visuelle Unterstützung für zusätzliche Anwendungen wie Spiele spielen gibt. An der Frankfurt UAS wurden im Rahmen von interdisziplinären Lehrforschungsprojekten Anwendungen für und mit Altenhilfeeinrichtungen entwickelt. Bei den Bewohner*innen beliebte Anwendungen waren Bingo, Quizduelle oder Musik und Tanz. Doch auch Anleitungen und Tagesstrukturierungen oder das Erproben von Hol- und Bringfunktionen wurden umgesetzt (Beispiel unter https://www.youtube.com/user/barrierefreieswohnen).

Die bisherigen Erfahrungen mit beiden Robotertypen zeigen, dass
sie für den professionellen Einsatz in der Sozialen Arbeit hard-
ware- und softwaretechnisch weiterentwickelt werden sollten.

3. Akzeptanz und Qualifizierung

Die Nutzung dieser Technologien kann nicht als gegeben angesehen werden. Die Corona-Krise bietet die Chance, dass die Digitalisierung der Sozialen Arbeit umfassender angegangen werden kann
und auch robotische Systeme mehr Akzeptanz erfahren könnten.
So bietet beispielsweise das Unternehmen RobShare den Verleih
des Roboters James an, mit dem man per Videotelefonie – also wie
bei einem Telepräsenzroboter – Kontakt zur Familie halten kann
(https://www.robshare.de/robcare Zugriff: 10.08.2020). Das oben
genannte Unternehmen ZoraBot gibt seinen Roboter James an
alle belgischen Pflegeeinrichtungen während der Corona-Krise ab.
Nicht bekannt ist, wie viele tatsächlich in den Pflegeeinrichtungen
eingesetzt werden, benötigt James doch – wie auch die anderen
Telepräsenzroboter - ein funktionsfähiges W-LAN.

   Der Nutzen der vorgestellten Systeme liegt darin, dass sie die
Kommunikation und Interaktion mit den Klient*innen in einer
Art und Weise unterstützen können, die zwar dem eigentlichen
Anliegen der Sozialen Arbeit – der persönlichen face-to-face Kommunikation – entgegen stehen, diese aber dennoch auf virtuelle
Weise ermöglichen. In einem Setting wie der Corona-Pandemie,
in dem es darum geht, den persönlichen Kontakt zu minimieren
oder gar im Falle einer Covid-19 Erkrankung soweit wie möglich
zu vermeiden, bieten diese robotischen Technologien einen *Ersatz*
in dem Sinne, dass die face-to-face Interaktion und Kommunikation mediatisiert durchgeführt werden kann. Mit einem Teleprä-

senzroboter ist man als Fachkraft vor Ort bei dem/r Klient*in. Zwar erfährt man sie nur virtuell und mittelbar. Doch die Alternative – kein Kontakt – oder Gesundheitsgefährdung – scheinen weniger akzeptabel zu sein. Das Für und Wider eines Einsatzes sollte im professionellen Diskurs reflektiert, und wenn möglich auch wissenschaftlich begleitet werden.

Eine zentrale Rolle bei der Akzeptanz robotischer Systeme spielt die Gebrauchstauglichkeit, also gemäß der DIN EN ISO 9241-11:2018-11 das

> „Ausmaß, in dem ein [...] Produkt [...] in einem bestimmten Nutzungskontext genutzt werden kann, um bestimmte Ziele effektiv, effizient und zufriedenstellend zu erreichen" (DIN EN IAO 9241-11:2018:9).

Zur Gebrauchstauglichkeit gehört unter anderem eine einfache, intuitive Bedienung der Technologie.

Die emotionalen Roboter wie PARO oder JustoCat sind für Klient*innen und Fachkräfte einfach zu bedienen. Hier geht es darum, den An- und Ausschalter zu bedienen, den Roboter zu laden und im Falle von Paro, das Fell zu desinfizieren, im Fall von JustCat das Fell abzuziehen und zu waschen. Diese Aufgaben können von Fach- und Hilfskräften übernommen werden. Allerdings spielen vor allem die Einstellung der Fachkräfte und die Einführung wie auch die Konzeption der therapeutischen oder aktivitätsorientierten Interventionen eine Rolle für den gelungenen Einsatz.

Telepräsenzroboter sind technologisch anspruchsvoller und bedürfen eines IT-Administrators, der sich um die Installation, die Anbindung an das W-LAN und Updates und damit verbundener möglicher Probleme kümmert. Die Anwender*innen wie Verwandte, Sozialarbeiter*innen, Ärzt*innen oder andere Fachkräfte, die die App bedienen, sollten in der Lage sein, ein Tablet oder

Smartphone und eine App bedienen zu können. Die Bedieneroberflächen der an der Frankfurt UAS erprobten Apps sind übersichtlich und einfach gestaltet sowie einfach zu bedienen. Von Seiten der Klient*innen muss die Bereitschaft vorhanden sein, sich virtuell auszutauschen. Sensorische Einschränkungen wie sehr schlechtes Hören und Sehen können die Nutzung erschweren.

Technisch sehr viel anspruchsvoller sind die humanoiden Roboterplattformen PEPPER und NAO. Für diese müssen die Anwendungen konzipiert und eigens programmiert werden. Sollen diese nicht nur allereinfachste Abläufe sein, müssen sie mit entsprechenden Programmiersprachen programmiert werden. Die Erfahrungen mit PEPPER und NAO an der Frankfurt University of Applied Sciences zeigen, dass Anwendungen oftmals nicht stabil laufen, sondern kontinuierlich wieder neu gestartet und an Updates angepasst werden müssen. Mittlerweile spezialisieren sich einige Firmen auf die Programmierung solcher Anwendungen. Ob dieses zu professionell einsetzbaren Anwendungen führt und auch die Hardware entsprechend mitmacht, muss sich zeigen. Es ist allerdings davon auszugehen, dass diese Systeme von Weiterentwicklungen abgelöst werden.

Information und Qualifizierung

Eine zentrale Rolle für die Verbreitung und Nutzung dieser Technologien spielen das Wissen über die Technik und die möglichen Anwendungsfelder. Hier müssen sich generell alle Berufsgruppen in den Sozial- und Gesundheitsdienstleistungen auf die technologischen Veränderungen und die damit verbundenen prozessbezogenen Veränderungen in der Dienstleistungserbringung einstellen.

Zentrale Fragen sind dabei, welche Qualifizierungsmaßnahmen

erforderlich sind und wie die betroffenen Menschen und ihre Angehörigen sowie die Gesundheitsprofession entsprechend informiert und qualifiziert werden können.

Frankfurt University of Applied Sciences hat das Themenfeld
der Assistiven Technologien schon sehr früh mit dem pädagogischen Ansatz einer Ausstellung aufgegriffen.

Die Ausstellung *Hallo Freiheit! Gemeinsam über Barrieren* ist
eine Dauerausstellung der Frankfurt University of Applied Sciences in Frankfurt am Main in Kooperation mit der Frankfurter
Stiftung für Gehörlose und Schwerhörige und dem Sozialverband
VdK Hessen-Thüringen, die zu den Themen Assistive Technologien, Barrierefreiheit, Inklusion und Teilhabe informiert. Gleichzeitig gibt sie Einblicke in die Welt der Gehörlosen und Schwer-
hörigen. Um mit den technologischen Entwicklungen Schritt zu
halten, werden Anwendungsszenarien für eine gute Versorgung
bei Funktionsverlusten entwickelt und exemplarisch in der Ausstellung und dem zur Hochschule gehörigen Innovation Lab 5.0
dargestellt. Das bietet allen Besucher*innen die Möglichkeit, die
jeweiligen Assistiven Technologien, Hilfsmittel oder Roboter zu
sehen, zu fühlen und auszuprobieren, um somit ein besseres Verständnis der Funktionalitäten und möglicher Unterstützungspo-
tenziale zu erhalten. Dialogorientierte Führungen ermöglichen
sowohl den betroffenen Menschen und ihren Angehörigen als
auch den Fachkräften einen intensiven Austausch. Mit einem sogenannten Alterssimulationsanzug können verschiedene Funktionsverluste simuliert und selbst erfahren werden, sodass damit
eine erste Sensibilisierung zu den verschiedenen Funktionsverlusten ermöglicht wird. Die Erkenntnisse führen zu einem besseren
Verständnis altersbezogener Prozesse und einem daraus resultie-
renden veränderten Verhalten.

Die Ergebnisse fließen dabei in die Weiterentwicklung der Ausstellung ein. Für diese Transferarbeit erhielt die vorangegangene Ausstellung *Barrierefreies Wohnen und Leben*, die von mehr als 2.000 Besucherinnen und Besuchern im Jahr besucht wurde, 2013 eine Anerkennung im Rahmen des Hessischen Staatspreises für Universelles Design. Der dazugehörige YouTube-Kanal (www.youtube.com/barrierefreieswohnen) präsentiert ergänzend in kurzen Videoclips Hintergrundinformationen zu den verschiedenen Produkten und Konzepten.

An der Frankfurt University of Applied Sciences gibt es den interdisziplinären Masterstudiengang Inclusive Design (vorher: Barrierefreie Systeme), der alles Wissenswerte zu Assistiven Technologien und barrierefreien Systemen vermittelt, damit Menschen unabhängig von Alter und möglichen funktionalen Einschränkungen selbstbestimmt und selbstständig leben können. Der interdisziplinäre Masterstudiengang kombiniert die drei Profile Architektur, Informatik und Ingenieurwissenschaften sowie Soziale Arbeit und Gesundheit durch gemeinsam durchgeführte Projekte und erweitert das fachspezifische Wissen um interdisziplinäre Methoden und Inhalte.

Im Rahmen des EU-Programms Erasmus+ Strategic Partnership wurden im Projekt Care V.E.T. (2016-1-EL01-KA202-023612) Qualifizierungsmaßnahmen zu Sensorik für Beschäftigte im Sozialwesen in Einrichtungen der Behindertenhilfe entwickelt (http://www.carevet.eu; 2016-2018). Das Nachfolgeprojekt DDSkills (Cutting-Edge Digital Skills for professional care givers of Persons with Disabilities and mental health Problems; 612655-EPP-1-2019-1-EL-EPPKA2-SSA; 2020-2022) plant Qualifizierungsmaßnahmen für digitale Fähigkeiten in Form eines Massive Open Online-Course für diese Themenfelder zu entwickeln (www.ddskilss.eu) und somit europaweit für diese Themen zu sensibilisieren und zu qualifizieren.

4. Ethische Fragen des Einsatzes von Robotik bei vulnerablen Gruppen

Der Deutsche Ethikrat hat eine Stellungnahme zu Robotern in der Pflege abgegeben und eine

> „ethische Beurteilung von Robotertechniken in der Pflege älterer Personen sowie jüngerer Menschen, die dauerhaft mit einer schweren Behinderung leben" (Deutscher Ethikrat 2020, S. 9)

durchgeführt. Drei Einsichten sind aus der Perspektive des Deutschen Ethikrates bedeutsam:

1. Das Zusammenspiel von Mensch und Maschine bedarf einer umfassenden Betrachtung, die die Bedürfnisse und Gefährdungen aller relevanten Akteursgruppen reflektiert und die technologische Entwicklung schon von Anfang an kritisch begleitet.
2. Verantwortungsformen und Verantwortungsebenen sind zu entscheiden. Gefordert wird, dass transparente Verantwortungsstrukturen etabliert und die tatsächliche Verantwortungsübernahme auch wirksam kontrollierbar gemacht wird. Bei den hier betrachteten Robotern wäre ein modulares Konzept denkbar, dass sich an den Risiken des Einsatzes orientiert und in die Anwendungsprozesse integriert werden sollte.
3. Robotertechnik soll grundsätzlich ein komplementäres und nicht substitutives Element der Pflege darstellen, die in ein personales Beziehungsgeschehen eingebettet sein muss. (Deutscher Ethikrat 2020, S. 12 f.).

Diese und weitere Überlegungen münden in fünf detaillierte Empfehlungen, die die Entwicklung und Implementierung von Robotik, die Integration von Robotik in ein umfassendes Verständnis
von guter Pflege, der Förderung der Partizipation von Pflegebedürftigen, der Verantwortung von Pflegeeinrichtungen und der
Ausbildung von Pflegekräften fließen (Deutscher Ethikrat 2020,
S. 49 ff.). Prinzipiell sind diese Empfehlungen auch für Roboter in
der Sozialen Arbeit übertragbar. Bemerkenswert ist, dass sowohl
die EU als auch das Bundesministerium für Bildung und Forschung in der Forschungsförderung schon seit vielen Jahren die
ELSI-Aspekte bei der Entwicklung innovativer Technologien berücksichtigen. Mit ELSI sind dabei die ethischen, rechtlichen und
sozialen Implikationen gemeint. Häufig wird hier ein angepasstes
Modell zur ethischen Evaluierung sozio-technischer Arragements
(MEESTAR) (vgl. Manzeschke et al. 2013; Klein & Schlömer 2018)
verwendet, das es ermöglicht, die für die Technologie und Klient*innengruppe relevanten ethischen Faktoren zu identifizieren.

Die in diesem Beitrag vorgestellten Produkte sind dabei – wie
viele andere robotische Systeme auch – nicht alle von der EU oder
dem BMBF gefördert worden, so dass eine umfassende Implementierung dieser Forderung nicht gewährleistet werden kann. Viele
der käuflich erwerbbaren robotischen Systeme wurden in Asien
oder den USA entwickelt (Ausnahme: der Telepräsenzroboter
GIRAFF EU-Förderung). Die Integration der Robotik in ein umfassendes Verständnis guter Pflege bzw. guter Sozialer Arbeit tan-
giert dabei die Leitbilder von Individualität, Autonomie, Teilhabe
und Lebensqualität der Klient*innen sowie das zwischenmenschliche Interaktionsgeschehen, aber auch die zu schaffenden Finan-
zierungsstrukturen, die nicht zu einer Rationalisierung führen
sollen.

Mit der Förderung der Partizipation der betroffenen Menschen ist damit auch die Entscheidung der betroffenen Menschen bezüglich ihrer persönlichen Präferenzen zu einer Nutzung robotischer Systeme gemeint und den ggf. entstehenden neuen Möglichkeiten für die Realisierung „individueller Werte und Ansprüche" (Deutscher Ethikrat 2020, S. 51). Auch die aufgeführte Verantwortung von Pflegeeinrichtungen lässt sich auf Träger von sozialen Einrichtungen übertragen. Gefordert wird die Aus-, Fort- und Weiterbildung von Pflegekräften – auch hier ist das Thema „Neue Technologien in der Sozialen Arbeit" „unter Einschluss der ethischen Implikationen" (Deutscher Ethikrat 2020, S. 52) in der Ausbildung relevant. In der Fort- und Weiterbildung spielen neben entsprechenden Qualifizierungsmaßnahmen auch die Reflexion der Potenziale und die Aneignung der „nötigen Kompetenzen zur Nutzung der für ihr Arbeitsfeld einschlägigen robotischen Systeme" (Deutscher Ethikrat 2020, S. 53) eine wichtige Rolle.

Literatur

BREAZEAL, Cynthia (2003) „Toward sociable robots", Robotics and Aut
nomous Systems 42, S. 167-175

DEUTSCHER ETHIKRAT (Hrsg.) (2020), Robotik für gute Pflege, Berlin.

DIN EN ISO 13482:2014 (2014), Roboter und Robotikgeräte – Sicherheitsan-
forderungen für persönliche Assistenzroboter, Berlin.

DIN EN ISO 9241-11 (2018) Ergonomie der Mensch-System-Interaktion –
Teil 11: Gebrauchstauglichkeit: Begriffe und Konzepte, Berlin.

GKV-SPITZENVERBAND (2019), 2. Bericht des GKV-Spitzenverbandes zur
Fortschreibung des Hilfsmittelverzeichnisses, Berlin.

KLEIN, Barbara (2011) Anwendungsfelder der emotionalen Robotik – Erste
Ergebnisse aus Lehrforschungsprojekten an der Fachhochschule Frankfurt am Main. In: JDZB (Hg.): Mensch-Roboter-Interaktion aus interkul-
tureller Perspektive. Japan und Deutschland im Vergleich. Veröffentlichungen des Japanisch-Deutschen Zentrums Berlin, Band 62, Berlin 2011,
S. 147-162. http://www.jdzb.de/images/stories/newsletter//tagungsbaen-
de/D62/12%20p1338%20klein-2.pdf.

KLEIN, Barbara; COOK, Glenda (2012) "Emotional Robotics in Elder Care –
A Comparison of Findings in the UK and Germany". S.S.Ge et al (Eds.):
ICSR 2012, INAI 7621, Berlin, Heidelberg, S. 108 – 117.

KLEIN, Barbara; GAEDT, Lone; COOK, Glenda (2013) "Emotional Robots.
Principals and Experiences with Paro in Denmark, Germany, and the
UK", GeroPsych, 26 (2), S. 89-99. doi: 10.1024/1662-9467/a000085

KLEIN, Barbara; GRAF, Birgit; SCHLÖMER, Inga Franziska; ROSSBERG,
Holger; RÖHRICHT, Karin; BAUMGARTEN, Simon (2018) Robotik in
der Gesundheitswirtschaft. Einsatzfelder und Potenziale. Hrsg.: Stiftung
Münch, Heidelberg.

KLEIN, Barbara; KASPAR, Thomas; ZÖLLER, Kordula (2014) Intervention
with an Emotional Robot on Patients with Unresponsive Wakeful Syndro-
me. Poster. Universal Village 2014, MIT, Boston, 16th-17th of June 2014.

KLEIN, Barbara; SCHLÖMER, Inga (2018) "A robotic shower system.
Acceptance and ethical issues", Z Gerontol Geriat. 51, S. 25 – 31 https://doi.
org/10.1007/s00391-017-1345-9 (open access).

KNOPF, Monika; OSWALD, Frank; PANTEL, Johannes; KLEIN, Barbara
(2015) Schlussbericht zum Teilvorhaben „IKT 2020 – Forschung für Innovationen". Verbundprojekt: „Chronische Krankheit, Funktionserhalt
und Funktionsverluste im Alter – Soziale und emotionale Ansprache
durch Technik – (ERimAlter). Teilvorhaben: Methodenentwicklung und
Evaluation zur Untersuchung emotionaler Ansprache durch Technik.

(Förderkennzeichen: 16SV6185/16SV6184K) https://doi.org/10.2314/GBV:851021107.

KOLLING, T.; HABERSTROH, J.; KASPAR, R.; PANTEL, J.; OSWALD, F. & KNOPF, M. (2013). Evidence and Deployment-Based Research into Care for the Elderly Using Emotional Robots. Psychological, Methodological and Cross-Cultural Facets, GeroPsych, 26 (2), S. 83 – 88

KUBICEK, Herbert (2020), „Digitale teilhabe älterer Menschen durch qualifizierende und stellvertretende Assistenz", Blätter der Wohlfahrtspflege, 2020, Ausgabe 1, S. 29 – 35.

LIBIN, Alexander; LIBIN Elena (2004), „Person-Robot-interactions from the Robopsychologist Point of View: The Robotic Psychology and Robotic Therapy Approach", Proceedings of the IEEE. 92/11, S. 1789 – 1803.

MANZESCHKE, Arne; WEBER, Karsten; ROTHER, Elisabeth; FANGERAU, Heiner (2013) Ethische Fragen im Bereich Altersgerechter Assistenzsysteme, Ludwigsfelde.

MOYLE, Wendy; JONES, Cindy; COOKE, Marie; O´DWYER, Siobhan; SUNG, Billy; DRUMMOND, Suzie (2014) "Connecting the person with dementia and family: a feasibility study of a telepresence robot" BMC Geriatrics, 14:7, DOI: 10.1186/1471-2318-14-7.

REGIERUNGSPRÄSIDIUM GIESSEN (2020), Hessische Betreuungs- und Pflegeaufsicht. Kriterien für Prüfungen nach § 14 Hessisches Gesetz über Betreuungs- und Pflegeleistungen, Gießen.

SCHIFFHAUER, Birte (2020) „Assistive Technologien in der Sozialen Arbeit". In: KUTSCHER, Nadia et al., Handbuch Soziale Arbeit und Digitalisierung, 1. Aufl., Weinheim, S. 265 – 275.

SCHLOERB, David W. (1995) "A quantitative measure of telepresence", Presence Teleoperators & Virtual Environments 4(1), S. 64 – 80.

STATISTISCHES BUNDESAMT (2001), Kurzbericht: Pflegestatistik 1999. Pflege im Rahmen der Pflegeversicherung. Deutschlandergebnisse, Bonn.

STATISTISCHES BUNDESAMT (2018), Pflegestatistik 2017. Pflege im Rahmen der Pflegeversicherung. Deutschlandergebnisse, Wiesbaden.

TNS INFRATEST SOZIALFORSCHUNG (2017, Studie zur Wirkung des Pflege-Neuausrichtungs-Gesetzes (PNG) und des ersten Pflegestärkungsgesetzes (PSG I), Abschlussbericht, München.

WHO (2011), World Report on Disability, Malta.

Des Menschen Maß in der Gesellschaft 4.0

Die Welt im Wandel menschlicher Entgrenzungen

Jürgen Rausch

Der Klimawandel, der Verlust an biologischer Vielfalt, Überfischung, Landnahme, Bodenerosion oder Wasserknappheit zeigen in vielen Regionen bereits ökologische Grenzüberschreitungen (Planetare Grenzen, Rockström 2009). Teilweise irreversible Umkippeffekte können gravierende Folgen für die Umwelt, aber auch für Wirtschaft und Menschen haben. Bereits 1972 wies Dennis Meadows in *Die Grenzen des Wachstums* darauf hin, dass es nicht gut gehen kann, wenn die Bevölkerungszahl und die Wirtschaft immer weiterwachsen. Rockström et al. entwarfen die neun planetaren Grenzen, die nicht überschritten werden sollten, um das Wohlergehen der Menschen sicherzustellen. Vier der neun Grenzen sind nach Angaben des Potsdam-Instituts für Klimafolgenforschung bereits überschritten. Vor diesem Hintergrund ist die seit mehr als 30 Jahren geführte Diskussion zur gesellschaftlichen Transformation zu sehen. Dahinter steht der Anspruch,

eine Wende hin zu einer nachhaltigeren Gesellschaft zu bewirken. Zentrale Themen sind dabei Energie, Ernährung, Mobilität.
Es braucht eine Neubestimmung und Neujustierung zu Fragen
der Ökonomie, einer dekarbonisierten Wirtschaft und zum Umbau unserer Gesellschaft mit dem Ziel, die sozialen und ökologischen Herausforderungen des 21. Jahrhunderts so bewältigen zu
können, dass nachfolgende Generationen eine gerechte Chance
auf ein nachhaltiges Leben bekommen. Vor diesem Hintergrund
ist der folgende Beitrag in den Kontext von Innovation der Sozialen Arbeit zu stellen. Soziale Arbeit unter den Wirkmechanismen
einer gesellschaftlichen Transformation muss sich den Denkmo-
dellen eines digitalen Humanismus oder des Transhumanismus
stellen und Antworten darauf geben. Soziale Arbeit muss aber
auch einen Reflexionsprozess initiieren, um ein geklärtes Menschenbild in ihr Professionsverständnis aufzunehmen. Dieser
Klärung bedarf es, um Sprach- und Handlungsfähigkeit, Ethos
und Ethik professioneller Sozialer Arbeit in diese Transformation
einbringen zu können. Zentral und für viele gerade in den aktuellen Zeiten um Corona besonders spürbar, ist die digitale Transformation. Sie kann als Voraussetzung dafür angesehen werden,
die große Transformation erfolgreich gestalten zu können. Es
ist möglicherweise eine der drei großen disruptiven technologischen Innovationen wie Julian Nida-Rümelin und Nathalie Weidenfeld es beschreiben (Nida-Rümelin, Weidenfeld 2018, S. 15):

> „von der Jäger-Sammler-Kultur zur Agrarkultur zum Maschinenzeit-
> alter und jetzt zur digitalen Revolution mit der Nutzung künstlicher
> Intelligenz".

Die fast schon ubiquitäre Neuvermessung des Menschen verliert
scheinbar Ziel und Maß, Selbstoptimierungshype, Bildungshys-

terie, Reproduktionsutopien bis hin zur emotionalen Verschmelzung mit humanoidem Ersatzwesen, sind die Auswüchse einer
technologiegläubigen Wissensgesellschaft. Mit der Anhäufung
von Daten und ihrer Auswertung in algorithmischen Prozessen
sollen menschliche Maße neu definiert werden: die Alterung ver-
langsamt, ja sogar gestoppt werden, physische und intellektuelle
Leistungsfähigkeit optimiert werden ohne eine Zielbestimmung
vorgenommen zu haben.

Als Erguss dieser Entwicklung wird der Mensch als vermeintlich defizitäres und mit Mängeln behaftetes System angesehen,
das einer Re-Konstruktion bedarf. Dabei geht es um mehr als nur
die Anpassung an veränderte Lebensbedingungen, um den Ersatz
von menschlichen Organen. Es geht um eine grundlegende, alles
Bisherige in Frage stellende Transformation von Körper und Geist.
Gerade der medizinische Bereich bietet Entwicklungen an, die
transhumanistische Gesellschaftsmodelle in einem ersten Blick
plausibel erscheinen lassen. Transhumanisten streben die Aufhebung der Singularität des Menschen zugunsten von Cyborgs als
nächste Evolutionsstufe der Menschheit an.

Transhumanismus versus christliches Menschenbild

Die Dialektik zwischen Humanismus und Transhumanismus
nährt sich aus den technologisch innovativen Gesellschaftsbe-
reichen wie Medizin, Mobilität und Wissenschaft. Gerade in diesen Bereichen hat sich der neue Bereich der *Human Enhancement*
(Verbesserung des Menschen) etabliert. Und der Transhumanismus steuert auf eine Vermengung menschlicher und künstlicher
Intelligenz zu (Artificial Intelligence). Insbesondere die Medizintechnik öffnet hier gesellschaftliche Türen zu immer mehr Ak-

zeptanz gegenüber transhumanistischen Veränderungen mit ge-
sellschaftsverändernder Wirkung. Scheint es in der Medizin noch
plausibel, wenn Implantate als flexibles Netz minimalinvasiv ins
Gehirn gespritzt werden um durch Parkinson oder Schlaganfälle
verursachte Gehirnschäden zu therapieren oder mittels 3D-Druck
Organe oder Gliedmaßen herstellen und Blinde wieder zu Sehen-
den werden, gibt es auch die andere Seite. Dass anerkannte Vertreter der Wissenschaft wie Hug de Garis oder der verstorbene
Stephen Hawking davor warnen, dass die uneingeschränkte Weiterentwicklung künstlicher Intelligenz das Ende der Menschheit
bedeuten könnte, ist die dunkle Seite der Entwicklung. Mit der
2008 gegründeten Singularity University in der Nähe von Moun-
tain View und in Nachbarschaft zu NASA und Google prophezeit
das Erwachen der Technik mit einem eigenen Selbstbewusstsein
und einer individualisierbaren Identität (singularity). Bereits 2016
propagierte Sebastian Thrun, Topmanager bei Google, den neuen
digitalen Übermenschen, denn

> „durch künstliche Intelligenz wird es uns möglich sein, noch stärker
> als bisher über die natürlichen biologischen Grenzen unserer Sinne
> und Fähigkeiten hinaus zu gehen. Wir werden uns an alles erinnern,
> jeden kennen, wir werden Dinge erschaffen können, die uns jetzt noch
> völlig unmöglich oder gar undenkbar erscheinen" (in Precht 2018, S. 80)

Jürgen Schmidhuber sagt der technologischen Evolution eine
deutlich schnellere Entwicklung voraus als der menschlichen. Die
digitale Reproduktion von Menschen birgt ins sich eine für das
christliche Weltbild fundamental existenzielle Frage nach der
Vereinbarkeit einer transhumanen Gesellschaft mit christlichen
Überzeugung, dass der Mensch zum Bilde Gottes geschaffen sind
und nicht zum Bilde eines anderen Menschen. Die Theologie ist

apologetisch-fundamentaler Weise aufgefordert das Essenzielle der christlichen Anthropologie neu zu benennen.

> „Wenn ich sehe die Himmel, deiner Finger Werk, den Mond und die Sterne, die du bereitet hast: was ist der Mensch, dass du seiner gedenkst, und des Menschen Kind, dass du dich seiner annimmst? Du hast ihn wenig niedriger gemacht als Gott, mit Ehre und Herrlichkeit hast du ihn gekrönt." (Psalm 8.4 – 6)

Das Gebet aus dem Psalter des Alten Testaments nennt pragmatisch und unverrückbar, was der Mensch ist. Und doch ist damit nicht die Dramaturgie eröffnet, die diesem Psalm folgen muss.

Luthers Wort-Anthropologie folgt diesem Psalm indem er festhält, dass sich der Mensch nicht aus sich selbst heraus erklärt. Was er ist, muss von Gott her erklärt sein, so wie seine Beziehung zu Gott nicht in seinem Sein gründet, sondern sein Sein in der Beziehung Gottes zu ihm ihren Ursprung findet und die Imago Die lässt sich erst im Glauben an das Wort Gottes erschließen. Ohne den Glauben diente die Überhöhung des Menschen inmitten der Schöpfung einzig der Selbstbehauptung. Er ist Bewahrer der Schöpfung (Gen. 2,15) und mit Dorothee Sölle Mitschöpfer – der Mensch als *concreator*. In der Nachfolge Jesus Christus, ist der Mensch Barth folgend, in doppelter Weise durch die Prädestination beschenkt. Er ist frei von Ängsten und Zweifeln hinsichtlich des eigenen Erwähltseins und mit Blick auf die Gemeinde, entzieht dieses prädestinarische Consilium jedem Versuch der Exklusivität oder des Ausschlusses des Anderen die Wirkkraft.

Mit Luther mutiert das christliche Menschenbild und konterkariert die bislang vermittelten Vorstellungen darüber. Ausgehend von einer dogmatischen Vorstellung, die Imago Dei sei korrumpiert und der Mensch müsse in der Hoffnung auf einen gnädigen

Gott, eine Wiedergutmachung leisten, leitet Luther eine Kehrtwende ein. Luther vertritt einen radikalen Standpunkt: der Mensch hat seine Gottebenbildlichkeit verloren und ist somit ein Sünder (peccator), jedoch kann er sich im Vertrauen auf die Gnade Gottes (sola gratia) und seinen Glauben (sola fide) darauf verlassen, dass Gott ihm seine Gerechtigkeit zuspricht und ihm Christus willen gerecht macht (justus) (Röm 1, 17 ff.). Es ist allein Gottes Gnade (sola gratia), offenbart im Wort Gottes in der Hl. Schrift (sola scriptura), die den Menschen, der nach wie vor ein sündiges Wesen bleibt (simul justus et peccator), rechtfertigt. Der Mensch ist jedoch frei vom Zwang, sein Heil selbst verdienen zu müssen und, obwohl durch die Erbsünde belastet, erfährt er durch die Taufe seine Rechtfertigung. Härle sieht im Rechtfertigungsglauben als ein Erbe der Reformation eine Befreiung des Menschen vom Zwang zur Selbstinszenierung und einer egozentrischen Lebensgestaltung und findet darin jene Offenheit für andere und anderes begründet, die dazu befähigt und ermutigt, mit dem Scheitern und mit der Erfahrung eigener und fremder Grenzen und Krisen umgehen zu können (vgl. Härle 2004, S. 77). Die Rechtfertigung ist ausschließlich in der Gnade Gottes begründet und durch den bedingungslosen Zuspruch der Gnade Gottes, nimmt

> „die Sorge um sich selbst in einer Weise ab, die freimacht für die Zuwendung zum Leben, zum Mitmenschen und Mitgeschöpf, zur kulturellen Gestaltung und zur Freude am Dasein" (Härle 2004, S. 78)

Der Mensch als ein kreatürliches Wesen, dessen Einzigartigkeit durch die Imago Dei a priori zum Ausdruck kommt, ist mit Karl Barth *im Bilde* und *nach dem Bilde geschaffen* und die Imago Dei in einer *analogia relationalis* gegeben. Infolge dessen spiegelt sich die innertrinitarische Bezogenheit Gottes in der Bezogenheit des

Schöpfers zum Geschöpf wider und Barth folgend, ist mit der Auffassung der Imago Dei als *analogia relationalis* auf ihre Unverfügbarkeit für den Menschen hingewiesen. Daraus lässt sich schlussfolgern, dass die Würde des Menschen unveräußerlich unverfügbar ist, weil die Gottebenbildlichkeit nicht vom Menschen zu trennen ist, er sie nicht erwerben oder bestätigen kann, sondern in sich trägt und sie jeglichem Zugriff durch andere entzogen ist (vgl. Härle 2004, S. 74). Gerade im Kontext von Digitalisierung und vor dem Hintergrund transhumanistischer Fortschreibungen in unserer Gesellschaft, ist dem Aspekt der Würde eine besondere Aufmerksamkeit zuzuschreiben. Entgegen den vergegenwärtigten Diskussionslinien zur Menschwürde, soll auf Martin Bubers Revision der Menschenwürde rekurriert werden. Wobei Buber die metaphysische Idee der Menschenwürde, wie in Genesis 1,26 begründet scheint, also die Bezugnahme auf die Mitgifttheorie – die naturrechtlich oder metaphysisch gründenden Theorien zur Gottebenbildlichkeit neu akzentuiert. Nicht in einem mimetischen Sinne – Ebenbildlichkeit als Signatur Gottes, sondern im Sinne eines Tätigwerdens hin zu einer Angleichung, wobei Buber auf Kants Imperativ rekurriert, und die alleinige Begründung dessen, was den Mensch zu Mensch macht, nicht allein auf seinen Selbstzweck hin begründet (wonach der Mensch den Menschen als vernünftiges Wesen anerkennt und als Zweck an sich selbst behandelt). Antje Kapust spricht hier von einer Verschiebung der kantischen Idee der Menschenwürde (vgl. Kapust 2013, S. 278). Betont die kantische Selbstzweckformel die Maxime, dass die Person als Selbstzweck (Wert in sich) behandelt werden solle (vgl. Kapust 2013, S. 280), so elementarisiert Buber Kants Imperativ. Wenn Kants Kategorischer Imperativ fordert:

„Handle so, dass du die Menschheit sowohl in deiner Person, als in der

Person eines jeden andern jederzeit zugleich als Zweck, niemals bloß
als Mittel brauchst",

dann ignoriert Kant den einzelnen Menschen und verallgemei-
nert auf die Menschheit. Konsequent ist deshalb, dass Würde der
Menschheit als Ganzes zukommt und nicht dem Individuum. Weiter gedacht hat nicht der einzelne Mensch Würde, er partizipiert
lediglich. Bubers Denken folgend, leitet sich der Begriff Menschenwürde vom kantischen homo noumenon weg hin zum einzelnen
Menschen in seiner konkreten Lebenswelt, also in seiner jeweiligen Individualität. Darin gründen zwei grundsätzliche Gedanken
zur Menschenwürde bei Buber: der Gleichheitsgedanke – jeder
besitzt Würde – und der Individualitätsgedanke: Es gebietet sich,
jedem Individuum in seiner Besonderheit (Einzigartigkeit), in seinem individuellen Personsein und in seiner individuellen Lebens-
lage seine eigene Würde zuzusprechen. Geht Kant von einem Ide-
alzustand des Menschseins aus – allgemeinmenschliche Vernunft
und die Gleichheit der Menschen. Dieser Gedanke steht dem im
Grundgesetz Artikel 1 insofern entgegen, als rechtsphilosophische
Auslegungen noch heute auf Kants Imperativ rekurrieren. Bubers
Dialogphilosophie entzieht das ICH der kollektiven Anonymität
und zugleich unterstreicht er damit die Schutzwürdigkeit der Individualität und leitet damit über zu dem, was heute als Abwehr-
rechte er Menschwürde diskutiert wird. Jedes Individuum muss
vor dem totalitären Zugriff geschützt werden, wobei Buber die
verschiedenen Formen des Totalitären (vgl. das totalitäre System
bei Hannah Arendt oder die bürokratische Gesellschaft bei Max
Weber) mit dem Verdacht belegt, eine Entmenschlichung voran-
zutreiben. Die namenlose, gesichtslose Menge, der jegliches Ant-
litz fehlt, bleibt beim *man* (vgl. das anonyme Man bei Heidegger).
Mit Emmanuel Levinas ist dem Totalitären eigen, dass es dem Sei-

enden eine unverrückbare Rolle zuzuweisen sucht, ähnlich einer Ontologie des Krieges (vgl. Levinas 1987, S. 20–21), und das Unverfügbare und Unantastbare (seiner Würde) zu zerstören sucht.

Insofern sind alle Versuche wie etwa die flächendeckende digitale Überwachung öffentlicher Räume und Plätze, der Einsatz von Gesichtserkennungssoftware oder das ungebremste Streben algorithmischer Optimierungsversuche menschlichen Seins auf deren ethische Verantwortbarkeit zu diskutieren. Ähnlich wie Hans Jonas in *Das Prinzip Verantwortung* (1979) das diskutiert. Sein Leitgedanke besagte, dass jeder Mensch eine genuine Schutz-Würdigkeit hinsichtlich seiner Individualität besitzt; diese Individualität sei von Natur oder vom Schicksal oder vom Zufall. Insbesondere vor dem Hintergrund transhumanistischer Entwicklungstendenzen in Politik und Gesellschaft ist Jonas folgend, das Schutzrecht der naturhaft vorgegebenen Individualität stets zu berücksichtigen. Sein ethischer Imperativ *Achte das Recht jedes Menschenlebens, seinen eigenen Weg zu finden und eine Überraschung für sich selbst zu sein* stellt die Individualität unter den Schutz der Menschenwürde. Mit diesem Postulat greift Jonas auf die jüdische Tradition bei Leo Baeck oder eben Martin Buber zurück.

Die Würde des Menschen, die zugleich das Maß dessen zeichnet, was den Menschen ausmacht, ist nur dann angemessen bedacht, wenn jedem einzelnen Menschen in gleicher Weise und bedingungslos den moralischen Anspruch zugesteht, ihn in seiner Individualität anzuerkennen und ihm gegenüber jenes Verhalten zeige, das diese individuelle Würde achtet. Menschenwürde wird zum Recht in zweifacher Weise – jeder hat ein Anrecht und ein Schutzrecht darauf.

Der Menschen als Objekt digitaler Agitation

In dieser Sicht auf den Menschen ist an dieser Stelle eine kritische Reflexion darüber angemessen, wie weit sich der Mensch gegenüber seinem Schöpfer entgrenzen kann, ohne die Unverfügbarkeit des Göttlichen und damit jene transzendenten Dimensionen der Bezugnahme jeglicher lebensdienlicher Sinndeutung auf ein weltliches Maß zu reduzieren. Damit blieben die Fragen nach dem Sein und die nach dem Ich einerseits unbeantwortet und im Sinne Feuerbachs oder Bubers bliebe die Ich-Du Beziehung bedeutungslos. „Da der Mensch nach Buber auf die Verbundenheit hin angelegt ist, findet er auch nur in dieser seine Erfüllung." (Vierheilig 2014, S. 25). Das ICH erfährt sein Gegenüber in seiner Wesensform und ganzen Existenz. Gründe für eine ICH-DU Beziehung sind Liebe, bzw. Zuneigung oder Anerkennung. Und mit Bubers dialogischem Prinzip, in dem das Vertrauensverhältnis des Menschen zu Gott seine Begründung findet und durch Jesus dem Transzendenten entrückt und personalisiert wurde, entfaltet der Mensch seine Entsprechung zu Gott. Das christliche Menschenbild kommt unter der digitalen Entwicklung unter Druck. Das, was Buber mit ICH und DU als dialogische Prinzip darstellt, im Sinne der katholischen Soziallehre das ICH und WIR beschreibt, ist die Person als Ziel und Ergebnis einer Zugewandtheit des Menschen zu seinem Gegenüber. Zunächst drängen sich zwei Fragen für die weiteren Überlegungen auf: a) Welches Menschenbild will die digitale Gesellschaft in der Perspektive des Staates? b) Welches Verständnis von Bildung ist einer Diskussion zur gesellschaftlichen Transformation zu Grunde zulegen? Beide Antworten sind, so die Annahme, grundlegend, sowohl für die Bewertung eines transhumanistischen Gesellschaftsbildes als auch für die Beantwortung der Frage wie viel von dem was den Menschen in einem christlichen

Verständnis ausmacht in einem solchen Modell wiederfinden lässt. Dabei kommt dem Bildungsverständnis eine Schlüsselrolle zu, da Bildung der Schlüssel zur Welterschließung als auch für die Selbstkonzeption und Persönlichkeitsbildung grundlegend ist.

Welches Menschenbild sich in einer Gesellschaft als Ergebnis einer großen Transformation politisch legitimiert durchsetzen wird, ist nicht zuletzt davon abhängig, welche Voraussetzung der Souverän selbst seinen parlamentarischen Repräsentanten und Repräsentantinnen zugesteht. Die Rolle des Staates in einer großen (digitalen) Transformation hin zu einem Gesellschaftsmodell des Transhumanismus, ist deshalb nicht eindeutig und lässt sich auch nicht vom politischen Tagesgeschehen ableiten. Zweifelsfrei ist jedoch, dass insbesondere demokratische Gesellschaftsformen zunehmend in Frage gestellt werden. Geht es nach den Entwicklern in Silicon Valley, dann ist Staat überflüssig. Die regulierende Kraft des Staates kommt bereits dort an Grenzen, wo kartellrechtliche Bedenken etwa durch die EU-Kommission gegenüber Google vorgebracht werden oder der Datenschutz bei Facebook in den Blick genommen wird. Die gigantischen Datensammler Google, Facebook, Apple, Amazon mutieren zu veritablen Mächten mit Okkupationsansprüchen gegenüber der globalisierten Welt. Es sind insbesondere wirtschaftliche und weniger sozialpolitische Interessen, die einen permanenten *Fortschrittsglauben* in den politischen Entscheidungsgremien aufrechterhalten wollen. Öffentlichen Diskussionen zur Qualität des Bildungswesens im internationalen Vergleich, Wohlstanddiskussionen, die ausschließlich auf digital-technologischem Fortschritt gründen und Heilsversprechen, die ein besseres Leben mit Hilfe künstlicher Intelligenz Wirklichkeit werden sollen, wirken vermeintlich wie der Silberstreifen am Horizont – willkommen schöne neue Welt. Unbeantwortet bleibt trotz der verlockenden Bilder, wem es wirklich nützt und wer Zutritt zu dieser schönen neuen Welt (vgl. Aldous Huxley) erhalten wird. Noch, macht es vielleicht den Anschein, steht Mensch dem Menschen im Wege und doch läuft er Gefahr auf das Maß berechenbarer Objekte zu Gunsten utilitaristisch-merkantilistischer Strategien einiger weniger reduziert zu werden. Jüngstes Beispiel ist der Lockdown während der Corona-Krise. Wenn also wie geschehen aus dem Bundestag die Forderung kommt, dass anlässlich der zu erwartenden Folgen des Lockdowns für die Wirtschaft der Schutz des Lebens nicht über alles zu stellen sei, ist das Schutzrecht der Menschwürde, die Unverfügbar dieses Recht als Menschenrecht opportunistisch im Sinne wirtschaftlicher Prosperität, in Frage gestellt. Und der Würde wäre damit ein Preis, ein Wert zugeschrieben, der einem Abwägungsprozess z.B. zu Gunsten wirtschaftlicher Prosperität ausgesetzt werden würde. Das widerspräche der Vorstellung wonach des Menschen Würde unverfügbar ist und stünde diametral dem kantischen Universalanspruch jedes einzelnen entgegen.

Bei der Frage nach der Bedeutung von Bildung im Kontext eines an dieser Stelle bereits entfalteten christlichen Menschenbildes und den prognostizierten Veränderungen auf technologischer, gesellschaftlicher, zwischenmenschlicher und freiheitlich-selbstbestimmter Ebene menschlichen Daseins, soll in Bezugnahme auf den Rechtfertigungsglauben als ein Erbe der Reformation und damit in Bezugnahme auf Bildung in evangelischer Perspektive ein Diskurs eröffnet werden. Bildungshandeln in evangelischer Perspektive gründet auf dem christlichen Verständnis von Menschsein, wie an anderer Stelle bereits ausgeführt. Insofern zielt Bildungshandeln in Bezugnahme auf das christliche Menschenbild auf die Entwicklung individueller Fähigkeiten und Begabungen des Einzelnen ab, mit dem Ziel, ihn in der Ausprägung seiner Persönlichkeit zu unterstützen. Dabei sind mit Pirner jede Gabe und

Begabung eines Menschen immer auch in ihrer Bedeutung für andere und für die Gemeinschaft zu sehen und zu fördern, manchmal muss sie in diesem Sinne erst entdeckt und zur Entfaltung gebracht werden. Das wiederum kann nur gelingen, wenn die Vielfalt menschlicher Eigenschaften und Persönlichkeitsprofile einer ganzheitlichen Sicht auf den Menschen unterliegt.

Eine ganzheitliche Betrachtung des Menschen ist deshalb unabdingbar. Das wiederum schließt aus, dass eine partielle Förderung menschlicher Dimensionen Vorrang gegeben wird. Ein utilitaristisch reduziertes Bildungsverständnis würde jenem Verständnis widersprechen, das dem Rechtfertigungsglauben folgend, die Unvollkommenheit des Menschen als eines seiner konstitutiven Merkmale respektiert und um die Möglichkeit seines Scheiterns, seines Verfehlens und seiner Unzulänglichkeit weiß. Gleichsam gründet in dieser Unvollkommenheit eine Fehlbarkeit, die sich in den Lebenslinien von Menschen durch Brüche, Krisen und Schicksalsschläge einbrennt (vgl. Pirner 2008, S. 98). Bildung in diesem Sinne, ist geleitet von dem Streben, den Menschen zu einer von ihm selbstbestimmten personalen Freiheit zu befähigen. Da-mit einher geht der Anspruch, den Einzelnen dazu zu befähigen, auf zukünftige Herausforderungen unserer Zeit Antworten geben zu können und über den eigenen theologischen Horizont hinaus den christlichen Glauben in gesellschaftspolitischer Inverantwortungnahme zu leben und weiterzugeben. Daraus resultiert auch der Anspruch nach lebenslangem Lernen. Ein evangelisches Bildungsverständnis öffnet sich diesem Anspruch, indem es dafür einsteht, Bildung entlang eines christlichen Menschenbildes und eines erweiterten also kritischen Bildungsbegriffs in der Zivilgesellschaft zu verankern. Ein solches Bildungsverständnis schließt nicht mit einer schulischen Kontextualisierung. Bildung ist immer auf den gesamten Lebenslauf bezogen zu verstehen und

kann nicht ausschließlich über institutionalisierte Angebote gewährleistet werden. Bildung in Rückbesinnung auf die Reformation ist immer auch Alltagsbildung. Gemeint ist, dass Bildung über
institutionelles Lernen hinaus geht, in diesem Sinne gleichsam
eine Unverfügbarkeit gegenüber staatlichem oder gesellschafts-
politischem Handeln zugesprochen bekommt und Bildung dennoch in gleichwertiger Weise stattfinden kann. Diese andere Seite
von Bildung (vgl. Otto; Rauschenbach 2008) knüpft an Klafkis
Verständnis einer Allgemeinbildung an. Die epochaltypischen
Schlüsselprobleme unserer kulturellen, gesellschaftlichen, politischen, individuellen Existenz, die anhand der Friedensfrage,
der Umweltfrage, der Frage nach gesellschaftlich produzierter
Ungleichheit, der Frage nach der Interkulturalität, der Frage nach
neuen Medien und der Frage nach der Ich-Du-Beziehung sind
nicht nur in einem institutionellen Bildungskanon vermittelbar
und basieren auf einem Verständnis lebenslangen Lernens.

Digitaler Humanismus als alternatives Denkmodell

Zunehmend und in einer Geschwindigkeit, wie wir es bislang noch
nicht erlebt haben, wird unsere Gesellschaft durch Algorithmen,
digitale Unterstützungssysteme, den medizinischen Fortschritt,
durch den Einsatz künstlicher Intelligenz umgestaltet. Ob an der
Börse durch den Hochfrequenzhandel, der in weniger als 0,3 Mil-
lisekunden Transaktionen abwickelt oder Anomalien auf dem
Markt erkennt oder in der Medizin, wo Telelmedizin und OP-Si-
tuationen in einer *Mixed-Reality-Umgebung* simuliert weden, bei
der Optimierung von Arbeitsprozessen, der Steuerung von Ver-
kehrsströmen bis hin zur Lenkung politischer Meinungsbildungsprozesse wie etwa bei den letzten Präsidentschaftswahlen in den

USA oder bei der Brexit-Entscheidung in Großbritannien mit Hilfe eines Datenanalyse-Unternehmens wie Cambridge Analytica, die digitale Transformation ist in vollem Gange. Die Datenspuren, die wir im Internet hinterlassen, Onlineeinkäufe und bargeldloses Bezahlen, all das sind Datenlieferanten, die von den Datensammlern wie Facebook, Google, Amazon und anderen Onlineplattformen gesammelt werden. Deren Auswertung wird dafür genutzt, um unser Verhalten zu steuern und unsere Entscheidungen zu beeinflussen – der Mensch wird seines freien Willens zunehmend beraubt, rationales Handeln zunehmend eingeschränkt. In Frage gestellt ist der Mensch als ein unvollkommenes und kreatürliches Wesen, das mündig und freiheitlich selbstbestimmt aber auch fehlbar, emotional und intuitiv in seinem menschlichen Gegenüber das ICH widergespiegelt bekommt. Menschliche Intelligenz lässt sich in Konkurrenz zu Algorithmen schnell als irrational, weil statistisch nicht vorhersagbar und Entscheidungen nicht per se luzide darstellbar sind. KI-Systeme dagegen abstrahieren, ihnen fehlt jede Emotion, jede intuitiv genährte Entscheidungsbasis. Eine wertesensitive Intelligenz, die auf emotionalem, seelischem oder auch epigenetischem Erfahrungsmustern basiert, gehört nicht zum Wortschatz des Binärsystems künstlicher Intelligenz.

Es war u. a. Yuval Noah Harari, der anmerkte, dass die Forschung zur Künstlichen Intelligenz, mit dem Versuch, in die Keimbahnen menschlichen Lebens einzugreifen, der Versuch des Menschen ist, sich an die Stelle Gottes zu setzen. Der Transhumanismus in all seiner Unschärfe, strebt über die Verschmelzung von Mensch und KI eine Verschiebung menschlicher Maße an. Den möglichen Vorteilen, Optimierung menschlicher Anlagen (Human Enhancement) steht der Verlust der Individualität, der Verlust der Unverfügbarkeit der Würde, aber auch jene Unvorhersehbarkeit von Lebensbiografien, die den Menschen in einer

Rückversicherung auf die Trias Glaube-Liebe-Hoffnung zur Religiosität befähigt und ihm über seine religiöse Verwurzelung zu einer Welt- und Sinndeutung befähigt.

Die theologischen Schlussfolgerungen, die der Transhumanismus herausfordern würde, sind an dieser Stelle nicht annähernd abbildbar. Jedoch lässt sich festhalten, dass christlicher Glaube und Transhumanismus nicht völlig im Widerspruch zueinander stehen müssen. So liese sich der Ansatz des *Human Enhancements*, die Optimierung des Menschen durchaus als Teil des Schöpfungsprozesses deuten. Zugleich werden aber auch ethischen Implikationen aufgeworfen. Und mit der Nanotechnologie wird den natürlichen Evolutionsfaktoren ein evolutionärer Brandbeschleuniger zur Seite gestellt. Es stehen uns zukünftig offensichtlich unbegrenzte Möglichkeiten zur Verfügung, um mit Hilfe der Digitalisierung Künstlichen Leben zu schaffen, zu designen, Krankheiten zu besiegen, Alter und Tod hinauszuschieben, menschliches Verhalten zu steuern und Fehlverhalten zu verhindern.

Wie weit diese Entwicklung ethisch verantwortbar ist, ob die Forschung und Entwicklung mehr ethische Selbstbeschränkung auferlegt bekommen muss und wie weit, losgelöst vom Schicksal des Einzelnen, in dieser Entwicklung tatsächlich ein Fortschritt für die Menschheit und den Planeten abbildbar sein wird, bleibt offen.

So verlockend auch transhumanistische Visionen sind, können sie auch subversive Kräfte freisetzen. Jeder radikale Schnitt, jeder finale Bruch mit bisherigen Gesellschaftsmodellen und ethisch verwurzelten Normen und Werten, jede dogmatische Forderung nach Verbesserungen menschlichen Lebens, birgt die Gefahr der Entfremdung, der gesellschaftlichen Spaltung, provoziert Ungerechtigkeiten und stellt den Menschen wiederholt über alles.

Wenngleich wir vom Anthropozän sprechen, bleibt die finale

Rückbesinnung eines Christenmenschen auf die zentrale Frage nach dem *Wer bin ich* und damit die fortwährende Frage nach Gott. So sind Anthropologien Teil eines rational geführten Diskurses und sie benennen die Verfasstheit des Menschen und die immerwährende Suche nach Antworten auf zentrale Lebensfragen und das Transzendente. Und über allem steht, in einer theologisch-anthropologischen Herangehensweise, Gott als Souverän – er schenkt und er nimmt.

Es ist nicht notwendig und wäre auch nicht möglich, den digitalen Wandel in Frage zu stellen, der technologische Fortschritt korrespondiert durchaus mit schöpfungstheologisch begründbaren und evolutionstheoretisch abbildbaren Entwicklungsverläufe menschlichen Daseins.

Die große Herausforderung scheint darin zu liegen, den Menschen in seinem Handeln vor dem Hintergrund seiner, wie oben ausgeführt, theologisch-anthropologischen Verfasstheit eine Ethik für die große Transformation zur Seite zu stellen.

Denn ethisches Handeln schließt willkürliches Handeln aus, macht es zu einem begründbaren, motivationalen Akt rationaler Sinninterpretation. Mit der Fähigkeit zur Interpretation und Sinnzuweisung ist der Mensch ist in der Lage, selbstbestimmt Verantwortung zu übernehmen. Mit dieser Kompetenz steht er immer in einem ethisch begründeten Dialog, der zwischen den eigenen Haltungen und Handlungen und der Verantwortbarkeit gegenüber Mitmenschen, dem eigenen Gewissen und Gott entsteht. Und darin kann eine Antwort auf die Frage nach einer gelingenden Transformation liegen, die den Menschen als solches nicht in Frage stellt, Transformationsprozesse in globalem Ausmaß zulässt, sogar befördert und sich Entgrenzungen jenseits des Verantwortbaren und jenseits eines Erhöhungskultes *Der Mensch als Schöpfer* beherrschbar und sozial gerecht abbilden ließen.

Inwieweit der digitale Humanismus, wie er von Nida-Rümelin und Weidenfeld vorgestellt wird, geeignet ist, um als globales Ethikmodell den transhumanistischen Entwicklungen als Korrektiv entgegenstehen zu können, ist nicht durch die beiden Autoren nicht luzide ausgeführt. Den Naturalismus abzuschreiben, jegliche Argumentationsführung entlang der absoluten Überlegenheit menschlichen Seins zu stellen, um dann festzustellen, dass der Mensch alles im selbst in der Hand hat, wenn er nur von seinen apokalyptischen Vorstellungen die am Ende der digitalen Revolution sich abzuzeichnen scheinen, abrückt. Hier scheint der Adressat Richard David Precht zu sein, womit das Modell des digitalen Humanismus in die Ecke der Populärphilosophie rückt.

Tatsächlich sind die Ansprüche an eine Ethik des Digitalen, die als Voraussetzung dafür anzusehen ist, dass die große gesellschaftliche Transformation seine Schöpfer nicht selbst in Frage stellt, muss in Bezugnahme auf die Historie und die Errungenschaften zurückliegenden Evolutionsprozesse begründet werden.

Als Leitplanken einer neuen Ethik des Digitalen bieten sich sowohl Kants Metaphysik der Sitten als auch ein Bekenntnis zur Immanenz Gottes an. Auf dieser Grundlage sind Diskussionen zur angewandten Ethik – einer Digitalethik, sinnvoll und ein Imperativ guter Nutzung digitaler Möglichkeiten erfolgsversprechender als es ein Diskurs zum digitalen Humanismus.

Literatur

DABROCK, Peter (2018): Die Würde des Menschen ist granularisierbar. Muss die Grundlage unseres Gemeinwesens neu gedacht werden? in: epd-Dokumentation 22/2018.

HARARI, Yuval (2017): Homo Deus. Eine Geschichte von Morgen, München 6. Aufl.

HÄRLE, Wilfried (2004): Zeitgemäße Bildung auf der Grundlage des christlichen Menschenbildes. In: Nipkow u.a. (Hg.): Verantwortung für Schule und Kirche in geschichtlichen Umbrüchen. Festschrift für Karl-Heinz Potthast zum 80. Geburtstag (Schule in evangelischer Trägerschaft, 3). Münster: Gütersloher. S. 69 – 81.

HUXLEY, Aldous (2014): Schöne neue Welt. 7. Auflage. Frankfurt a. M.: S. Fischer Verlag.

KLAFKI, Wolfgang (1996): Neue Studien zur Bildungstheorie und Didaktik. Zeitgemäße Allgemeinbildung und kritisch-konstruktive Didaktik. Weinheim 1996, 5. Auflage, S. 15 – 41, S. 43 – 81

LEVINAS, Emmanuel (1987): Totalität und Unendlichkeit. Versuch über die Extorität. Freiburg i. Br.: Alber.

MEADOWS, Dennis u.a. (1972): Die Grenzen des Wachstums. Bericht des Club of Rome zur Lage der Menschheit. Stuttgart: Deutsche Verlags-Anstalt.

NIDA-RÜMELIN, Julian; WEIDENFELD, Nathalie (2018): Digitaler Humanismus. Eine Ethik für das Zeitalter der Künstlichen Intelligenz. München: Piper Verlag.

OTTO, Hans-Uwe; RAUSCHENBACH, Thomas (Hg.) (2008): Die andere Seite der Bildung. Zum Verhältnis von formellen und informellen Bildungsprozessen. 2. Aufl. Wiesbaden: VS-Verlag.

PRECHT, Richard David (2018): Jäger, Hirten, Kritiker: Eine Utopie für die digitale Gesellschaft. München: Goldmann.

REICHERT, Thomas; SIEGFRIED, Meike; WASSMER, Johannes (Hg) (2013): Martin Buber neu gelesen. Lich: Verlag Edition AV.

ROCKSTRÖM, Steffen u.a. (2009): Planetary boundaries: Exploring the safe operating space for humanity. In: Ecology and Society. Band 14, Nr. 2.

SCHLUSS, Henning (2011): Kompetenzorientierung im Religionsunterricht – Herausforderungen eines religionspädagogischen Paradoxons. In: Theo-Web. Zeitschrift für Religionspädagogik 10 (2011/1), S. 194 – 201.

VIERHEILIG, Jutta; LANWER-KOPPELIN, Willihad (2014): Anachronismus oder Neue Chance für die Pädagogik. Mit Beiträgen von Martin Buber und Eugen Rosenstock-Huessy. Butzbach-Griedel: AFRA.

Verantwortung für eine demokratische Zivilgesellschaft

Antisemitismusprävention tut Not

Wilhelm Schwendemann (Gastbeitrag)

Vorüberlegungen

Antisemitismus und Antisemitismusprävention ist bislang kaum Thema der Sozialen Arbeit, was mehr als verwundert, denn Soziale Arbeit hat ihrem Selbstverständnis folgend auch eine politische Wächterfunktion in einer demokratischen Zivilgesellschaft; alle Handlungsfelder der Sozialen Arbeit kommen in Berührung mit rassistischen, fremdenfeindlichen, islamophoben und auch antisemitischen Einstellungen ihrer Klientele. Antisemitismusprävention, vor allem im Jugendbereich, gehört m. E. zu den Kern- und Querschnittsaufgaben heutiger Sozialer Arbeit, besonders auf dem Feld der Schulsozialarbeit. Hier sucht man recht vergebens nach Konzepten moderner Antisemitismusprävention. Auch die Soziale Arbeit hat im gegenwärtigen gesellschaftlichen Wandel ihre Position innerhalb der demokratischen Zivilgesellschaft neu zu bestimmen und auch als Akteurin in vielen Handlungsfeldern Akzente zu setzen und so an der gesellschaftlichen Transformation teilzuhaben (vgl. Schneidewind 2018). Im Moment existieren zum Beispiel im Bereich der neuen Medien keine wirkungsvollen Methoden der Prävention. Das bedeutet, dass der gesellschaftliche Wandel, der auf eine zunehmend digitalisierte Gesellschaft zielt, befürchten lässt, dass nicht nur Arbeitsmethoden, sondern auch Handlungsfelder der Sozialen Arbeit eine neue, andere Ausrichtung erfahren und auch völlig neue Handlungsfelder im Bereich politischer außerschulischer Bildungsarbeit entstehen. Wenngleich Digitalisierung als solche bereits den Zuschnitt neuer Aufgaben für die Soziale Arbeit provoziert, Zielgruppen unter der Wirkmacht sozialer Netzwerke und digitaler Kommunikationsmethoden anders angesprochen und begleitet werden, haben dennoch einige Handlungsfelder nur eine hohe Wirksamkeit und Nachhaltigkeit, wenn sie komplementär zu neuen Formen der Sozialen Arbeit, in der Form einer direkten Begegnung der Menschen miteinander erhalten bleiben und im Sinne von Innovation durch andere Medien unterstützt werden.

Die Arbeit mit Zeitzeugen der Shoah und nationalsozialistischer Verbrechen gegen die Menschlichkeit, mit den Generationen danach, die Gedenkstättenarbeit vor Ort, die Wirkung von historischen Orten auf das subjektive Empfinden des Einzelnen, all das lässt sich nicht in ähnlich hoher Wirksamkeit in eine digitale Welt transformieren. Erinnerungsarbeit und Erinnerungslernen in der außerschulischen Bildungsarbeit dient zugleich dem Aufbau von Resilienzstrukturen gegen faschistoide Einstellungen. Gesellschaftliche Zukunft braucht das Bekenntnis zur eigenen Herkunft. Teil dieses Herkunftsverständnisses ist die Auseinandersetzung mit dem Nationalsozialismus und im Besonderen die

Auseinandersetzung mit dem Holocaust bzw. der Shoah.

Eine große gesellschaftliche Transformation kann, wenngleich nicht gewünscht, auch große gesellschaftliche Verwerfungen heraufbeschwören, deren Ursachen in einer Unschärfe der eigenen Herkunft und damit in einer Unschärfe darüber wer wir sind, begründet sein. Hier steht die Zivilgesellschaft in einer besonderen Verantwortung. Aktuell erleben wir, wie Antisemitismus, Rassismus und Fremdenfeindlichkeit, ein politischer und gesellschaftlicher Rechtsruck und die Tabuisierung gesellschaftlich sensibler Themen, Raum gewinnen. Darauf müssen eine Gesellschaft im Wandel und Soziale Arbeit reagieren.

Mit den nachfolgenden Ausführungen soll stellvertretend für weitere Themen unserer historischen Vergangenheit (Reformation, Industrialisierung, Revolutionen, Monarchie, Kolonialisierung ...) die Notwendigkeit der präventiven Geschichtsarbeit am Beispiel der Antisemitismusprävention als Beitrag zu einer sich wandelnden Sozialen Arbeit ausgeführt werden.

Einleitung

75 Jahre sind am 27.01.2020 seit der Befreiung des nationalistischen Vernichtungslagers Auschwitz vergangen und gleichzeitig ist das Problem des Antisemitismus in der deutschen Zivilgesellschaft präsenter denn je. In der Rede des Bundespräsidenten Walter Steinmeier am 23.01.2020 in der nationalen Holocaust Gedenkstätte Yad Vashem in Jerusalem wird des millionenfachen Leids in Auschwitz gedacht:

> „Deutsche haben sie verschleppt. Deutsche haben ihnen Nummern auf die Unterarme tätowiert. Deutsche haben versucht, diese Menschen zu

entmenschlichen, zu Nummern zu machen, im Vernichtungslager jede Erinnerung an sie auszulöschen." [1]

Weiter heißt es in dieser Rede:

> „75 Jahre nach der Befreiung von Auschwitz stehe ich als deutscher Präsident vor Ihnen allen, beladen mit großer historischer Schuld. Doch zugleich bin ich erfüllt von Dankbarkeit: für die ausgestreckte Hand der Überlebenden, für das neue Vertrauen von Menschen in Israel und der ganzen Welt, für das wieder erblühte jüdische Leben in Deutschland. Ich bin beseelt vom Geist der Versöhnung, der Deutschland und Israel, der Deutschland, Europa und den Staaten der Welt einen neuen, einen friedlichen Weg gewiesen hat. Die Flamme von Yad Vashem erlischt nicht. Und unsere deutsche Verantwortung vergeht nicht. Ihr wollen wir gerecht werden." [2]

Es geht um Verantwortung, sich in einer Zivilgesellschaft gegen Antisemitismus, Rassismus und Fremdenfeindlichkeit handelnd einzusetzen, der Verantwortung gerecht zu werden und sich nicht von den Verbrechen des Nationalsozialismus wider die Menschlichkeit abzuwenden und zur eigenen Geschichte zu stehen. Noch einmal die Rede des Bundespräsidenten:

> „Die bösen Geister zeigen sich heute in neuem Gewand. Mehr noch: Sie präsentieren ihr antisemitisches, ihr völkisches, ihr autoritäres Denken als Antwort für die Zukunft, als neue Lösung für die Probleme unserer Zeit. Ich wünschte, sagen zu können: Wir Deutsche haben für immer aus der Geschichte gelernt. Aber das kann ich nicht sagen, wenn Hass und Hetze sich ausbreiten. Das kann ich nicht sagen, wenn jüdische Kinder auf dem Schulhof bespuckt werden. Das kann ich nicht sagen, wenn unter dem Deckmantel angeblicher Kritik an israelischer Politik kruder

1: http://www.bundespraesident.de/SharedDocs/Reden/DE/Frank-Walter-Steinmeier/Reden/2020/01/200123-Israel-Yad-Vashem.html.
2: Siehe Fußnote 1

Antisemitismus hervorbricht. Das kann ich nicht sagen, wenn nur eine schwere Holztür verhindert, dass ein Rechtsterrorist an Jom Kippur in einer Synagoge in Halle ein Massaker, ein Blutbad anrichtet."[3]

In erschreckendem Ausmaß ist in der jetzigen bundesrepublikanischen Gesellschaft antisemitisches Gedankengut wieder salonfähig geworden; in Verbindung mit Islamfeindlichkeit ist auch Judenfeindlichkeit die Axt am Baum zivilgesellschaftlichen Zusammenlebens und rührt an die Grundlagen des Menschseins und der Menschenwürde, die infrage gestellt werden. Der Deutsche Koordinierungsrat hat im Februar 2019 folgende Erklärung zum Antisemitismus abgegeben:

„Dreiste und schamlose Ausdrucksformen von Antisemitismus nehmen zu in Europa, Nord- und Südamerika und darüber hinaus, immer häufiger anzutreffen auch im öffentlichen Leben. Angriffe und Vandalismus gegen Eigentum, Gebäude und Menschen – ja sogar Mord – sind in mehreren Ländern geschehen. Jüdinnen und Juden in vielen Orten sprechen von einem zunehmenden Gefühl von Furcht und Unsicherheit. Die Geschichte zeigt, dass die Geißel des Antisemitismus die verderbliche Fähigkeit besitzt, sich im jeweiligen Kontext in scheinbar unendlich vielen Ausdrucksformen zu zeigen. In der Welt des vorchristlichen Mittelmeerraums wurden Juden manchmal dafür angegriffen, dass sie heidnische soziale und religiöse Regeln ablehnten. Jüdinnen und Juden wurden im europäischen Christentum ausgegrenzt, weil sie die christliche Botschaft nicht annahmen; so wurden sie in Krisenzeiten leicht zu Sündenböcken. Während der Aufklärung fühlte sich eine vermeintlich säkularisierte Gesellschaft von der jüdischen Verweigerung gekränkt, sich religiös und kulturell zu assimilieren, verdächtigte aber später Juden, die sich assimilierten, verschiedener Verschwörungspläne... Es heißt, der wiederauflebende Antisemitismus sei ein Warnsignal für einen gesellschaftlichen Zusammenbruch. Und in der Tat sind wir heute an vielen Orten Zeugen für ein Erstarken von Rassismus, Fremdenfeindlichkeit, Islamophobie, Intoleranz und einen Mangel an grundlegendem menschlichen Respekt für Personen, die in irgendeiner Form „anders" sind. Unsere Mitmenschlichkeit kann und muss besser sein! Auch wenn unsere Stimmen manchmal schwach und wenig effektiv wirken, sind wir alle aufgerufen – als Einzelne, Organisationen und Gesellschaften – unseren Widerstand gegen alle Formen von Fanatismus und Voreingenommenheit zu verstärken, darauf zu beharren, dass politisch Verantwortliche das Gemeinwohl von allen fördern und uns selbst erneut darauf zu verpflichten, uns für den Dialog auf allen Ebenen einzusetzen."[4]

Deutlich wahrnehmbar ist die Verbindung zwischen Rassismus, Antisemitismus und Verletzung der Menschenwürde als Verletzung der Menschenrechte. Gerade die Wahlerfolge der *AfD* in 2019 mit ihren rechtsnationalen Flügeln in Sachsen und Brandenburg rücken das Problem der gruppenbezogenen Menschenfeindlichkeit (vgl. BpB 2013; Emcke 2017; Gebrande et al. 2017; Heitmeyer 2011, 2012, 2012a, 2013; Herrmann 2015; Möller 2017; Piel 2014; Robertson von Trotha 2011; Zick et al. 2016) wieder in den Fokus. Religionspädagogisch liegt der Fokus in der Erklärung des Deutschen Koordinierungsrates darauf, den Zusammenhang zwischen Menschenfeindlichkeit und abhanden gekommener Gottesbeziehung zu sehen. In Seelisberg wurde 1947 deutlich, dass die Shoah direkte Folge des Antisemitismus und beileibe in unserer Gesellschaft kein Randproblem ist.

4: https://duesseldorf.deutscher-koordinierungsrat.de/dkr-home-ICCJ-Erklärung-zum-Antisemitismus-2019/Der Vorstand des Internationalen Rates der Christen und Juden; Martin-Buber-Haus, Heppenheim, 28. Februar 2019

1 Was ist Antisemitismus?

Was bedeutet nun in einem solchen gesellschaftlichen Kontext, Verantwortung zu übernehmen? Verantwortung bedeutet zunächst, dass jemand für die Folgen seines Handelns zur Rechenschaft gezogen werden kann (vgl. Kreß 2002, S. 577 – 581); man kann sich seiner Verantwortung stellen, sich ihr entziehen. In diesem Aufsatz geht es um die moralische Verantwortung für das Handeln und nicht um Verantwortung im Sinn von Zuständigkeit. Verantwortung in einem moralischen Sinn bezieht sich auf die unerwünschten Folgen von Handlungen oder direkt auf Unerwünschtes. Verantwortung gehört also zu einem Wortfeld, das aus Schuld, Schuldigbleiben, Schuldigwerden, Zuständigkeit, Pflicht, Haftung und Zurechnungsfähigkeit besteht (vgl. Kreß 2002, S. 577 – 581).

Die gesellschaftsdiakonische Verantwortung besteht darin, die gruppenbezogene Menschenfeindlichkeit des Antisemitismus als direkten Angriff auf die menschenrechtlichen Grundlagen der demokratischen Zivilgesellschaft zu begreifen (vgl. Hirschfeld & Schwendemann 2018; Schwendemann 2017, S. 201 – 219). In der Geschichte des Antisemitismus (vgl. Bergmann 2004) lassen sich verschiedene Phasen mit unterschiedlichen Ausprägungen und Erscheinungsweisen unterscheiden (vgl. Benz 2016, S. 8 ff.). Zu unterscheiden sind primärer, sekundärer (vgl. Benz 2016, S. 142; Adorno 1972; 2004) und sog. tertiärer Antisemitismus. Als primärer Antisemitismus lassen sich traditionelle Formen von Judenfeindschaft (im Mittelalter zum Beispiel Vorwürfe des Hostienfrevels usw.) bezeichnen. Der sekundäre Antisemitismus instrumentalisiert die Schoah gegen Juden und Jüdinnen und gegen den Staat Israel und ist nach Theodor Wiesengrund Adornos Lesart so etwas wie ein „Schuld- und Erinnerungsabwehr-Antisemi-

tismus" (Benz 2016, S. 142): „In letzter Konsequenz mündet dieser
sekundäre Antisemitismus in die Leugnung des Holocaust." (Benz
2016, S. 7) Die neueren Varianten des Antisemitismus sind der An-
tizionismus und Israelfeindschaft, die das Existenzrecht Israels
als Staat bzw. als Zivilgesellschaft in Frage stellen. Der tertiäre
Antisemitismus wird als die neue Form des islamischen Antisemitismus charakterisiert; gleichwohl ist dieser Begriff umstritten
und unscharf (vgl. Aus Politik und Zeitgeschehen 64, S. 28 – 30.
7. Juli 2014). Es scheint, als diene diese Form des islamischen
Antisemitismus dem Erhalt fragiler Identitätskonstruktionen im
Bereich jugendlicher Migranten und Migrantinnen, wie Jürgen
Rausch und Wilhelm Schwendemann gezeigt haben (vgl. Schwendemann & Rausch 2014, S. 157 – 170). Antisemitismus lässt sich als
Generalbegriff für jede Form psychischer, physischer, verbaler, sozialer Judenfeindschaft sehen:

> „Der Antisemitismus manifestiert sich in Wort, Schrift und Bild sowie
> in anderen Handlungsformen, er benutzt negative Stereotype und un-
> terstellt negative Charakterzüge ... [und] meint ... die Gesamtheit juden-
> feindlicher Äußerungen, Tendenzen, Ressentiments, Haltungen und
> Handlungen unabhängig von ihren religiösen, rassistischen, sozialen
> oder sonstigen Motiven" (Benz 2016, S. 14).

Nach der NS-Gewaltherrschaft muss der Antisemitismus in
Deutschland als *gesellschaftliches Paradigma* verstanden werden,
das dann als Medium weiterer Vorurteile und rassistischer Einstellungen dient (vgl. Benz 2016, S. 14). Religiöser Antisemitismus
aus dem christlichen Bereich wurde und wird von Unwissenheit
über die jüdische Religion und Nichtverstehen genährt (vgl. Benz
2016, S. 18).

Theologisch weist der religiöse (christliche) Antisemitismus auf eine Leerstelle christlicher Identität hin, die sich exklusiv und nicht komplementär zum biblischen Verständnis zeigt. Trinitätstheologisch ist diese Konstruktion schwierig, da die Mutter Jesu eine Jüdin war und nicht eine beliebige junge Frau, die unkontextualisiert bleibt, was sich dann im Übergang von der Geschichte des historischen Jesus zur Christologie zeigt und dort ungeschichtlich wird. Der religiöse Antisemitismus hat sich in seiner Geschichte oft genug mit Sozialneid oder, noch schlimmer, mit nationalistischer Ideologie verbunden (vgl. Benz 2016, S. 31 ff.), vor allem im Nachgang zur Reformation und Gegenreformation. Im Nationalsozialismus wurde daraus bei den sog. Deutschen Christen eine Art rassistische deutsche Nationalreligion (vgl. Benz 2016, S. 43). Im deutschen Kaiserreich, vor allem während des Ersten Weltkrieges, war

> „eine große und zunehmend einflussreiche Zahl von Deutschen davon überzeugt, die Juden seien Drückeberger und hätten den Krieg vor allem zu unsauberen Geschäften benutzt" (Benz 2016, S. 87).

Deutlich wird in diesem Zitat die Tendenz im Kaiserreich und auch noch in der Weimarer Republik, den sog. Primären Antisemitismus (Geschäftemacherei usw.) wiederzubeleben. Hier agierten ängstliche deklassierte Kleinbürger und Kleinbürgerinnen, verletzter Nationalstolz usw. (vgl. Benz 2016, S. 89; Marks 2011). In der Weimarer Republik verband sich der rassistische Antisemitismus mit aggressiver Demokratiefeindlichkeit, wie es neuerdings wieder in Teilen der AfD zu beobachten ist. Der sekundäre Antisemitismus entstand als Reaktion auf die Schoah und ist geprägt von einer Art moralischer Schuldumkehr; die Leugnung und Marginalisierung der Schoah und auch die sogenannte Viktimisierung der Tätergeneration gehen einher (Benz 2016, S. 142). Den Ent-

schädigungsbegehren der Holocaustopfer lägen materielle oder
machtpolitische Motive zu Grunde. Pädagogisch lässt sich daraus
der Schluss ziehen, nicht nur die Phänomene des Antisemitismus
im Unterricht zu thematisieren, sondern genauso auch die Funk-
tionen und Mechanismen des Antisemitismus aufzuklären. 1944
hatte der von den Nazis geflohene Psychoanalytiker Ernst Simmel zu einem Psychiatrie Symposium über den Antisemitismus
als soziale Krankheit nach San Francisco eingeladen (vgl. Simmel
2017, S. 155). An diesem Kongress nahmen Theodor Wiesengrund
Adorno, Bernhard Berliner, Otto Fenichel, Else Frenkel-Brunswik,
R. Nevitt Sanford, Max Horkheimer, Douglass W. Orr und Ernst
Simmel teil, also eine Mischung kritischer Sozialwissenschaftler
der Frankfurter Schule und amerikanischer Psychiater und Psy-
chiaterinnen. Für Adorno und Horkheimer war dieser Kongress
Basis ihrer späteren Studien zum *„autoritären Charakter"* und
ihrer 1947 veröffentlichten philosophischen Studie Dialektik der
Aufklärung (vgl. Horkheimer et al. 1936; Adorno et al. 1968; Adorno & Horkheimer 1979).

Horkheimer stellte in San Francisco die Frage: Wie soll man
Maßnahmen gegen den Antisemitismus prüfen? Die beiden
Frankfurter haben den rassistischen Antisemitismus nicht nur
beschrieben und analysiert, sondern sich auch Gedanken zu sei-
ner ökonomischen und gesellschaftlichen Funktion gemacht. In
der Dialektik der Aufklärung von 1947 sind dann diese Gedanken
komprimiert im Anhang als *Elemente des Antisemitismus,* wo die
Frage gestellt wird, wie eine relativ zivilisierte Gesellschaft in die
Barbarei zurückfallen und sämtliche Rationalität der Selbstver-
nichtung preisgegeben werden konnte. Bislang war menschliche
Vernunft nach dem Kant'schen Diktum des Vernehmens (Kant;
Weischedel 1988 – 1993; dito 1995) geprägt, im Nationalsozialismus wird sie zur instrumentellen Vernunft im Dienst der Inhu-

manität (vgl. Adorno 2004).

Horkheimer und Adorno konstatieren gesellschaftliches Kalkül, der Antisemitismus kanalisiere ökonomische und soziale Interessen eines ungebändigten Kapitalismus und sei an die Stelle mittelalterlicher und frühneuzeitlicher Pogrome und Ritualmordlegenden getreten (vgl. Adorno 2004). Die gesellschaftliche Funktion ziele auf Totalität und Vernichtung: „Blindheit erfaßt [sic!] alles, weil sie nichts begreift" (Adorno 2004, S. 1408). Herrschaft verkleide sich in Produktion, so Adorno, die Arbeit erniedrige die zudem sozial Deklassierten und Ausgestoßenen (vgl. Adorno 2004, S. 1412). Zudem trage der rassistische, nationalsozialistische Antisemitismus pseudoreligiöse Züge:

„Eher bezeugt der Eifer, mit dem der Antisemitismus seine religiöse Tradition verleugnet, daß [sic!] sie ihm insgeheim nicht weniger tief innewohnt als dem Glaubenseifer früher einmal die profane Idiosynkrasie. Religion ward als Kulturgut eingegliedert, nicht aufgehoben. Das Bündnis von Aufklärung und Herrschaft hat dem Moment ihrer Wahrheit den Zugang zum Bewußtsein [sic!] abgeschnitten und ihre verdinglichten Formen konserviert. Beides kommt zuletzt dem Faschismus zugute: Die unbeherrschte Sehnsucht wird als völkische Rebellion kanalisiert, die Nachfahren der evangelistischen Schwarmgeister werden nach dem Modell der Wagnerschen Gralsritter in Verschworene der Blutsgemeinschaft und Elitegarden verkehrt, die Religion als Teil ins Gepränge von Massenkultur und Aufmärschen transponiert. Der fanatische Glaube, dessen Führer und Gefolgschaft sich rühmen, ist kein anderer als der verbissene, der früher die Verzweifelten bei der Stange hielt, nur sein Inhalt ist abhandengekommen. Von diesem lebt einzig noch der Haß [sic!] gegen die, welche den Glauben nicht teilen." (Adorno 2004, S. 1417).

Das Totalitäre und Gewalttätige im Antisemitismus macht den Fremden gleich, indem er ihn zum Fremden erklärt, was abgestoßen werden müsse, ja sogar vernichtet, um die Herrschaft des Totalen nicht infragestellen zu müssen (vgl. Adorno 2004, S. 1437).

Adorno schreibt hierzu süffisant:

> „Das ist das Geheimnis der Verdummung, die dem Antisemitismus zugutekommt. Wenn selbst innerhalb der Logik der Begriff dem Besonderen nur als ein bloß Äußerliches widerfährt, muß [sic!] erst recht in der Gesellschaft erzittern, was den Unterschied repräsentiert. Die Spielmarke wird aufgeklebt: jeder zu Freund oder Feind. Der Mangel an Rücksicht aufs Subjekt macht es der Verwaltung leicht. Man versetzt Volksgruppen in andere Breiten, schickt Individuen mit dem Stempel Jude in die Gaskammer." (Adorno 2004, S. 1469).

Falsche Verallgemeinerungen helfen dem Klischee. In den *Studien über Vorurteil und Charakter* rückt die antisemitische Ideologie in die Rolle der Schuldabwehr, was dann später den Begriff des sogenannten sekundären Antisemitismus mitprägte. In den *Studien zum autoritären Charakter* ging es um die sozialpsychologische Rekonstruktion der

> „Voraussetzungen des modernen totalitären Wahns und darüber hinaus des ethnischen und nationalistischen Vorurteils überhaupt" (Adorno 2004, S. 7290).

Der Zusammenhang eines pathologischen Charakters mit Hang zum Totalitären und der psychischen Disposition für Antisemitismus wurde in den Studien allfällig hergestellt. Die Aufgabe der Lehrenden ist nicht stumm zu bleiben und mit dem Antisemitismus durch Nichtstun letztlich zu sympathisieren, sondern Einverständnis zu verweigern (vgl. Adorno 2004, S. 17647; dito 1978).

2 Konsequenzen

Zu denken geben muss das Klima der Angst, das der Antisemitismus schafft und das jüdische Bürger und Bürgerinnen dazu veranlasst, in der Öffentlichkeit auf das Tragen zum Beispiel der Kippa zu verzichten, um nicht beleidigt oder gar angegriffen zu werden (vgl. Killguss et al. 2020, S. 9; Bernstein 2018; Salzborn & Kurth 2019). Der Antisemitismus ist kein Relikt der Vergangenheit (vgl. Killguss et al. 2020, S. 10), sondern aktuell und drückt sich in physischen und psychischen Bedrohungssituationen für Juden und Jüdinnen aus (Killguss et al. 2020, S. 10). Dem Antisemitismus ist jedoch nicht mit bloßer Wissensvermittlung über den Nationalsozialismus und die Shoah beizukommen:

> „Antisemitismus ist dort, wo er sich zu einem geschlossenen Weltbild verfestigt hat, eine Verschwörungsideologie, die keine faktenbasierte Widerlegung zulässt." (Killguss et al. 2020, S. 10).

Empirisch lässt sich im Übrigen nachweisen, dass Verschwörungsideologie nichts mit dem Bildungsstand zu tun hat. Der Antisemitismus befriedigt psychische Bedürfnisse, die geklärt werden müssen, um ihm zu widerstehen (vgl. Killguss et al. 2020, S. 10). Es geht immer um eine demokratische Zivilgesellschaft, in der jede Form von Antisemitismus, Rassismus und Menschenfeindlichkeit bekämpft werden muss (vgl. Killguss et al. 2020, S. 11). Präventive Bildungsansätze müssen deswegen handlungs-, subjekt- und erfahrungsbezogen sein (vgl. Killguss et al. 2020, S. 12).

Die Untersuchung der Körber Stiftung aus 2017 macht darauf auf-
merksam, dass zwar die Bedeutung des Geschichtsunterrichts
von den meisten Deutschen betont wird, zugleich aber bei Menschen unter 30 Jahren ein deutliches Defizit besteht, den Begriff
Auschwitz inhaltlich zu füllen (vgl. Killguss et al. 2020, S. 48), was
auffällt, denn im Geschichtsunterricht wird der Nationalsozialismus historisch aufgearbeitet und vermittelt (vgl. Killguss et al.
2020, S. 49) – der aktuelle Antisemitismus kommt aber kaum vor:

> „Der Antisemitismus projiziert ein großes Machtpotenzial der Juden,
> das in Form von Geld, Zins, Kapital oder Intellektualität zum Ausdruck
> kommt. In diesem Kontext steht der Begriff *Jude* als Code für Kapital,
> Herrschaft und weltumspannende Macht." (Killguss et al. 2020, S. 49).

Der aktuelle Antisemitismus bedient sich dabei einer sogenannten Umwegkommunikation, einem Zu-Verstehen-Geben (vgl. Killguss et al. 2020, S. 49) oder Reden in Andeutungen (vgl. Killguss
et al. 2020, S. 50); der israelbezogene Antisemitismus ist im Moment weit verbreitet und ebenso auch der sog. Schuldabwehr-An-
tisemitismus. In beiden Formen des gegenwärtigen Antisemitismus ist das Problem, dass das soziale Miteinander kulturalisiert
wird, d. h. gesellschaftliche Differenzen werden „auf unterschiedliche, als homogen konstituierte Gruppen" zurückgeführt (vgl.
Killguss et al. 2020, S. 52), was Antisemitismus als Reduktion von
Komplexität begünstigt. In der politischen Bildungsarbeit gegen
Antisemitismus müssen also die sozialen und politischen Strukturen und Mechanismen aufgedeckt werden, die zu Ausgrenzung,
Diskriminierung und rassistischen Unterscheidungen führen (vgl.
Killguss et al. 2020, S. 53): Antisemitismus kann so als „eine durch
die Mehrheitsgesellschaft geschaffene Differenzkonstruktion ver-
standen werden" (Killguss et al. 2020, S. 53). Das dahinter liegende

Problem sind stigmatisierende Identitätskonstruktionen (vgl. Killguss et al. 2020, S. 54). Antisemitismus ist in pädagogischer Hinsicht kein klar abgrenzbares Gruppenphänomen bestimmter gesellschaftlicher Gruppen; zugleich besteht das Problem, dass selbst pädagogische Fachkräfte „auf die Konstruktion vorgestellter, homogener Gemeinschaften zurückgreifen" (Killguss et al. 2020, S. 55). Damit werden eigene Vorurteile verschleiert und die notwendige Reflexion gesellschaftlicher Zusammenhänge und Konstruktionen unterbleibt. Ein WIR bestimmter Gruppen wird durch die Exklusions- und Otheringmechanismen künstlich hochgehalten (vgl. Killguss et al. 2020, S. 56). Pädagogisch bedeutet das immer zugleich Selbstreflexion der pädagogischen Fachkräfte und zum anderen, Vorwissen des Judentums (aus Familie, Medien, Peers, Schule) zuzulassen, ohne zu moralisieren; gleichzeitig sollten jedoch Wirkzusammenhänge des Antisemitismus durch Rollenspiele so verwirklicht werden, dass Jugendliche zur Selbstreflexion befähigt werden: „Ausgangspunkt sollten die eigenen Erfahrungen der Lernenden und der Lehrenden mit Antisemitismus aus dem Alltag sein, die dann für die schulische und außerschulische Bildungsarbeit fruchtbar gemacht werden können." (Killguss et al. 2020, S. 57). Die Analyse des schablonenhaften stigmatisierenden Ticketdenkens (vgl. Horkheimer & Adorno 1988/1969; Killguss et al. 2020, S. 58) sollte im Fokus stehen (Erziehung zur Mündigkeit):

> „Dies bedeutet freilich, einen Begriff von Demokratie als Grundlage zu verwenden, der nicht beim Einfordern von freien Wahlen und freier Meinungsäußerung stehen bleibt, sondern Fragen nach dem Verhältnis zwischen Rechten und Selbstverständnissen von Kindern / Jugendlichen und Erwachsenen zu erörtern und darüber zu reflektieren, wie das Aushandeln und Entwickeln demo-

kratischer Praxen eingeübt und umgesetzt werden kann" (Killguss et al. 2020, S. 59).

Literatur

ADORNO, Theodor W. (1972): Schuld und Abwehr. Eine qualitative Analyse zum »Gruppenexperiment«, in: ders.: Gesammelte Schriften, Bd. 9.2 (1972 / 2004), Frankfurt am Main: Suhrkamp.

ADORNO, Theodor W. (1978): Erziehung nach Auschwitz. Vortrag in e. Sendereihe d. Hess. Rundfunks 1966. Stuttgart: Arbeitsgemeinschaft d. Evang. Jugend (AEJ) in der Bundesrepublik Deutschland und Berlin West e.V. (Seminarmaterial Arbeitsgemeinschaft der Evangelischen Jugend, AEJ, in der Bundesrepublik Deutschland und Berlin West e.V.).

ADORNO, Theodor W. et al. (1991): Studien zum autoritären Charakter, 8. Auflage, Frankfurt am Main: Suhrkamp.

ADORNO, Theodor W. (2004): Gesammelte Schriften, hrsg. Rolf TIEDE-MANN / Gretel ADORNO, Berlin: directmedia Publ. ADORNO, Theodor W. (2012): Erziehung nach Auschwitz. In: Ullrich BAUER, Uwe H. BITT-LINGMAYER und Albert SCHERR (Hg.): Handbuch Bildungs- und Erziehungssoziologie. S. 125 – 135. Wiesbaden: VS-Verlag.

ADORNO, Theodor W.; Horkheimer, Max (1988; 1969): Dialektik der Aufklärung. Philosophische Fragmente, Frankfurt am Main: Suhrkamp.

AUS POLITIK UND ZEITGESCHEHEN 64, S. 28 – 30. 7. Juli 2014.

BERGMANN, Werner (2004): Geschichte des Antisemitismus, München: Beck.

BENZ, Wolfgang (2016): Antisemitismus, Schwalbach / Ts.: Wochenschau.

BERNSTEIN, Julia (2018): „Mach mal keine Judenaktion!": Herausforderungen und Lösungsansätze in der professionellen Bildungs- und Sozialarbeit gegen Antisemitismus, Frankfurt am Main. Universität Frankfurt: verfügbar unter: https://www.frankfurt-university.de/fileadmin/standard/Aktuelles/Pressemitteilungen/Mach_mal_keine_Judenaktion__Herausforderungen_und_Loesungsansaetze_in_der_professionellen_Bildungs-_und_Sozialarbeit_gegen_Anti.pdf

BUNDESZENTRALE FÜR POLITISCHE BILDUNG (Hg.) (2013): Wider die Gleichgültigkeit!: aktiv gegen Rechtsextremismus; Perspektiven, Projekte, Tipps. Bonn: Bundeszentrale für Politische Bildung. Deutscher Koordinierungsrat (2019): Erklärung zum Antisemitismus. In: https://duesseldorf.deutscher-koordinierungsrat.de/dkr-home-ICCJ-Erklärung-zum-Antisemitismus-2019/Der Vorstand des Internationalen Rates der Christen und Juden Martin-Buber-Haus, Heppenheim, 28. Februar 2019

EMCKE, Carolin (2017): Gegen den Hass. Lizenzausgabe für die Bundeszentrale für Politische Bildung. Bonn: Bundeszentrale für Politische Bildung (Schriftenreihe der Bundeszentrale für Politische Bildung, Band 10027).

GEBRANDE, Julia; MELTER, Claus; BLIEMETSRIEDER, Sandro (Hg.) (2017): Kritisch ambitionierte Soziale Arbeit: intersektional praxeologische Perspektiven. Weinheim: Beltz Juventa.

HEITMEYER, Wilhelm (2011): Gruppenbezogene Menschenfeindlichkeit. Interaktionsprozesse im gesellschaftlichen Raum. In: Caroline Y. RO-BERTSON-VON TROTHA (Hg.): Rechtsextremismus in Deutschland und Europa: Rechts außen – Rechts „Mitte"? S. 21 – 38. Baden-Baden: Nomos

HEITMEYER, Wilhelm (Hg.) (2012): Deutsche Zustände: Deutsche Zustände. Berlin, Berlin: Suhrkamp.

HEITMEYER, Wilhelm (2012): Gruppenbezogene Menschenfeindlichkeit (GMF) in einem entsicherten Jahrzehnt. In: Wilhelm HEITMEYER (Hg.): Deutsche Zustände: Deutsche Zustände. Berlin, Berlin: Suhrkamp, S. 15 – 41.

HEITMEYER, Wilhelm (2013): Rechtsextremes Radikalisierungsspektrum, gesellschaftliche Entwicklung und Gruppenbezogene Menschenfeindlichkeit. In: Bundeszentrale für Politische Bildung (Hg.): Wider die Gleichgültigkeit!: aktiv gegen Rechtsextremismus; Perspektiven, Projekte, Tipps. S. 12 – 29. Bonn: Bundeszentrale für Politische Bildung.

HERRMANN, Markus (2015): Gruppenbezogene Menschenfeindlichkeit in der Lebensphase der frühen Jugend. Eine schriftliche SchülerInnenbefragung über menschenfeindliche Einstellungen im Alter von 12 bis 16 Jahren. Wien: verfügbar unter: http://othes.univie.ac.at/38678.

HIRSCHFELD, Uwe; SCHWENDEMANN, Wilhelm (Hg.) (2018): Mai 1945. Perspektiven der Befreiung, Münster u.a.: LIT.

HORKHEIMER, Max; FROMM, Erich; MARCUSE, Herbert (1936): Studien über Autorität und Familie, Forschungsberichte aus dem Institut für Sozialforschung hrsg. von Max HORKHEIMER; Erich FROMM; Herbert MARCUSE u.a.], Paris: zu Klampen.

KANT, Immanuel; WEISCHEDEL, Wilhelm (1988 – 1993): Werkausgabe. Frankfurt am Main: Suhrkamp.

KANT, Immanuel; WEISCHEDEL, Wilhelm (1995): Kritik der praktischen Vernunft. Grundlegung zur Metaphysik der Sitten. [Sonderausgabe]. Frankfurt am Main: Suhrkamp.

KILLGUSS, Hans-Peter; MEIER, Marcus; WERNER, Sebastian (Hg.) (2020): Bildungsarbeit gegen Antisemitismus. Grundlagen, Methoden & Übungen, Frankfurt am Main: Wochenschau.

KÖRBER-STIFTUNG (Hg.) (2017): Deutsche wollen aus der Geschichte lernen, Hamburg: verfügbar unter: https://www.koerber-stiftung.de/deutsche-wollen-aus-geschichte-lernen-1143.

KRESS, Hartmut (2002): Art. Verantwortung II, in: TRE 34 (2002), S. 577 – 581.

MARKS, Stephan (2011): Warum folgten sie Hitler? Ostfildern: Patmos Verlag.

MARKS, Stephan (2017): Warum folgten sie Hitler? Die Psychologie des Nationalsozialismus. Unter Mitarbeit von Heidi Mönnich-Marks. 4. Auflage. Ostfildern: Patmos Verlag.

MÖLLER, Kurt (2017): „Gruppenbezogene Menschenfeindlichkeit" (GMF) oder Pauschalisierende Ablehnungskonstruktionen (PAKOs)? Welches Konzept führt wissenschaftlich und praktisch wohin? In: Julia GEBRANDE, Claus MELTER und Sandro BLIEMETSRIEDER (Hg.): Kritisch ambitionierte Soziale Arbeit: intersektional praxeologische Perspektiven, S. 164 – 190. Weinheim: Beltz Juventa.

PIEL, Lisa (2014): Gruppenbezogene Menschenfeindlichkeit. Eine Beschreibung des Syndroms. München: GRIN Verlag GmbH.

RAUSCH, Jürgen; SCHWENDEMANN, Wilhelm (2014): Postmigrantische Phänomene: Streiflichter zu jugendlichem Antisemitismus, Tabubrüchen, Provokationen und Holocaust Verdrängung, in: KÖHLER-OFFIERSKI et al. (Hg.) (2014): Übergänge und Umbrüche, Evangelische Hochschulperspektiven Bd. 10, S. 157 – 170. Freiburg: FEL.

ROBERTSON-VON TROTHA, Caroline Y. (Hg.) (2011): Rechtsextremismus in Deutschland und Europa: Rechts außen – Rechts „Mitte"? Baden-Baden: Nomos.

SALZBORN, Samuel; KURTH, Alexandra (2019): Antisemitismus in der Schule. Erkenntnisstand und Handlungsperspektiven. Wissenschaftliches Gutachten, Berlin/Gießen. verfügbar unter: https://www.tu-berlin. de/fileadmin/i65/Dokumente/Antisemitismus-Schule.pdf.

SCHWENDEMANN, Wilhelm (2017): Was bedeutet es im Religionsunterricht über Menschenrechte zu sprechen? Religionsunterricht als Prävention gegen Menschenfeindlichkeit, in: GLOE, Markus & OFTERING, Tonio [Hg.] (2017): Perspektiven auf Politikunterricht heute. Vom sozialwissenschaftlichen Sachunterricht bis zur Politiklehrerausbildung. Festschrift für Hans-Werner Kuhn, Votum. Beiträge zur politischen Bildung und Politikwissenschaft Band 3, S. 201 – 219. Baden-Baden: Nomos.

SIMMEL, Ernst (Hg.) (2017): Antisemitismus, mit einem Nachwort zur deutschen Ausgabe von Helmut Dahmer, Münster: Westfälisches Dampfboot.

STEINMEIER, Frank-Walter (2020): Reden des Bundespräsidenten. In: http://www.bundespraesident.de/SharedDocs/Reden/DE/Frank-Walter-Steinmeier/Reden/2020/01/200123-Israel-Yad-Vashem.html

ZICK, Andreas; u.a.(2016): Gruppenbezogene Menschenfeindlichkeit in Deutschland 2002-2016. In: Andreas ZICK und Beate KÜPPER (Hg.): Gespaltene Mitte – feindselige Zustände: rechtsextreme Einstellungen in Deutschland 2016, S. 33 – 81. Bonn: Dietz.

ZICK, Andreas; KÜPPER, Beate (Hg.) (2016): Gespaltene Mitte – feindselige Zustände: rechtsextreme Einstellungen in Deutschland 2016. Bonn: Dietz.

Kapitel C

Rezensionen

Einleitende Gedanken

Markus Heubes, Jürgen Rausch

Eine Rezension ist gemeinhin eine kritische Besprechung eines Buches, eines Artikels oder einer künstlerischen Darbietung und bringt die persönliche Meinung oder Position des jeweils Rezensierenden zum Ausdruck. Nachfolgend stellen Markus Heubes und Jürgen Rausch exemplarisch einige Bücher vor, die, zugegeben mitunter in einem weit ausholenden Bogen, das Thema Gesellschaft in Verantwortung streifen, die zu neuen Sichtweisen darauf anregen oder kritische Positionen zur Diskussion stellen. Diese Breite mit der hier neue, andere Zugänge eröffnet werden, ist der Tatsache geschuldet, dass die Herausgeber den Leser und die Leserin dafür gewinnen möchten, trotz der Komplexität des Themas, über den Tellerrand zu blicken, die große gesellschaftliche Transformation bzw. das Thema *Gesellschaft in Verantwortung* mit einem erweiterten Blick zu betrachten und zu beurteilen. Es wäre viel zu kurz gegriffen, würden die zukünftigen großen Herausforderungen für unsere Gesellschaft entlang von *Mensch und KI* oder *Mensch und Umwelt* diskutiert werden. Der Blick über den Tellerrand der eigenen Disziplin, gewissermaßen der zweite Blick, lässt mitunter neue Optionen zu, über die Zukunft nachzudenken. Mehrperspektivische Zugänge und multidisziplinäre Würdigungen geben dem Leser, der Leserin neue Denkanstöße und Anregungen zur Gestaltung des gesellschaftlichen Wandels, so die Überzeugung der Herausgeber.

Emanuele Coccia (2018):

Die Wurzeln der Welt.

aus dem Französischen von Elsbeth Ranke. 2. Aufl.

München: Carl Hanser Verlag. 188 Seiten.
ISBN 978-3-446-25834-1. 20,00 Euro.

Summary

Das Essay des italienischen, in Paris lehrenden Philosophen Emanuele Coccia kündigt eine Wende größeren Ausmaßes in der Sicht des Menschen auf seine Stellung in der Welt an. In dem vorliegenden Essay geht es um Pflanzen und um deren Leben. In den Pflanzen gründet das, was wir Welt nennen und darin gründet Coccia folgend die eigentliche Alchemie des Lebendigen.

Coccia versucht aufzuräumen mit dem Anthropozentrismus unserer Zeit. Das viel berufene Anthropozän ist Ausdruck genau dieses Chauvinismus, der seinerseits belegt, dass wir, um mit Bruno Latour zu sprechen, „nie modern gewesen sind" und der Mensch wird den Ausführungen folgend, zukünftig nicht mehr unangefochten der Mittelpunkt allen Lebendigen sein können.

Emanuele Coccia stützt seine Ausführungen auf Paradoxe wie

Pflanzen haben keine Augen – und können dennoch sehen, Pflanzen haben kein Gehirn – und besitzen dennoch ein Gedächtnis, Pflanzen haben eine Vorstellung davon, wo sie sich befinden, denn ihre Wurzeln weichen Hindernissen nicht nur aus, sondern sie tun das auf vernünftige Weise. Diese Erkenntnisse sind Ergebnis wissenschaftlicher Forschung. Dem Leser drängt sich an dieser Stelle die Frage auf, ob Pflanzen auch über eine Art Selbstbewusstsein verfügen? Pflanzen haben Intelligenz und sprechen in Dialekten, so dass eine Sonnenblume aus Europa nicht unbedingt die Signale einer aus den USA versteht. All das ist wissenschaftlich nachgewiesen.

Unsere Vorstellungen von Leben und dem, was lebendig ist, ist außerhalb einer anthropozentrischen Priorisierung ausschließlich am Tier orientiert, das wir, betrachten wir die evolutionäre Entwicklungslinie, dem Menschen weit unterordnen.

Alles das Nerven, Blutbahnen, Lunge, Herz, Gehirn hat, ist lebendig und darüber hinaus lassen wir keine anderen Formen des Lebendigen zu, obgleich uns die Nanophysik und die Elektronenmikroskopie eben dieses neue Leben mehr und mehr erschließen helfen. Coccia zwingt uns mit seinen Ausführungen zu einer Korrektur dieser naiv-verklärten und meist auch hegemonial überheblichen Vorstellung von Leben und ihrer Ordnung. Er zwingt uns zu einem revidierten hermeneutischen Zugang zum Schöpfungshymnus.

Ein Mäandrieren auf ein großes Thema zu – zur Person

Emanuele Coccia, Professor für Philosophiegeschichte an der EHESS. Coccia war u. a. Assistenzprofessor an der Uni Freiburg (2008 – 2011). Nach Gastprofessuren an der Universität Buenos Aires, der Heinrich-Heine-Universität Düsseldorf und der University of Tokio lehrt er heute an der EHESS in Paris. Sein Zugang zum Thema Pflanzen gründet auf seiner Biografie.

Während andere seiner Generation die klassischen Gymnasien besuchten, musste Emanuele, der Junge aus dem adriatischen Küstenstädtchen Civitanove Marche, dem Wunsch seiner Mutter folgend, eine technische Ausbildung absolvieren. Mit den Agrarwissenschaften wählte er eine Disziplin, die dem Anspruch seiner Mutter nach einer technischen Ausbildung weitgehend gerecht wurde, die aber auch Coccia interessierte. Die Wahl der Ausbildung bedeutete aber auch eine „soziale Exklusion", wie er später realisierte: „Niemand, der ernst genommen werden wollte, beschäftigte sich damals mit Pflanzen."

Mit dem anschließenden Studium der Philosophie wechselte Emanuele Coccia schließlich die Seite. Er wurde auf eine Professur berufen, zunächst in Deutschland, dann in Paris, doch selbst da blieb dieser Mangel. Insbesondere, wenn er auf klassisch gebildete Kollegen blickte. Heute aber ist alles ganz anders: „Jetzt sieht es so aus, als ob ich den anderen etwas voraushätte – gerade wegen der Pflanzen."

Von den Pflanzen oder dem Ursprung unserer Welt
Prolog

> „Wir sprechen kaum von ihnen und vergessen ihre Namen. [...] In den
> modernen Metropolen sieht man sie als überflüssigen Klimbim der
> Stadtverschönerung. Vor den Toren der Stadt sind sie Gäste – als Un-
> kraut – oder Gegenstand der Massenproduktion. Die Pflanzen sind
> die immer offene Wunde der metaphysischen Arroganz, die unsere
> Kultur definiert."

Coccia installiert damit gleich zwei zentrale Positionsmarken seines Denkens: das Mensch-Pflanzen-Verhältnis ist ein durch den
Menschen bestimmtes und die Pflanze ist mur metaphorisches
Beiwerk urbanen Fortschrittglaubens des Menschen. Der zweite
Marker, quasi die Legitimationsebene aller anthropogener und
auch humanoider Denk- und Deutungszwänge unserer Zeit, ist
das metaphysische Stigma, das gleichsam zum Dogma neuzeitlichen Denkens in einer westlich zivilisatorischen Welt mutierte.

Wenngleich sich dem Leser bereits zu Beginn der Ausführungen
der Eindruck aufdrängen möchte, dass der Mensch ausschließlich deontologischen Verhaltensmustern folge, so zeigt sich doch
in der Bezugnahme Coccias z. B. auf Kant, dass es mehr braucht
als Verstand, um zu verstehen. Kant interpretierend, braucht es
die Selbstreferenzialität menschlicher Intellektualität, um zu erkennen, wie sich alles Sein zueinander verhält. Und allem anderen Sein (Tiere, Pflanzen, Umwelt) müssen wir gleichsam einen
solchen Reflexionsprozess zugestehen, womit wir uns jenseits des
Empirismus im Sinne Locks bewegten und wozu Coccia uns ein-
zuladen wagt. Die transzendentale Metaphysik bliebe die letzt-
endliche Bezugsebene also Mensch-Welt-Gott.

Die Pflanze als die radikalste Form des In-der-Welt-Seins

Coccia klagt mit seinen Ausführungen an, ohne jedoch vorwurfsvoll zu klingen. Es ist gleichsam ein sanfter aber bestimmter Prozess der Okkupation verkrusteter Denkmuster in uns. Die Biologie, sie habe den Begriff von Leben ausnahmslos am Tierischen definiert – ein kannibalischer Exzess, so Coccia, denn alles Tierische findet seine existenzielle Bezugnahme in den Pflanzen. Den Naturwissenschaften schreibt er deshalb den Verlust der philosophischen Neugier zu, und das infolge einer sich immer weiter ausdifferenzierenden wissenschaftlichen Arbeitskultur.

Pflanzen sind die eigentlichen großen Magier des Lebens, verwandeln Kohlenstoff und Sonnenlicht zusammen mit Wasser in Leben. Und allein schon durch ihre Existenz verändern Pflanzen die Welt, ohne sich dabei auch nur zu bewegen, ohne überhaupt zu handeln.

Coccia lässt hier m. E. Maturana und Varela hervorscheinen. Ihre auf Luhmanns systemtheoretischen Ansatz der Autopoiesis reüssierende Theorie der Kognition (vgl. Der Baum der Erkenntnis 1984), wonach Leben, also biologische Zellen, als autopoietisches System 1. Ordnung, zu verstehen ist und eben nicht reduziert werden kann auf zwei Spezies: Mensch und Tier. Auf diesen Gedanken reüssieren Coccias weitere Ausführungen des Seins.

> „Sein bedeutet für sie Welt machen, und umgekehrt ist die Konstruktion von (unserer) Welt, das Weltmachen, nur ein Synonym für das Sein. Und nicht nur die Pflanzen versuchen sich in dieser Koinzidenz: Bei den Organismen ist sie noch viel eindeutiger zu sehen. Damit müssen wir diese Erkenntnis verallgemeinern und schlussfolgern, dass die Existenz jedes Lebewesens notwendigerweise ein kosmogonischer Akt ist."

Mit seiner Pflanzenphilosophie gelingt es Emanuele Coccia, uns ein anderes, ein revidiertes Bild der uns umgebenden Natur zugänglich zu machen – und anhand dessen, was sich dem Leser da am Horizont schemenhaft erahnen lässt, zeugt davon, dass ein anderes, neues Verhältnis Mensch-Pflanze unumgänglich scheint, bevor wir die Grundlagen unserer eigenen Existenz endgültig zerstört haben werden. Dann nämlich, wenn wir unsere florale Umwelt unverstanden und domestizierend als Beiwerk menschlicher Existenz behandeln und zur natürlichen Quelle unseres Expansionswahns auszubeuten versuchen. Hierin ist auch die Leitfrage für Coccia begründet. Coccia stellt die Frage nach der Welt neu und zwar ausgehend vom Leben der Pflanzen. In den folgenden drei Kapiteln entfaltet Coccia seinen Zugang zur Welt der Pflanze, indem er die Pflanze in ihrer Kontextualität des Seins elementarisiert. Mit der Theorie des Blattes – die Atmosphäre der Welt, der Theorie der Wurzel – das Leben der Gestirne und der Theorie der Blüte – die Formen der Vernunft.

Leidenschaft im Durchdrungensein von Welt und Subjekt

Alles ist Sein. Coccia greift auf das Theorem der Kritik an der reinen Vernunft zurück – Alles ist Sein, dieses Postulat bildet das ethisch-konstruktivistische Podest für Coccias Explikation. Um zu verstehen und um verstanden zu werden, bedient sich Coccia des Miller-Urey-Experiments zur Herstellung von Aminosäuren unter möglichen Bedingungen einer einfachen Erde von 1953. Er leitet daraus die Hypothese ab, dass alles Lebende aus dem flüssigen physikalischen Milieu entstammt. Der Übergang von Leben aus dem Meer auf das Festland, wäre dann nicht das Ergebnis

eines evolutionären oder gar revolutionären Prozesses, sondern
wäre ausschließlich einer graduellen Veränderung von Dichte geschuldet. Daraus leitet Coccia jene Vorstellung ab, wonach Materie

> „bei aller Unterschiedlichkeit der Elemente und trotz ihrer physischen
> Diskontinuität ontologisch unitär und homogen ist und dass diese
> Einheit in ihrer fließenden Natur besteht."

Das Fließendsein ist dabei nicht als Aggregatzustand zu verstehen, sondern als die Art und Weise, wie die Welt sich im Lebendigen und ihm gegenüber konstituiert. Alle Materie ist fließend,
sie formt, losgelöst von ihrer physikalisch wahrgenommenen Kon-
sistenz, Wahrnehmung und stellt sich als physische Kontinuität
oder Konstruktion dar. Alles Sein kann demzufolge nur innerhalb
des Paradoxon eines physisch-metabolischen Kontinuums existieren, um zugleich durch das Lebendige dazu beizutragen, das
Welt-Mensch-Verhältnis als solches so zu konstituieren, wie wir
es in unserer subjektiv-rekonstruktiven Wirklichkeitsvorstellung
erleben– immer instabil, im Wandel begriffen, vielfältig und ur-
tümlich zugleich, different aus sich selbst heraus und doch immer
wieder eintauchend und In-der-Welt-Seiend als Konstante des weder Stillstehens noch in Bewegungseins. Atmosphäre und Atem
synchronisieren alles Sein, das wiederum durchdrungen ist vom
Fließenden, der Materie selbst. Coccia setzt damit dem Naturbild
der Moderne etwas entgegen. Vielleicht ist das euphemistisch gedacht, da wir heute ein Bild der Natur weniger von der Atmosphäre, sondern vielmehr von der Technosphäre des 21. Jahrhunderts
herdenken. Und dennoch gelingt es Emanuele Coccia, uns ein neues Bild der Natur zumindest in seinen schemenhaften fluidalen
Grenzen erahnen zu lassen. Coccias Essay verhilft uns zu einem
systemischen Blick auf Pflanze, Welt und Dasein oder im Kontext

einer metaphysisch begründeten Trias auf Mensch-Welt-Gott.

Alles in der Welt ist miteinander verwoben – alles steht mit allem in einem unauflösbaren Zusammenhang – und alles ist in allem enthalten. In den Worten des italienischen Philosophen: Was umfängt, wird umfangen – und was umfangen wird, umfängt. Ein unauflösbares Verhältnis, das wir Klima nennen.

Umfangensein indiziert, dass es dem Menschen immer wieder möglich ist, die passive und dann wieder die aktive Rolle im Wechselspiel der Vorherrschaft um die Deutungsherrschaft allen Seins auf Erden einzunehmen in der Lage wäre. Dass das nicht gelingt, zeigt sich im Zustand unserer Erde, die nie zuvor so massiv in ihrem ökologischen Gleichgewicht durch Menschenverstand in Frage gestellt worden ist. Dass es dennoch Hoffnung geben mag, zeigt sich uns in Max Frischs Homo Faber. Letztendlich vermag auch er nicht, der als rational und technikgläubig die Wahrheit über die Welt zu deuten glaubt, der Gewalt der Natur als Fingerzeig des Göttlichen zu widerstehen. Vielmehr ließ sich m. E. das Umfangen und Umfangensein deuten, sind Intellektualität, Rationalität des Menschlichen als Zwischenstufen vor dem In-der-Welt-Sein, des Durchdrungenseins zu verstehen, als Hindernis, um sich des transzendent Göttlichen bewusst werden zu können, im Sinne Max Frisch und seines Homo Fabers, dem das Augenlicht nicht das Wahre zu zeigen vermag, er dazu verurteilt ist, sehend und dennoch blind durchs Leben zu ziehen.

Leben bedeutet bei Coccia nicht nur zusammen leben. Es bedeutet zugleich ineinander leben. Anders ausgedrückt: Was lebt, so Coccia, wechselt unentwegt seine Stofflichkeit und seine Struktur. Materie und Atmosphäre stehen in einer Wechselbeziehung zueinander. Daraus lässt sich m. E. die Vorstellung ableiten, wonach wir in unserer biologischen Grundarchitektur der Gesamtheit der Welt entsprechen. So verhält es sich dann, dass wir von allem durchdrungen sind, so, wie wir unsererseits alles durchdringen – und das bildet der allgegenwärtige Metabolismus des Seienden ebenso ab wie der Umstand, dass das, was es gibt, aus genau dergleichen Materie besteht, aus der wir selbst bestehen. Coccia nennt dieses Geflecht, gleichsam Materie des radikalen mit und ineinander Vermengtseins, die eigentliche Ursuppe allen Lebens und weist dies den Pflanzen zu.

> „Die Pflanzen sind die Ursuppe der Erde, und sie ermöglicht es, dass die Materie Leben werden und das Leben sich zur rohen Materie zurückverwandeln kann. Diese radikale Mischung, die alles an ein und demselben Ort existieren lässt, ohne Formen und Substanzen zu opfern, nennen wir Atmosphäre."

Die Atmosphäre ist für Coccia die Quintessenz der Welt, ihr Äther, in der alles miteinander verbunden und alles in allem ist. Das Blatt ist Coccia folgend Ausdruck dieses Prinzips und Pflanzen atmen aus, was Tiere (und der Mensch) einatmen. Nichts ist ontologisch vom Rest getrennt. Wie das verstanden werden muss, lässt sich Coccia folgend am Bild des Meeres veranschaulichen, an dem der Atmosphäre oder dem der Materie als das Lebende und zugleich Seiende.

Coccias Ausführungen stellen eine Provokation für die rational begründeten Naturwissenschaften dar. Es ist nichts voneinander getrennt, der Mensch lebt nicht vom Tier und die Pflanze nicht vom Menschen getrennt in einem Gefäß nebeneinander her. Eine logische Trennung lässt Coccia nicht zu, vielmehr ist der Raum in der Welt und Welt ist Ausdruck des In-der-Welt Sein, was wiederum Welt ist.

> „Nie werden wir von der Welt getrennt sein können: Alles Lebendige

formt sich aus derselben Materie, aus der Berge und Wolken bestehen. Das Eintauchen ist ein materielles Zusammentreffen, das unter unserer Haut beginnt. Deshalb brauchen auch die Organismen nicht aus sich selbst herauszugehen, um das Gesicht der Welt umzugestalten; sie brauchen nicht zu handeln, zu ihrer „Umwelt" zu gehen, brauchen sie nicht einmal wahrzunehmen: Allein durch ihr bloßes Sein formen sie den Kosmos. In-der-Welt-Sein bedeutet zwangsläufig Welt machen."

Schlussfolgerung

Seine Ausführungen sind nicht Ausgeburt einer mystisch-esoterischen Schieflage seines Denkens. Er ist keiner, der Bäume umarmt. Vielmehr legt Coccia, in den Bezugslinien vernunftorientierter Vordenker von Aristoteles über Augustinus oder Herder bis vielleicht zu Kant, liest man ihn jenseits seiner Postulate zu einer deontologischen Ethik, einen neuen Zugang zum Weltverstehen. Folgt man Coccia konsequent, dann stellt das den Menschen als den Zenit der göttlichen Schöpfung in Frage. Coccia spricht gar von einer zweiten Romantik. Bei der ersten wirkte die Industrialisierung als treibende Kraft, heute, so Coccia ist es die Digitalisierung und die Vehemenz mit der wir die Ressourcen unseres Planeten zerstören. Urban Gardening, Permakultur, Waldkindergärten – die Wege des Stadtmenschen zurück zur Natur treibt viele unterschiedliche Blüten und ist der Versuch, sich dem zu stellen. Vielleicht wäre es konsequent, würden wir so etwas wie Sozialökologie in die grundständige schulische Ausbildung aufnehmen – hier sei mir ein Verweis auf Herman Nohls „Durch Erziehung Lebenswelt gestalten" gestattet. Es gilt aber auch die gesellschaftliche Elite darin zu stärken auch in diesem Bereich Vorreiter zu werden und Verantwortung zu übernehmen – so könnte der Atem der Welt zu neuer Kraft erstarken.

Würdigung

Emanuele Coccia positioniert sich mit seinem Essay „Die Wurzeln der Welt" als Vertreter einer Sonderform des Panpsychismus und interpretiert den abrahamitischen Mythos, wonach der Odem, der Atem Gottes, alle Materie belebt. Darauf rekurriert letztendlich auch die Erkenntnis Coccias, dass es leichter ist Bewusstsein von bewusster Materie herzuleiten, den von nicht bewusster. Uns liegt also ein auf besondere Art und Weise inspirierender Essay vor, der geistreich originär und dabei auch flüssig geschrieben ist. Coccia arbeitet mit Metaphern – es fehlen Konkretionen, der Leser wünschte sich einen Transfer, wie er in der Literatur gelingen mag.

Wie gehen wir um mit dem, was wir als kategorischen Imperativ zur moralischen Instanz erheben und wie belastbar ist der Rekurs auf alttestamentliche Passagen der Schöpfungsgeschichte – der Mensch Krönung des göttlichen Schöpfungsprozesses. Ist es doch zentral für die Philosophie die Welt und die menschliche Existenz, gleichsam den Sinn des Lebens zu ergründen und zu deuten. Hier bleibt Coccia dem Leser was schuldig. Gleiches gilt für den Umgang mit dem Tier. Allzu leicht kann der Eindruck entstehen, der Mensch würde sich nur den Pflanzen abwenden. Dem Pflanzensterben geht ein Insektensterben voraus. Und noch haben wir in so kurzer Zeit so viele Tierarten verloren, wie in dem letzten Jahrzehnt. Coccia geht es nicht um empirische Bezugnahmen und validierten Erkenntnisertrag. Vielmehr und mit Verweis auf seinen Anmerkungsapparat im Anhang des Buches, scheint das luzide abgebildet, will er anstoßen, eine anthropologische geistige Revolution anstoßen und die Stellung des Menschen im Kosmos, anders als traditionell durch das Christentum zugeschrieben, neu justieren. Resümee: Lesenswert und Nährstoff für Diskussionen mit der Garantie einer Bewusstseinserweiterung.

Jürgen Rausch

Uwe Schneidewind (2018):
Die Große Transformation. Eine Einführung in die Kunst gesellschaftlichen Wandels.
Frankfurt a.M.: S. Fischer-Verlage, 520 Seiten.
ISBN 978-3-596-70259-6. 12,00 Euro.

Uwe Schneidewind, Leiter des Wuppertal-Instituts für Klima, Umwelt und Energie und Professor für Innovationsmanagement und Nachhaltigkeit an der Bergischen Universität Wuppertal legt mit dem Band Die Große Transformation – Eine Einführung in die Kunst des gesellschaftlichen Wandels, einen zusammen mit über 60 Co-Autoren verfassten Band vor und konfrontiert den Leser mit Narrativen eines gelingenden, weil auf Nachhaltigkeit ausgerichteten Wandels. Den Ausführungen folgend ist dieser Wandel in der Lage, die ökologisch-soziale Bedrohungslage und die damit einhergehende kritische Anfrage an die vorherrschenden Formen des Kapitalismus zu korrigieren. Schneidewind skizziert einen Wandel für die Welt 2050. Der vorliegende Band gliedert sich in drei Kapitel mit insgesamt 23 Beiträgen.

In Anlehnung an Karl Polanyis Great Transformation und dem Gutachten des Wissenschaftlichen Beirates der Bundesregierung Globale Umweltveränderungen (WBGU) entfaltet Schneidewind Perspektiven, Bilder und Zukunftsszenarien einer Welt von morgen. Schneidewind greift hier weit um sich, indem er sich mit seinem Buchtitel Die Große Transformation zur Aufgabe gemacht hat, Antworten auf die „massiven ökologischen, technologischen, ökonomischen, institutionellen und kulturellen Umbruchprozesse zu Beginn des 21. Jahrhunderts" (S. 11) geben zu wollen.

Dieser sehr umfänglichen und zugleich komplexen Herangehensweise stellt er für den Leser sehr anschaulich den Aufbau des Buches vor und gibt bereits zu Beginn eine Antwort auf die sich dem Leser an anderer Stelle vielleicht selbst gebende Frage, welchen Beitrag das vorliegende Buch zur aktuellen Nachhaltigkeitsdebatte zu leisten vermag.

Der Autor benennt drei zentrale Aspekte, die wesentlich dafür stehen, diesem Anspruch gerecht zu werden:

1. Das Buch ist integrativ – betrachtet aus einer Metaebene die Vielzahl an Konzepten und erkennt und benennt deren Interdependenzen.
2. Das Werk ist ökonomisch pluralistisch – es findet eine aktive Auseinandersetzung mit der Zukunft unserer Wirtschaftsordnung statt.
3. Es ist akteursorientiert – es werden Anforderungen an die Akteure in der Großen Transformation formuliert.

Mit seinen Beiträgen verortet sich der Autor selbst bei der transformativen Wissenschaft. Er nennt es einen hermeneutischen Versuch, lässt bewusst den kritischen Diskurs der Vergangenheit außer Acht, der drei Jahre zuvor entfacht ist. Hier stand und in Kreisen der Wissenschaft, steht dieser Vorwurf wohl durchaus noch, der Vorwurf, die transformative Wissenschaft würde zu De-Politisierung und Preisgabe wissenschaftlicher Wahrheitssuche (vgl. Strohschneider 2014 und Grunwald 2015) beitragen. Wenngleich sowohl das Format des vorliegenden Buches, als auch der Duktus das in einem ersten Anschein beflügeln würde, widersprechen dem die transdisziplinäre Herangehensweise und der Anspruch Narrative zu zeichnen und nicht Wirklichkeiten oder gar Wahrheiten zu generieren. Es geht um Orientierungshilfen und um den Diskurs darüber.

Kapitel A legt die Basis der weiteren Argumentationslinien offen. Schneidewind proklamiert hier Nachhaltigkeit als kulturelle Revolution, vertritt die Auffassung, wonach die aktuelle Wirtschaftsordnung Dreh- und Angelpunkt einer großen Transformation sein sollte. Weiter nennt er die nachhaltigen Entwicklungsziele die SGDs als den zentralen Kompass oder die Vision einer völligen Dekarbonisierung und einer 8-Tonnen-Gesellschaft. Mit dem Anspruch darüber die Wissensbasis, das Verständnis und die moralisch legitimierte Anspruchshaltung an die Richtigkeit und Wirksamkeit seiner weiteren Ausführungen zu legen, überzeugt Schneidewind an dieser Stelle nicht wirklich. Ausgehend von einer globalen Betrachtung, einer die Welt umspannenden Kulturrevolution zu Gunsten einer geretteten Welt, scheint mehr als nur Zukunftskunst zu beschreiben. Es scheint, als wolle man sich weiteren Diskussionen zur Konkretisierung entziehen und sich auf einer Metaebene zurückzuziehen. Was an sich für die Befeuerung einer Diskussion um die Folgen der gesellschaftlichen Veränderungsprozesse, wie wir sie seit einiger Zeit erleben, bereits ausreichend wäre.

Durchaus wäre es wünschenswert gewesen, hätte der Autor sich kritischer mit den Sustainable Development Goals (SDGs) auseinandergesetzt. Wenngleich der Verweis auf den Bundtland-Bericht

aus 1987 oder die Konferenz in Rio de Janeiro 1992 angeführt werden, so zeigen sich doch auch die Schwächen, die der Vision einer
Großen Transformation widersprechen: Die Weltgemeinschaft als
solche in ihrer pluralen Ausgestaltung zeigt sich so vielperspek-
tivisch, dass weder eine gemeinsame Ebene moralischer Grund-
ausrichtung noch ein Einvernehmen über soziale Gerechtigkeit
oder ein Einvernehmen darüber herrscht, wie und vor allem welche Menschenrechte in der realen Welt von allen geschützt und
eingefordert werden. Wie weit wir bislang nach dem Pariser Gipfel
bei unseren Klimaschutzbemühungen gekommen sind, lässt sich
aktuell gut ablesen. Der sich aus seinen Ausführungen in Kapital
zu generierendem Begriff der Zukunftskunst, wirkt dann wieder
angemessen. Vier Dimensionen sind genannt: die technologische
Dimension, eine ökonomische Dimension, eine institutionelle und
eine kulturelle. Es geht nicht um rational und ethisch begründete
Zielbeschreibungen, die in ihrer Absolutheit jenseits menschen-
möglicher Perfektion wären. Vielleicht ist mit Zukunftskunst
zusammengenommen und in Ergänzung oder auch Erweiterung
der von Schneidewind angedachten Funktion jene Form der Darstellung von imaginären Bildern gemeint, die nur wenigen gelingt,
aber vielen zugänglich ist. Es scheint die Kunst zu sein, Haltung
pro eine bessere, lebenswerte und lebenserhaltende Welt zu sein,
die Schneidewind und seine Mitautoren meinen.

Im Kapitel B zeichnet Schneidewind Bausteine der Großen
Transformation. „Wenden strukturieren die Transformationsräu-
me [...] setzen dabei auf unterschiedlichen Ebenen an und sind eng
miteinander verzahnt" (S. 169), so der Autor. Er führt sieben Wenden an: die Wohlstands-, Ressourcen- und Energiewende, die Er-
nährungswende, die Mobilitätswende, die industrielle Wende und
die urbane Wende. Zentral scheint aber die Digitalisierung, die
explizit nicht genannt ist, die aber alle Bereiche durchdringt. Wie

weit eine Abkehr von einer Konzentration des digitalen Know-hows auf wenige Globalplayer Teil der Transformation sein muss und wie wir hin zu einer sozialgerechten und ökologisch verantwortbaren Wende der Digitalisierung kommen, fehlt. Erforderlich dazu ist ein Einvernehmen darüber, wie eine sozialgerechte und ökologisch verantwortbare Lebensweise (Welt) aussehen könnte. Hier, so zeichnet sich ab, setzen Schneidewind u.a. an, sie wollen dieses Bild, diese Grundkonstruktion einer neuen Welt anstoßen. Schneidewind gebraucht in diesem Zusammenhang den Begriff der doppelten Entkoppelung. Einmal müssen Maßnahmen getroffen werden, die unsere konsumierten Güter effizienter werden lassen – ressourcenschonender, langlebiger und wiederverwertbarer. Schneidewind spricht von der Entkoppelung erster Ordnung. Die Entkoppelung zweiter Ordnung fordert eine Trennung von steigender Lebensqualität und materiellem Wachstum. Wohlstand ohne Wachstum, eine Forderung, die schon lange diskutiert und vor dem Hintergrund der u.a. in diesem Band diskutierten Herausforderungen wieder mehr an Aufmerksamkeit gewinnende Forderung an uns Konsumenten, an die Wirtschaft und an die Politik.

Teil der Großen Transformation sind die Akteure, die in Kapitel C in den Blick genommen werden. Das Quintett aus Zivilgesellschaft, Politik, Unternehmen, Wissenschaft und dem Individuum muss sich die Frage beantworten, was die Große Transformation, die Zukunftskunst für sie bedeutet und wie sie Mitgestalter werden können. Die Gestaltung der Zukunft ist im Kern eine Zivilisationsaufgabe, das ist keine neue Erkenntnis, die Schneidewind bei der Betrachtung der Zivilgesellschaft als Taktgeber der Großen Transformation nennt (S. 301). Wie Zivilgesellschaft zu agieren hat, um den Wandel nachhaltig gestalten zu können, ist dagegen aufschlussreicher und zugleich herausfordernder formuliert.

Nationalstaatlichkeit muss überwunden werden, mit dem Ziel
eines liberalen und progressiven Weltbürgertums (S. 302). Es
werden Analogien zu moralischen Revolutionen aus der Vergangenheit entfaltet, etwa die Abschaffung der Sklaverei oder
die Einführung des Frauenwahlrechts. Es geht um die Würde
des Einzelnen, die unverfügbar und jenseits einer Wertzuschrei-
bung jedem Menschen zusteht. Derlei Beispiele verdeutlichen
bei aller Komplexität, was mit einem erweiterten Gestaltungs-
raum eines humanistischen Kompasses zur Formung der Großen Transformation zu verstehen ist. Darüber hinaus bekommt
bei Schneidewind die Zivilgesellschaft weitere Zuschreibungen
wie die Mahner-Funktion oder eine Mittler-Funktion zur Schaf-
fung neuer Strukturen innerhalb der Gesellschaft, aber auch die
Motor-Funktion als Triebfeder grundlegender gesellschaftlicher
Veränderungen. Auch zivilgesellschaftlichen Gruppen, die sich institutionalisiert haben wie Umweltverbände oder Kirche, Gewerk-
schaften oder soziale Bewegungen sind Teil zivilgesellschaftlicher
Ressourcen. Es sind Zuschreibungen an Zivilgesellschaft wie wir
sie aus der Friedenbewegung, der Anti-Atomkraftbewegung oder
zuletzt auch mit Fridays-for-Future zu sehen bekommen. Weitere von Schneidewind in den Blick genommene Akteursgruppen
sind die Unternehmen, die Wissenschaft und die Politik. Dass
umfassende und vorausschauende politische Konzepte nicht
automatisch wirksam zur Umsetzung kommen, zeigen die Ausführungen zur Rolle der Politik in der Großen Transformation.
Es sind die Abwägungsprozesse zwischen den verschiedenen
Anspruchsgruppen, der Beschränkung der Rechte des Einzelnen
und der Zielbeschreibung. Und zugleich ist zu vernehmen, die Politik bestimmt das moralische Setting und ist der Erfolgsfaktor
zur Durchsetzung innovativer politischer Zielbeschreibungen. Die
Unternehmen sind den Ausführungen folgend herausgefordert

ihre Wertschöpfungsketten zu reorganisieren. Sie spielen eine
wichtige Rolle bei der Gestaltung einer nachhaltigen Zukunft.
Dabei sind die Rollenzuschreibungen für die Unternehmen un-
terschiedlich, je nach Typ und Branche. Vom Mitgestalter von
Technologien über ordnungspolitischer Mitverantwortlichkeit bis
zum Gestalter von Konsumkulturen. Der Wissenschaft schreiben
Schneidewind und Kollegen eine wichtige Katalysatorfunktion
zu. Hier besteht den Ausführungen folgend Nachholbedarf, stär-
ker und proaktiver muss deren Rolle sein. Das setzt institutionelle
Veränderungen im Wissenschaftssystem voraus. Hier verweist
Schneidewind auf 31 Reformvorschläge für eine transformative
Wissenschaft. Letztlich geht es auch um einen neuen Aushand-
lungsprozess zwischen Wissenschaft und Gesellschaft – die Große
Transformation bedingt folglich auch eine Wissenschaftswende.

Auf die Frage wie gesellschaftlicher, organisatorischer und individueller Wandel zusammenhängen, bekommt der Leser einen
Spiegel vorgehalten. Gesellschaftliche auf das Individuum bezo-
gene Errungenschaften wie Freiheit, persönliche Entfaltung, Frieden und Gerechtigkeit sind gekoppelt an materielles Wachstum.
„Die Große Transformation ist [...] ein gekoppelter gesellschaftlicher, organisationaler und individueller Lernprozess." (S. 454). Er
resultiert aus dem Handeln der Akteure und forciert im besten
Fall eine Neuorientierung zwischen voller Welt und leerer Welt
– zwischen Wohlstand entlang ökologisch-planetarischer Grenzüberschreitungen und einer Welt mit vorhandenen massiven
Naturressourcen. Letztendlich, so eine schlussfolgernde Überlegung in diesem Buch, geht die Große Transformation von unseren
Köpfen aus. In unseren Köpfen entstehen Einsichten, Weltsichten,
Bilder einer anderen Welt. Mit unserem Handeln wirken wir auf
allen Ebenen, ob gesellschaftlich, unternehmerisch, politisch. Im
Verstehen darüber sehen die Autoren auch die individuelle Zu-

kunftskunst begründet, sie zu beherrschen und in Gestaltungs-
kraft umzusetzen, ist die Herausforderung für das Individuum.

Eine von uneingeschränktem Optimismus getragene Herangehensweise, die eine Zuversicht aufkommen lässt, in der die
Große Transformation human, ökologisch verantwortlich und
ökonomisch im Spiegel eines sich formierenden Weltbürgertums
möglich erscheinen lässt. Schneidewind schlägt dazu zehn zentrale Bausteine einer Zukunftskunst vor. Schneidewind entlässt
den Leser mit einem gesunden Maß an Zuversicht und der Aufforderung selbst einen Beitrag zu einer Nachhaltigen Entwicklung zu leisten. Der Band bietet dazu eine immense Fülle an
Anregungen an, die freilich nicht als Handlungsoption formuliert
sind, sondern vielmehr die kritische Auseinandersetzung mit
dem Jetzt fordert und eine Richtung für eine alternative, eine, die
Große Transformation im Geist eines humanistischen, ökologisch verantwortlichen und ökonomisch sozial gerechten Welt-
gemeinschaftsmodells, vorzeichnet.

Jürgen Rausch

Karin Reiber (2005):
Organisation im Spiegel der Regula Benedicti
Reihe: Internationale Hochschulschriften, Band 440
Münster: Waxmann Verlag GmbH, 207 Seiten
ISBN 3-8309-1480-6, EUR 24,90

Seit 1500 Jahren wird das klösterliche Leben der Benediktiner durch Regeln aus der Zeit der ersten Klostergründung bestimmt. Dies lässt auf eine geschichtliche Umbrüche und eine Veränderungen überdauernde Organisationsstruktur schließen. Mit Blick auf die eine Gesellschaft 4.0, die sich durch eine zunehmende Digitalisierung, eine weiter zunehmende gesellschaftliche Vielfalt aber auch durch eine Neubewertung von Werte- und Ordnungssystemen auszeichnen wird, lohnt ein Blick auf ein System, dass sich gegenüber den gesellschaftlichen und politischen Umwälzungen bis heute als Organisation mit besonderer Verpflichtung gegenüber ihrer Tradition im Wirkkreis einer pluralen und globalisierten Umwelt zu behaupten weiß.

Ausgehend von einem neuen Verständnis der Organisations-

entwicklung als Organisationslernen sucht Karin Reiber durch
eine hermeneutische Textanalyse der Regula Benedicti aus dem
6. Jahrhundert nach Hinweisen für Organisationsgestaltung und
Organisationslernen. In einer theoretischen Rahmenlegung entwickelt Reiber drei Dimensionen der Organisationsgestaltung
und drei Stufen organisationalen Lernens. In einer historischen
Rekonstruktion analysiert die Autorin den Text der Regula Benedicti. In einer zweiten Phase rezipiert und interpretiert Reiber
die Ergebnisse der hermeneutischen Analyse entlang eines dop-
pelt-dreischrittigen Theoriemodells. Sie arbeitet interessante
Aspekte für das Organisationslernen heraus, die individuelles
Lernen und organisationales Lernen zu Gunsten des Organisa-
tionsmitgliedes in Beziehung setzen, wobei die Rücksichtnahme
auf Individualität Teil des Führungskonzeptes ist und als soziales
Beziehungsgefüge neben der formalen Struktur eine informelle
Organisationsstruktur herausbildet.

Die aufschlussreiche Arbeit führt zu einem integrativen Konzept organisationalen Lernens, das Tradition als konstitutives
Merkmal einer Organisation um die Innovationsfähigkeit erweitert und so durch Kontinuität und Aktualität den Bestand moderner Organisation in die Zukunft sichern kann.

Adaption, analytische Hermeneutik, Bildung, Führung, Iden-
titätslernen, Interpretation, lernende Organisation, Mönchtum,
Normen, Organisation, Organisationslernen, Regula Benedicti,
Textanalyse, Werte, Zweckrationalität

1   Neue Organisationsmodelle nach den Regeln von Benedikt von Nursia

Das Mönchtum (griechisch: monachos = der Alleinlebende) in seiner christlichen Form wurzelt im Evangelium (vgl. Neues Testament: Matthäus 10,37 ff., 19,11 ff.). Vorbild abendländischer Kongregationen ist die freiwillige Gütergemeinschaft, die sich im Gebet und in der Liebe Christi vereint. Die apostolische Gemeinschaft, die Urgemeinde von Jerusalem (vgl. Neues Testament: Lukas, Apostelgeschichte 2.42 ff.), ist die angestrebte Sozialform, die ein apostolisches Leben (vita apostolica) ermöglichen soll. Nach der Klostergründung von Monte Cassio zu Beginn des 6. Jahrhunderts treten die Regeln Benedikts in Erscheinung und beschreiben nachhaltig die Grundstrukturen des westlichen Mönchtums und Ordenslebens.

Karin Reiber greift auf die Tatsache zurück, dass die benediktinischen Kongregationen seit 1.500 Jahren fortbestehen und dies, obwohl sich die Lebens- und Umweltbedingungen in einem stetigen und zunehmend rascheren Wandel befinden. Daraus ergeben sich Fragestellungen, die die Hypothese zulassen, wonach eine hermeneutische Analyse des Regelwerkes Benedikts (Regula Benedicti) und eine Adaption zu einem *Konzept für organisationales Lernen im Spiegel der benediktinischen Regel* führt (S. 10).

Die Arbeit von Karin Reiber ist klar strukturiert und entwickelt sich über eine Einleitung in Teil A bis Teil D. Die Wegleitung durch die Arbeit wird durch eine vom Ergebnis her begründete Formulierung in den jeweiligen Vorbemerkungen zu den einzelnen Kapiteln unterstützt. Das im Teil A angekündigte und sukzessiv erarbeitete theoretische Rahmenkonzept ist in der Organisationslehre und den Erziehungswissenschaften verortet. Die vorgenommene Definition des Organisationsbegriffs expliziert eine Dreifachbedeutung, der dann drei Dimensionen der Organisationsgestaltung zugeordnet werden. Die weiteren Ausführungen erörtern die sachliche, soziale und operative Dimension der Organisationsgestaltung. „Angesichts der komplexen Lebensbedingungen einer Organisation und der Veränderungsdynamik ihrer Umwelt stellt sich die Frage ihrer Überlebens- und Entwicklungsfähigkeit mit großer Radikalität" (Bleicher 1999, S. 19).

Aufschlussreich hätte hierzu eine Erörterung der Organisationsstrukturen einer Kongregation im Vergleich zu denen weltlicher Systeme sein können. Zumal für die Beantwortung der Forschungsfrage „welche Entwicklungs-, Veränderungs- und Anpassungspotenziale für die Organisation beinhaltet die Regel?" (S. 10) jene differenziellen Besonderheiten einer Klostergemeinschaft im Vergleich zu weltlichen Organisationen als immanent erscheinen lassen. Als Konstante für Organisationsgestaltung entfaltet Reiber die drei Dimensionen – sachlich, sozial und operativ – im Kontext der Lernenden Organisation. Mit dem Verweis auf eine zunehmende *Komplexität und Dynamik der Umwelt* grenzt Reiber den Begriff des Organisationslernens von dem der Organisationsentwicklung ab. Anschaulich generiert Reiber den Begriff der Lernenden Organisation vor dem Hintergrund verschiedener Lerntheorien. Darauf aufbauend entwickelt sie ein dreistufiges Modell des Übergangs, das vom individuellen Lernen zum Organisationslernen führt. Der Lernprozess selbst findet den Ausführungen folgend auf unterschiedlichen Niveaus statt. Lineares Lernen, als Anpassungslernen verstanden, geht der Frage nach *Tun wir die Dinge richtig?* Problemlösungsorientiertes Lernen auf dem nächst höheren Niveau fragt *Tun wir die richtigen Dinge?* Das reflexive Lernen als höchste Stufe dient der Verbesserung von Lernprozessen und führt zu einem verbesserten Veränderungslernen, das Antworten liefert auf die Frage *Wie verhalten wir uns im Falle von Zielabweichungen?*

Das an organisationstheoretischen Ansätzen anschließende Theoriemodell erfährt unter Berufung auf Rolf Arnold und Harald Geissler (1995) eine pädagogische Rezeption in Bezug zur Erwachsenenbildung. Eine bildungstheoretische Erweiterung führt zu Überlegungen, wie organisationale Lernprozesse gestaltet werden können. Der Bildungsbegriff im Kontext des Organisationslernens exploriert ein erweitertes Verständnis von Organisationsbildung. Unter Berufung auf Geissler (1995a, 1995b) konstatiert Reiber einer Organisationsbildung ein dreistufiges Lernschema, „dessen höchste Form als organisationskulturelles Identitätslernen deutliche Bildungsimplikationen aufweist" (S. 47). Veränderungen in einer Organisation sind nach Reiber als Bildungsprozesse zu verstehen.

Organisationsveränderungen werden mit dem Verweis auf deren bildungsprozessualen Charakter aus ihrer Zweck-Nutzen-gebundenheit gelöst und durch Reiber um die Komponente Wertrationalität erweitert. Als folgerichtige Konsequenz der vorangegangenen Ausführungen geht Reiber anschließend der Frage nach, wie Organisationslernen als Bildungsprozess gestaltet werden kann. In einer gelungenen Transferleistung setzt sie die erörterten Dimensionen der Organisationsgestaltung in Beziehung und verweist dabei auf das pädagogische Dreieck *Zögling – Erzieher – Unterrichtsgegenstand*. Eine Erörterung darüber, wodurch sich pädagogisches Handeln innerhalb von Organisationen auszeichnet, und ein Verweis auf den stiefmütterlich behandelten Organisationsaspekt pädagogischen Handelns (vgl. Bessoth 1987), wäre an dieser Stelle erhellend gewesen. Das neu besetzte Denkmodell eines pädagogischen Dreiecks bildet eine Trias aus *sozialer Dimension – operativer Dimension – sachlicher Dimension* und beschreibt den Rahmen der hermeneutischen Analyse der Regula

Benedicti mit dem Fokus auf Aufgabenerfüllung, Sozialgestaltung und Systemsteuerung. In einer verfeinerten Ausdifferenzierung werden den Gestaltungsdimensionen noch das Anpassungslernen, das Erschließungslernen und das Identitätslernen als Implikatoren für Organisationslernen zur Seite gestellt.

2 Die Ordensgemeinschaft als Konzept postmoderner Organisations- und Gesellschaftsmodelle

Nach der Erarbeitung eines Analyseschemas widmet sich Reiber im zweiten Teil der hermeneutischen Erschließung der Regula Benedicti. Zu Beginn ihrer hermeneutischen Analyse des Regelwerkes betont Reiber mit Nachdruck, dass sie einen interpretativen Charakter in ihrer Textanalyse auszuschließen sucht, jedoch birgt jede Rezeption bzw. Analyse eines Textes interpretative Züge. Bereits bei der Fokussierung auf die Textteile, die den Themenbereich *Führung* und dessen Begründung behandeln, sowie der sich anschließenden Annahme, wonach „Ausführungen dazu schwerpunktmäßig den beiden Dimensionen ‚sozial' und ‚operativ' zuzuordnen sind" (S. 71 ff.), nimmt Reiber Interpretationen vor. Eine Verstehensleistung entspricht immer einer Interpretationsleistung. Erklären und Verstehen beschreiben einen Methodendualismus der Hermeneutik. Mit Verweis auf Chris Lorenz (1997, S. 91) ist Erklären der Versuch, mittels Analyse Zusammenhänge zwischen einzelnen Faktoren herzustellen. Verstehen dagegen ist das Bemühen um eine ganzheitliche Deutung. Objektivität im Sinne hermeneutischen Verstehens verlangt die reflexive Betrachtung darüber, wie andere das Verstandene verstehen. Der Einbezug des eignen Vorwissens und Offenheit gegenüber divergierenden interpretativen Zugängen tragen zu einer Reduktion subjektiver

Willkür bei. Reiber's Hinweis, keine Interpretation in der Phase
der hermeneutischen Analyse vornehmen zu wollen, bezieht sich
folglich auf den Aspekt der Willkür. Dieser knapp angedeutete
Diskurs hätte im methodischen Teil ihrer Arbeit (Abschnitt 1.3)
mehr Aufmerksamkeit verdient, zumal Reiber im weiteren Fort-
gang ihrer hermeneutischen Textanalyse die Entstehungs- und
Wirkungsgeschichte der Regula Benedicti erörtert und sich dabei
auf dokumentarisches Material beruft. Ihre Ausführungen enden
mit der Frage nach deren Urheberschaft. Die Autorin verweist auf
Forschungsergebnisse von Friedrich Prinz, wonach Papst Gregor
der Große als Verfasser der Regula in Betracht gezogen werden
kann. Ungeachtet dessen, so konstatiert Reiber, liege die Leistung
Benedicts darin „die ältere monastische Lebensordnung zu strukturieren und in einen neuen Gesamtzusammenhang zu stellen;
die Regeln einerseits zu reduzieren, sie andererseits durch weitere
Bestimmungen zu arrondieren" (S. 60).

Die Ausführungen zum Regelwerk folgen der entwickelten
Struktur des pädagogischen Dreiecks. Neben der Regula Benedicti
greift die Autorin in gelungener Weise auf Sekundärliteratur zurück, um ihre Ausführungen nicht nur zu ergänzen, sondern auch
um den eigenen Erschließungsprozess zu reflektieren. Anders als
der stark strukturierte Aufbau der Arbeit vermuten lässt, gibt die
Textanalyse Spielraum für Interpretationen und zeigt dabei eine
hohe Interdependenz innerhalb des Regelwerkes auf. Viele Regeln
lassen sich auf mehrere der von Reiber genannten Dimensionen
anwenden. Das weist auf ein systemisches Organisationsverständnis in der Regula Benedicti hin. Nicht Tätigkeiten, Arbeits-
bereiche oder Einzelbeziehungen innerhalb der Kongregation werden geregelt. Vielmehr ist das Regelwerk auf das gesamte System
als Beziehungsgeflecht hin ausgerichtet.

3 Veränderung und Transformation nach dem Regelwerk monastischer Gemeinschaft

Die Erschließung und Rezeption der Regula hat aus organisationaler Sicht eine hohe Übereinstimmung mit den konzeptionel-
len Überlegungen zu Dimensionen einer Organisation generiert.
In einem zweiten Durchgang einer hermeneutischen Analyse der
Regula Benedicti sucht die Autorin „Veränderungs- und Lernimplikationen für ein soziales System im Regeltext zu analysieren"
(S. 87). Der Terminus Lernen wird dabei dem der Organisationsveränderung gleichgestellt. Reiber sucht den Begriff der Schule – als Synonym für Kloster; begründet in der Magisterregel – in
der Regula Benedicti und bringt ihn in Verbindung mit Lernen.
Die Magisterregel galt Benedikt als Vorlage zu seiner Regula Benedicti und geht auf den Hl. Augustinus (354 – 430) zurück. Sie
gilt als strenger und wurde durch die Regula Benedicti bereits im
frühen Mittelalter zunehmend verdrängt. Mit dem Verweis auf
Ildefons Herwegen's Definition von Schule über dessen dreifache
Sinnzuschreibung unterstreicht sie ihre Deutung eines Zusammenhangs von Schule, Kloster und Organisationsveränderung.
Dabei versäumt sie es, Abgrenzungen oder Übereinstimmungen
zum heute gebräuchlichen mehrdimensionalen Begriff von Schule aufzuzeigen (vgl. u. a. Fend 1998). Gelungen generiert die Autorin Textstellen der Regula für die Begriffe Anpassungslernen,
Erschließungslernen und Identitätslernen. Anpassungslernen im
Sinne organisationalen Lernens sieht Reiber „in erster Linie über
das einübende und mitvollziehende Tun im Rahmen einer struk-
turierten und geordneten Lebenspraxis konzeptualisiert" (S. 96).
Erschließungslernen als Kompetenzerwerb nach einer Didaktik
im Glauben an das Transzendente, das Göttliche, bedingt einen
Fortschritt für das Sozialsystem (den Konvent) wie auch für die

Einzelnen. Reiber stellt dabei als typisch monastischen Lernmo-
dus einen Prozess „der äußerlichen Erfüllung (Regeltreue) hin zu
innerer wesensmäßiger Authentizität" (S. 108) dar. Die geistig normative Dimension des Lernens kommt in der benediktinischen
Spiritualität, im Dreischritt von „lectio divina – meditatio – ora-
tio", zum Ausdruck; sie ist nach Reiber in der Regula Benedicti für
das soziale System wie auch für die Einzelnen institutionalisiert.
Schlussfolgernd spricht sie dem Identitätslernen die Implikati-
on von Normen und Werten zu, jedoch nicht ohne den Verweis,
dass ausschließlich Einzelne innerhalb der Gemeinschaft Träger
sittlicher Werte sind. Erst im sozialen Kontext, so die folgerichtige Interpretation, kommt es zu einer sinnhaften Entfaltung und
Regelhaftigkeit für die und in der Organisation. Als abschließen-
des Resümee der hermeneutischen Analyse, so Reiber, lasse sich
die „Ausgewogenheit zwischen Regelung und Freiraum unter dem
Oberbegriff discretio [im Orig. hervorgehoben] fassen" (S. 121).
Eine zusammenführende Darstellung des Beziehungsverhältnis-
ses discretio und der Gestaltungsprinzipien einer Organisation,
sowie eine Würdigung der Lernimplikationen im Sinne eines der
Regula Benedicti zu entnehmendem Bildungsprinzip, schließen
den hermeneutischen Teil der Arbeit.

4 Adaption klösterlichen Lebens auf moderne Organisationen

Im Teil C der Arbeit verfolgt die Autorin die These, dass sich aus
der Regula Benedicti Konzepte für Organisationsgestaltung und
Organisationslernen übertragen lassen. Sie folgt dabei dem bekannten *doppelten Dreischritt* (S. 125). Bei der Erarbeitung von
Übertragungsmöglichkeiten der Regula Benedicti auf moderne

Organisationen betrachtet sie zunächst die Gestaltungsdimensionen (sachliche, soziale und operative Dimension), um sich dann
den drei Stufen des Lernens (Anpassungs-, Erschließungs- und
Identitätslernen) zu widmen. Dabei versucht sie jedoch, durch
Einbringen bekannter Begriffe aus der Organisationslehre einen
engmaschigeren Zugang für die Adaption der Regula Benedicti
auf moderne Organisationen zu finden. In der Aufzählung von
Schlagwörtern sucht die Autorin jene angekündigte erweiterte
Differenzierung des *doppelten Dreischritts* zu erlangen. Es gelingt
ihr in überzeugender Weise, die Ergebnisse der hermeneutischen
Analyse unter den vorgelegten Schlagwörtern zu verorten und be-
gründend auszuführen. Die in der Regula Benedicti festgestellten
Interdependenzen, die bei einer Adaption auf moderne Organisationen ein systemisches Modell favorisieren, wären durch eine
über den doppelten Dreischritt hinaus gehende Betrachtung, z. B.
Vergleich von Kloster und modernem Unternehmen, bereichert
worden. Reiber erarbeitet ein Organisationsmodell, in dem Füh-
rungsfunktionen sich durch ethisches Verantwortungshandeln
auszeichnen und am „Wohl des einzelnen Mitglieds der Organisation" (S. 127) orientiert sind. Führung, so die Autorin, verlange
die individuelle Förderung der Einzelnen und die Forderung nach
vorbildhaftem Verhalten. Das beispielhafte Verhalten der Füh-
rungsträger ist Voraussetzung dafür, glaubhaft zum Ausdruck zu
bringen, „was die Organisation insgesamt als Handlungstheorie
benennt" (S. 139). Werteauthentizität ist für moderne Organisationen trotz eines hohen Maßes an Abhängigkeiten und Wechsel-
beziehungen zu ihrer Umwelt ein Weg, „ein bestimmtes Maß an
Unabhängigkeit im Sinne einer Werte-Autonomie" (S. 144) zu erreichen.

    In Bezug auf die von ihr benannten Lernniveaus, kommt Rei-
ber zu folgenden Schlussfolgerungen für die Übertragbarkeit der

Regula Benedicti auf organisationales Lernen: Anpassungslernen gelingt demnach besonders dann, wenn Arbeitsaktivitäten des Individuums in ihrem Gesamtzusammenhang zur Organisation erkannt werden. Mitgängiges Lernen, das wechselweise Arbeiten, alleine und in der Gruppe, braucht eine Kultur und wird gleichsam zur (Lern-) Kultur einer Organisation. Erschließungslernen basiert auf dem ausgewogenen Verhältnis zwischen Wettbewerb und Geduld, so Reiber, und ist dann gewährleistet, wenn professioneller Anspruch und menschliches Verständnis in eine dialektische Wechselwirkung treten. Persönliche Werte und organisationale Ziele müssen folglich einen hohen Grad an Übereinstimmung aufweisen. Das Identitätslernen, in seiner bildungstheoretischen Erweiterung als übergeordnetes Lernniveau verstanden, hat in seiner Ausrichtung am Bildungsgut sinnstiftende Funktion. Das Bildungsgut repräsentiert die Normen und Werte der Organisation: „Diese Normen und Werte werden somit zur Bemessungsgrundlage sowohl individuellen als auch organisationalen Handelns und Verhaltens, zum Korrektiv und Regulativ und damit zum Lernanlass für Identitätshandeln" (S. 164).

Wertevermittlung steht folglich im Vordergrund von Bildungshandlungen. In Abgrenzung zur Regula Benedicti stellt Reiber fest, dass der Schwerpunkt organisationalen Identitätslernens nicht in der Rezeption, sondern eher diskursiv-kritisch erfolgen muss. Ziel müsse es sein, individuelle und organisationelle Identität aufzubauen, zu erhalten oder gegebenenfalls zu verändern. Die Interpretation und Adaption der Regula schließt Reiber mit dem Hinweis auf möglichen Missbrauch. Der könnte darin liegen, dass Werte zweckorientiert instrumentalisiert werden und so einer verantwortlichen Ethik widersprächen.

5 Erbe und Auftrag – Forschungsergebnisse und Perspektiven

Den abschließenden Teil (D) der Arbeit, der die Überschrift *Erbe und Auftrag* führt, beginnt die Autorin mit einer mehrseitigen Beschreibung der vorangegangenen Untersuchung. Wie schon im Falle der wiederholten Erläuterungen zum theoretischen Konzept und zum Forschungsdesign der Arbeit wirkt auch hier die Zusammenschau redundant: Da in den Einführungen zu den einzelnen Teilen bereits Vorwegnahmen einer Gesamtzusammenfassung erfolgt sind, wäre hier eine knapper gehaltene Zusammenschau wünschenswert gewesen. Die gewählte Überschrift *Erbe und Auftrag* wird von Reiber nicht näher erläutert und fordert geradezu auf, Deutungen vorzunehmen. Die aufgezeigten und schlüssig belegten Hinweise in der Regula Benedicti lassen einen Transfer auf moderne Organisationen für deren Gestaltung und Veränderung zu. Erbe und Auftrag, so eine mögliche Interpretation, weisen durch die Begriffspaare *Wertrationalität – Zweckrationalität* und *Stabilität – Flexibilität* auf ein Spannungsfeld innerhalb moderner Organisationen hin, das nur scheinbar gegenpolig zu sein scheint. Aus diesem scheinbaren Gegensatz ergeben sich aber Perspektiven für weitere Denk- und Forschungsansätze, was dann, so die Schlussfolgerung, als Auftrag für weitere Untersuchungen verstanden werden kann.

Der Autorin folgend zeigen die Untersuchungsergebnisse die Bedeutung einer Wertetradition in Organisationen auf. Organisationales Lernen als Dilemma zwischen den Werten und dem Zweck einer Organisation, führt zu einem Spannungsverhältnis. Wünschenswert ist jedoch eine Wechselwirkung der Werte zu den konstitutiven Zwecken einer Organisation. Soll das erreicht werden, „ist eine normative Verankerung der Zwecke sinnvoll", und

es bedarf dazu eines Gesamtziels, das als Leitorientierung eine
Balance zwischen Zweck- und Wertrationalität ermöglicht (S. 175).
Der Führung schreibt Reiber dabei eine „herausragende Rolle" (S.
177) zu, die darin besteht, die Glaubwürdigkeit der Organisation sicherzustellen. Leitungspositionen müssen dazu zum Lernvorbild
werden. Das geschieht dann, „wenn sie im alltäglichen Aushandlungsprozess einen sinnvollen und situationsadäquaten Kompro-
miss zwischen Zweckrationalität und Wertrationalität erreichen"
(S. 177). Eine normative Verankerung führt zu einer Stabilität, die
sich in der Identität der Organisation zeigt. Diese organisationale
Identität als „invariante Basis dient der Verankerung der Organisation bei allen Adaptionsleistungen und damit ihrer Flexibilität"
(S. 185).

Abschließend favorisiert Reiber als Ergebnis ihrer Arbeit ein
integratives Konzept organisationalen Lernens, das sich einerseits durch seinen überzeitlichen und feststehenden Charakter
ausweist und dabei jene Eigenschaft widerspiegelt, die Reiber der
Regula Benedicti zuweist. „Die Regel bildet damit gleichsam den
invarianten Kern der Organisation und ihre Tradition ab" (S. 190).
Andererseits, und auch hier folgt wieder der Verweis auf die Regula
Benedicti, müssen Anpassungsspielräume durch ergänzende Re-
gelungen (consuetudines) Flexibilität sicherstellen. Nur dadurch
wird, der Autorin folgend, eine Innovationsfähigkeit entwickelt,
„die die geschichtlich bedingte Identität [der Organisation, Anm.
des Verf.] anpassungsfähig und zeitgemäß macht" (S. 190).

In einer erweiterten bildungstheoretischen Perspektive stellt
Reiber dem Bildungsbegriff Kultur und Tradition zur Seite, Lernen dagegen ist auf Innovation und Veränderung ausgerichtet.
Ein integratives Konzept organisationalen Lernens verbindet folglich „Vergangenheit und Gegenwart mit der Zukunft durch Lern-
leistungen, die von Bildungsprozessen gerahmt werden" (S. 190).

Reiber's aufschlussreiche Analyse der Regula Benedicti deckt
deren Bedeutung für die Gestaltung moderner Organisationen
auf. Reiber folgt dabei einer Entwicklung, die Johannes Claudius
Eckert in seiner Dissertation *Dienen statt Herrschen* bereits aufgegriffen hat: eine Unternehmenskultur durch die Adaption einer Ordenskultur zu entwickeln. Reiber's Arbeit ist insofern aufschlussreich, weil darin Wege einer gelingenden Gestaltung von
Lern- und Veränderungsprozessen in modernen Unternehmen
unter dem Aspekt einer Wertorientierung aufgezeigt werden.
Mehr Aufmerksamkeit hätten jedoch die Unterschiede und signifikanten Eigenheiten eines Klosters im Gegensatz zu modernen
Unternehmen verdient. Die Besonderheit des Klosters z. B. durch
seine weniger starke Vernetzung zur Umwelt steht im Gegensatz
zu den Charakteristika moderner Unternehmen. Die Beachtung
dieser Besonderheiten birgt noch erkenntnisreiche Hinweise zur
Übertragbarkeit einer monastischen Ordensregel auf moderne
Unternehmen. Insofern eröffnet die Arbeit hier sich anschließende Forschungsmöglichkeiten.

6   Schlussfolgerungen für eine Gesellschaft von Morgen

Die große Transformation, die unsere gesellschaftlichen Entwicklungen unter einen enormen Veränderungsdruck bringen wird,
fordert unsere Gesellschaft heraus. Nicht nur die Veränderungen,
das Tempo mit der die Veränderungen kommen und die Art und
Weise, wie sie nachhaltig unser Leben und unser Selbstverständnis neu zu bestimmen suchen, sind das Große, sondern auch
deren ethische Verantwortbarkeit gleichsam die moralbildende
Dimension dieses Prozesses fordern die Weltgemeinschaft heraus.

Dienen statt Herrschen, die Transformation als Wandel auch unserer Selbstwahrnehmung in Kontext göttlicher Schöpfung, das
ließe sich aus Reibers Ausführungen mutig schlussfolgern, ist ein
Schlüssel zum erfolgreichen Umgang mit Transformationsprozes-
sen. Technologie und Fortschritt, Digitalisierung und Robotik das
kann Fortschritt für alle und alles bedeuten, jedoch nicht ohne die
Antworten des Wozu und zu welchem Preis. Um die Antworten
darauf geben zu können, tun wir gut daran, und hier greifen die
Überlegungen zu den monastischen Ordensregeln, bewährte Traditionen, die von je her den Menschen als Teil der Schöpfung und
nicht als deren Herrscher, verstanden haben, mitzunehmen in
diese neue, andere Welt.

Literatur

ARNOLD, Rolf (1995): Betriebliche Weiterbildung. Selbstorganisation – Unternehmenskultur Schlüsselqualifikationen. Baltmannsweiler: Schneider-Verlag Hohengehren.

ARNOLD, Rolf & WEBER, Hajo (Hrsg.) (1995): Weiterbildung und Organisation. Zwischen Organisationslernen und lernenden Organisationen. Berlin: Erich Schmidt.

BESSOTH, Richard (1987): Einige Aspekte der Schulorganisation. Mannheim: Kausch.

BLEICHER, Knut (1999): Das Konzept integriertes Management. Visionen – Missionen – Programme (5. rev. und erweiterte Auflage; St. Galler Management Konzept, Bd. 1). Frankfurt / Main: Campus.

ECKERT, Johannes Claudius (200): Dienen statt Herrschen. Unternehmenskultur und Ordensspiritualität. Stuttgart: Schäffer-Poeschel.

EVANGELISCHE KIRCHE IN DEUTSCHLAND (Hrsg.) (2002): Lutherbibel (Revidierte Fassung 1984). Stuttgart: Katholisches Bibelwerk.

FEND, Helmut (1998): Qualität im Bildungswesen. Weinheim: Juventa.

GEISSLER, Harald (1995a): Grundlagen des Organisationslernens (2. durchgesehene Auflage). Weinheim: Deutscher Studienverlag.

GEISSLER, Harald (1995b): Organisationslernen und Weiterbildung. Die strategische Antwort auf die Herausforderungen der Zukunft. Neuwied: Luchterhand.

HERWEGEN, Ildefons (1944): Sinn und Geist der Benediktinerregel. Einsiedeln: Benziger.

LORENZ, Chris (1997): Konstruktion der Vergangenheit. Eine Einführung in die Geschichtstheorie (Beiträge zur Geschichtskultur, Bd. 13). Köln: Böhlau

PRINZ, Friedrich (Hrsg.) (1988): Herrschaft und Kirche. Beiträge zur Entstehung und Wirkungsweise episkopaler und monastischer Organisationsformen (Monographien zur Geschichte des Mittelalters, Bd. 33). Stuttgart: Hiersemann.

Markus Heubes

Lars Jaeger (2019)
Mehr Zukunft wagen. Wie wir alle vom Fortschritt profitieren.
Gütersloh: Gütersloher Verlagshaus, 288 Seiten
ISBN: 978-3-579-01480-7. 22,00 Euro.

Lars Jaeger, studierte Physik, Mathematik, Philosophie und Geschichte und entsprechend kreisen seine Publikationen um den naturwissenschaftlichen Themenkomplex häufig reflektiert an geisteswissenschaftlichen Positionen.

Mit dem vorliegenden Band Mehr Zukunft wagen versucht sich der Autor als Mutmacher für die, denen eine digitale Gesellschaft Sorge bereitet. Ausgehend von einem welthistorischen Umbruch, dessen Auswirkungen wir bereits wahrnehmen können, sind wir als Menschen herausgefordert. Jaeger folgend, werden diese Umbrüche unser Menschenbild aber auch unser Sinn- und Daseinsverständnis verändern. Wer mit so starken Worten seine Ausführungen einleitet, der fordert die Leser heraus, kündigt zugleich dystopische Bilder einer Zukunft an, um im gleichen Atemzug mit dem Untertitel des Werkes Wie wir alle vom Fortschritt profitieren die Leser wieder zu beschwichtigen – das Neue ist nicht das Ende, es ist die Zukunft der Menschheit. Das hat etwas Triviales an sich – dem Leser stellen sich Fragen: Wie kann Neues auch nicht der Zukunft entspringen? oder Welches Ende wird denn mit dem Bekenntnis an Zukunft abgewendet?

Unverblümt und treffend beschreibt Jaeger die Ausgangslage – am Scheideweg stehend – selbstbestimmt die Zukunft gestalten oder zu einem gen- und nanotechnologisch angepassten Wesen degradiert und konditioniert an der Zukunft teilnehmen, darüber können wir heute noch bestimmen. Mit seiner Kritik an einer Ideologie der Silicon-Valley-Transhumanismus und einer kapitalistischen Verwertungslogik, sieht er den Einzelnen bereits jetzt in die Passivität gedrängt (vgl. S. 12). Zur Abwendung dieses Zustandes und zur aktiven Rolle der Zukunftsgestalter zurückkehrend empfiehlt er dreierlei:

1. Wissen, um was es bei den technologischen Entwicklungen geht,
2. Motivation, Mut und die Bereitschaft zum gestalterischen Engagement,
3. Intellektuelle, philosophische und spirituelle Richtlinien.

Dabei beklagt er, dass das moralische Gefüge der Gesellschaft zunehmend von agnostischen, an dieser Stelle kann auch ergänzt werden, fundamentalistischen Moralvorstellungen durchzogen ist und die Kategorie der Sünde verloren gegangen ist (S. 13). Wenngleich sich der Autor hier mit einem populären Sündenbegriff weit hinauslegt, versteht der Leser, was gemeint ist. Und vor diesem Hintergrund eröffnet Jaeger seine Reise in eine neue, gute gesellschaftliche Utopie. Über drei Themen führt er den Leser durch sein Werk: 1) Dystopien, die unser Denken im technologischen

Wandel bestimmen und 2) Möglichkeiten, die sich aus dem Wandel für den Menschen ergeben können und 3) Perspektiven eines humanen technologischen Fortschritts zur Gründung eines Paradies auf Erden.

Gleich zu Beginn seiner weiteren Ausführungen konfrontiert Jaeger den Leser mit einem Paradoxon, das uns mehr und mehr bewusst wird: einerseits genießen wir die Annehmlichkeiten des wissenschaftlichen und technischen Fortschritts und andererseits umkommt uns zugleich Unbehagen und Angst – z. B. im Bezug auf Datenkommunikation, Cybercrime, Überwachung öffentlicher Räume. Dabei ist das kein Phänomen der jüngeren Zeit (Erfindung der Eisenbahn, Industrialisierung im 18./19. Jh.). Mit Verweis auf den britischen Ökonom Thomas Robert Malthus und seiner Kritik an dessen Theorie zum Verhältnis von Wachstum und Ressourcen glaubt Jaeger widerlegen zu können, dass wissenschaftlicher und technologischer Fortschritt dem Bevölkerungswachstum nicht gewachsen wäre. Hier macht es sich der Autor sehr einfach, wie auch an anderen Stellen, etwa zur Frage des Menschenbildes, stellt er ethische, sozioökologische und schöpfungsethische Sichtweisen hinten an oder thematisiert sie erst gar nicht. So drängt sich dem Leser immer wieder auf, dass der Autor seine Argumentationskette auf das vorweggenommene Ergebnis hin aufbaut. Das zeigt sich auch an Malthus, der in einer ethisch-soziologischen Perspektive durchaus als fragwürdig angesehen werden kann. Da ist es ein Leichtes wenig reflektierte Argumente wie „Entgegen Malthus´ Theorie sorgen die aus menschlicher Kreativität geborenen technologischen Entwicklungen seit 200 Jahren für ausreichende Ressourcen einer stark wachsenden Bevölkerung" (S. 33), dagegen zu stellen.

Populär geht Jaeger mit dem Begriff Krise um und stellt fest, dass fast alle Probleme die wir als Krisen bezeichnen, gar keine

Krisen sind. Wie hilfreich derlei Argumentationslinien für die weiteren Gedankengänge sind, muss angezweifelt werden. Zumal sich in der subjektiven Wahrnehmung Situationen durchaus als Krise darstellen, wenngleich dieselbe Situation in anderen Kontexten betrachtet, keine Krise sein muss. Die Antwort auf Krisen oder Nicht-Krisen sind Schlüsseltechnologien. Der Autor nennt hier Gentechnologie, Künstliche Intelligenz (KI), Neuro-Enhancement, Big Data und Biotechnologien. In der Folge, so Jaeger, stehen wir vor einer Revolution des Menschseins (vgl. S. 69). Unglücklich ist der Versuch Jaegers mit Thomas Henry Huxley die großen Sinnfragen unserer Zeit auf eine philosophisch-eschatologische herunterzubrechen und von einer Human-Krise zu sprechen. Hier, wie an anderer Stelle bereits bemerkt, nimmt der Autor vorweg, was er als Ergebnis seines Diskurses haben möchte.

So kann der Leser mit Aussagen wie „Spiritualität wird uns helfen, die Human-Krise zu bewältigen. Doch es gibt einen Haken: Die Spiritualität selbst steckt in der Krise". Meint der Autor Religiosität oder setzt er sie Spiritualität gleich? Friedrich Schleiermacher wäre an dieser Stelle durchaus diskutabel gewesen. Und absolute Gewissheiten wie sie Spiritualität nach Ansicht des Autors anzubieten vermochte, kann es im Verhältnis Mensch zum Transzendenten nicht geben. Die Feststellung das weder Gott noch eine andere transzendente Grundstruktur uns heute unsere Rolle in der Welt erklärt und wir deshalb in einer Human-Krise befinden, ist gelinde formuliert Populismus. Habermas zu zitieren, wertet an dieser Stelle die Ausführungen nicht auf, sondern zeigt vielmehr, dass die eigene Sprachlosigkeit mit einem der ganz großen Sozialphilosophen kaschiert werden soll.

Im zweiten Teil des Buches sollen Antworten auf die Human-Krise gegeben werden: Utopisches Denken – wie wir unsere Zukunft gestalten. Dazu bietet Jaeger dem Leser neun weitere

Schlüsseltechnologien an (Quantenphysik, Nanotechnologie, Industrie 4.0, 3-D-Drucktechnologie, Food Labore, Blockchains, Energietechnologie, Nano-Robotik und Synthetische Biologie), die nach dessen Einschätzung sowohl faszinierend als auch brandgefährlich sein können, je nachdem wie wir sie nutzen werden. Jaeger warnt und rät zugleich, die Schlüsseltechnologien kombiniert einzusetzen, so Jaeger potenziere deren Nutzen aber auch deren Gefahren. Wenngleich Jaeger durchwegs das Bild einer guten Zukunft zu vermitteln mag, wird der Leser dennoch immer wieder mit Grenzen und Risiken auf dem Weg zum Paradies auf Erden konfrontiert. Keiner der von Jaeger vorgeschlagenen Akteure kommt gut weg. Weder die Gemeinschaft der Wissenschaftler, noch die politische Führung, die Kirchen, die Intellektuellen ebenso wenig wie Journalisten und die freie Wirtschaft. Einen der großen Wissenschaftstheoretiker der Geschichte, Friedensstifter und bekanntester Wissenschaftler der Neuzeit Albert Einstein führt Jaeger als Beispiel dafür an, dass selbst einzelne Wissenschaftler nicht in der Lage sind, die Human-Krise zu lösen. Einstein mit dem Bau der ersten Atombombe zu nennen, ist nach heutigem Kenntnisstand irreführend. Allein die Tatsache, dass er sich an Roosevelt mit der Option über den Bau einer Atombombe nachzudenken wendet, macht ihn noch nicht zum aktiven Mitentwickler dieser Waffe (vgl. S. 142). Hier neigt Jaeger wie an anderen Stellen auch zu einer unzulässigen Vereinfachung der Geschichte. Versöhnlich bleiben seine Ausführungen zu Einstein dennoch, denn er stellt Einstein auf eine hohe moralische Stufe, weist in als Vorbild für alle Akteure und Gruppierungen aus, verbunden mit der Forderung Allianzen zu bilden. In der Allianz aller gesellschaftlichen Kräfte sieht Jaeger einen gelingenden Ansatz, den wissenschaftlich-technologischen Fortschritt zum Wohle der Menschen zu entwickeln (vgl. S. 160).

In seinen weiteren Ausführungen wendet er sich dem Einzelnen zu. Um Zukunft verantwortlich gestalten zu können, appelliert Jaeger an die menschliche Vernunft und führt dazu Gedenken der Aufklärung aus. Dass die Ideale der Aufklärung heute wie damals auf Widersacher stoßen, bleibt der Autor dem Leser nicht schuldig – er spricht von populären reaktionären Bewegungen und subsumiert darunter Verschwörungsanhänger, fundamentalistische Nationalisten, Anhänger autokratischer Gesellschaften. Deshalb fordert er uns auf mutig zu sein und uns unserer Vernunft zu bedienen – Kant lässt grüßen. An die Wissenschaft gerichtet, fordert er zu einer intellektuellen Redlichkeit, also einer rationalen Suche nach Wahrheit auf. An dieser Stelle bleibt Jaeger dem Leser wiederum etwas schuldig. Was ist mit Wahrheit gemeint? Die Wissenschaft proklamiert keine Wahrheiten, sie sucht nach Erkenntnis und stellt diese in Bezug zu Lebenswirklichkeiten. So liest es sich auch schwer, wenn Jaeger der Wissenschaft methodische Zweifel und rationale Bescheidenheit zuschreibt. Auf dünnes Eis begibt sich der Autor in Kapitel 11, wenn er die Frage nach dem, was der Mensch ist und was er sein soll, stellt. Unzulänglich führt er Kants Imperativ an oder Hans Jonas verantwortungsethisches Modell. Mit Formulierungen wie „die durchaus säkular zu verstehende buddhistische Ethik" gibt er zu erkennen, dass er hier sehr oberflächlich argumentiert. Hans Küng mit seinem Projekt Weltethos findet keine Nennung, dagegen werden Fragmente der buddhistischen Lehre eingestreut mit der Schlussfolgerung, dass der Buddhismus uns auffordert die persönliche Sinnsuche aufzugeben und den Weg der Befreiung vom Selbst zu beschreiten (S. 227). Was ist der Mensch – was soll er sein? In solchen Postulaten, die einem größeren Kontext entrissen sind und sich im Übrigen in der abendländischen Theologie ebenso wiederfinden lässt, findet der Leser keinen Hinweis auf die Antworten. Da freut sich der Leser, wenn er in Kap. 12 hoffen darf, wie wir dem irdischen Paradies auf Erden näherkommen. Wen wundert es da, wenn, um die weiteren Ausführungen zusammenzufassen, zur Zielerreichung Eckpfeiler einer heute vertretenen christlichen Sozialethik genannt werden. Entsprechend lassen sich Bausteine eines irdischen Paradieses in hohem Einvernehmen mit dem subjektiv vorherrschenden und sich in dem eingangs vorgestellten Paradoxon abzeichnenden Problem, luzide benennen. Wir brauchen Mut uns zu bekennen. Mut uns für mehr soziale Gerechtigkeit zu engagieren, Mut uns von immer höher, immer weiter, immer schneller zu verabschieden. Wir brauchen Mut, uns zu einer demokratischen Gesellschaft zu bekennen und wir brauchen Zivilcourage, Widersachern etwas entgegenzuhalten. Dazu ist ein gutes Bildungssystem notwendig, das sich jenseits von merkantilistischen Erwartungshaltungen der Vermittlung von Wissen und der Ausbildung von Persönlichkeiten widmen kann.

Insofern gibt Lars Jaeger tatsächlich Antworten, die zuversichtlich stimmen lassen. Denn keiner der Bausteine ist unerreichbar. Vielmehr und auch das ist gesagt, braucht es eine Korrektur und ein Bewusstmachen unseres moralischen Wertekanons. Und hier knüpft bei aller Kritik das Buch von Lars Jaeger in gelungener Form an. Es öffnet den Horizont, ermutigt und macht bewusst – es kommt auf uns als Gemeinschaft an, die Welt gut werden zu lassen.

Markus Heubes

Julian Nida-Rümelin und Nathalie Weidenfeld (2018)
Digitaler Humanismus. Eine Ethik für das Zeitalter der Künstlichen Intelligenz.
München: Piper Verlag, 220 Seiten.
ISBN 978-3-492-05837-7. 24,00 Euro.

Julian Nida-Rümelin war Kulturstaatsminister und lehrte Philosophie und politische Theorie an der Universität München, er leitet den Bereich Kultur am Zentrum Digitalisierung Bayern. Ihm zur Seite ist Nathalie Weidenfeld, studierte amerikanische Kulturwissenschaften und promovierte an der FU Berlin. Sie ist als Autorin tätig. Gemeinsam schlagen sie mit diesem Band eine Brücke zwischen den Naturwissenschaften, der Technik, der Philosophie und der Kultur. Gleich zu Beginn betont Nida-Rümelin, dass es sich bei dem vorliegenden Band nicht um eine wissenschaftliche Abhandlung handelt. Vielmehr versteht sich das Werk als ein Beitrag, um zu seiner sachbezogenen Diskussionsebene im Digitalisierungsdiskurs zu finden. Mit Nathalie Weidenfels kommt eine zweite Perspektive dazu. Sie beleuchtet die kulturelle Seite und spielt Szenen aus dem Genre Sciencefiction wie etwa I Robot, Matrix oder Ex Machina ein. Der selbstverfasste Anspruch des Autorenpaares ist es, einer trockenen philosophischen Analyse Szenen fiktionaler Welten zur Seite zu stellen, um darüber mehr Lebensnähe zu erzeugen (vgl. S. 14). Und diese Verbindung von Kultur und einer ethisch-philosophischen Betrachtung des Themas Künstliche Intelligenz (KI) führt zu einer klaren Positionierung der beiden Autoren, wonach es einen digitalen Humanismus brauche. Ein digitaler Humanismus ist sowohl technikfreundlich als auch menschenfreundlich, vielleicht sogar menschengerecht. Beide Autoren verstehen ihren Ansatz als eine Alternative zu den sich verselbstständigenden Prozessen einer Silicon-Valley-Ideologie (vgl. S. 20). Diese sich selbst zugeschriebene Gegenposition nehmen sie aber auch gegenüber Verschwörungstheoretikern und Pessimisten einer digitalen Welt ein. Sie stellen hier die Idee eines Transhumanismus vor – Künstliche Intelligenz als Garant für ein menschliches und freiheitlich selbstbestimmtes Leben.

Den Autoren zufolge, nimmt die Silicon-Valley-Ideologie nicht zum ersten Mal das zentral Menschliche zum Mittelpunkt anti-humanistischer Utopie-Entwürfe. Einerseits soll menschliche Existenz verbessert werden und zugleich, so die Autoren, zielen alle Konstruktionen einer digitalen Zukunft darauf ab, die Humanität in Frage zu stellen (vgl. S. 22). Und an dieser Stelle intervenieren die Autoren, indem sie einen digitalen Humanismus als eine Ethik für die KI dem entgegenstellen wollen.

Lebendig werden die Ausführungen dadurch, dass Filmszenen als visualisierende Problemanzeige einen Diskurs einleiten und sich dem dann eine analytische Exegese anschließt. Dem Leser bleibt nicht verborgen, dass die Ausführungen einer stigmatisierenden Zuschreibung von KI folgen. Wenngleich die Autoren betonen, es handle sich nicht um eine wissenschaftliche Abhandlung, so ist an dieser Stelle dennoch die Kritik angebracht, dass damit kein Freibrief ausgestellt ist, der es zulässt immer wieder populäre Sichtweisen als absolut darzustellen und wissenschaftliche Erkenntnisse, wie etwa die, wonach die moderne Hirnforschung einer antihumanistisch-mechanistischen Weltsicht den Boden bereite. Die Autoren sprechen sich gegen ethische Entscheidungsprozesse entlang intelligenter, auf Algorithmen basierenden Abwägungsprozesse aus. Durchaus anschaulich zeigen die Autoren am Beispiel utilitaristisch-ethischer Zugänge und einer konsequentialistischen Ethik mögliche Grenzen ethischer Programmierung auf (vgl. 66 ff.). Ungeachtet bleiben bei dieser Betrachtung die Unzulänglichkeit des Individuums und dessen Fehlbarkeit in der Einschätzung einer Situation. Insofern eröffnen sich hier die Schwächen des bis dahin anregend zu lesenden Werkes. Ein Blick auf die Filmszenen offenbart, hier wurde einseitig dargestellt – der Mensch ist der Überlegene.

Tatsächlich, und an dieser Stelle bleiben die Autoren zunächst eine Antwort schuldig, lassen sich mit heutiger Sicht auf KI, selbst bei einer optimistisch formulierten starken KI, die keine kategorialen Unterscheidungen zwischen Algorithmen und menschlichem Verhalten zulassen, lassen sich Abwägungsprozesse und moralische Aushandlungsprozesse des Individuums in KIs nicht abbilden.

Offen bleibt die Frage inwieweit, das Menschliche für den Menschen das Bessere ist. Wenngleich an anderer Stelle das Bild der Hölle als der Ort der Verdammnis der Seelen als Metapher für eine Welt, in der Computer den Menschen versklaven, herhalten muss (S. 119), ist ein zentraler Zugang zur Bestimmung von Mensch, die theologisch-anthropologische Perspektive, unberücksichtigt. Auch wenn beide Autoren in der Differenzierung von künstlicher zu menschlicher Intelligenz Intention, Strategie oder Abwägung der Vor- und Nachteile. Gerade Aspekte des christlichen Menschenbildes wie wir das in einem abendländischen Kontext tradieren, schärft und entschärft zugleich die Argumentationslinie von Nida-Rümelin und Weidenfeld. M.E. sind die beiden bei ihrer Festlegung Roboter könnten keine Gefühlslagen widergeben zu voreingenommen. Durchaus, das zeigt uns die Forschung, können Humanoiden menschliche Züge kopieren. Selbst bei Fragen zur Würde sind Diskussionen dazu möglich, lassen sich aber deutlicher gegenüber der Schöpfung Menschen abgrenzen, als die von den Autoren angeführten Kategorien. So unscharf der Begriff des Humanismus an sich schon ist, provoziert er mit dem Adjektiv digital zusätzliche Fragen. Steht digitaler Humanismus für eine digitale Entwicklung, die den Menschen im Mittelpunkt des digitalen Technikfortschritts oder geht es um eine Verschmelzung zwischen dem tradierten kulturellen Erbe mit den neuen Technologien. Letzterem folgend, ginge es darum Technologien menschenfreundlich zu entwickeln, so dass deren Leben auch durch eine zunehmend barrierefreie Interaktion zwischen Maschine und Mensch erleichtert wird (Siri, Alexa, autonome Fahrsysteme ...). Wie weit das Leben dann weiterhin selbstbestimmt lebenswert bleibt, das bleiben die Autoren dem Leser schuldig. So stehen die beiden Postulate der Autoren kompromisslos dem Leser gegenüber – KI kann nicht intuitiv handeln und moralisch reflektierend handeln und darüber hinaus wäre eine Umkehr dieses Postulats ethisch nicht verantwortbar. Hier sind die beiden Autoren eindeutig, wenngleich diese Eindeutigkeit nicht zwingend geteilt werden muss. Denn zwischenmenschliche Kommunikation kann durchaus, analog zur Kritik der Autoren an KI, Gefühle imitieren, etwas in einer ganz anderen Absicht vortäuschen – dann können Roboter nicht, zumindest, wenn man Algorithmen strategische Reaktionen abspricht. Und hier schließen sich auch weitere Fragen zur Kommunikation zwischen Maschine und Mensch an – Siri oder Alexa zeigen, wie weit Spracherkennung ist und wie weit algorithmische Prozesse Gesprächsverläufe bereits initiieren und aktivieren können. Über selbstreferenzielle algorithmische Syseme erfährt der Leser nichts. Wie wohl wir seit geraumen wissen, dass etwa Facebook oder Google tausende von Einzelinformationen für jeden einzelnen User auswerten und schlussfolgernd ihre Marktstrategien danach ausrichten.

Die Autoren verharren in ihren anthropozähnischen Denkmustern, wonach der Mensch das Maß der Dinge ist. Das zeigt sich u.a. in den angeführten Filmszenen, die jeweils den Menschen der KI überlegen darstellen. In diesem Sinne müssten wir die Diskussionen um KI nicht so hängen, folgte man den Autoren. Denn ihren Ausführungen folgend, würde KI nicht mal an den intellektuell geringst entwickelten Menschen heranreichen können.

   Ungeachtet dessen bleibt jedoch, dass der Leser einen Einstieg in die Thematik bekommt ohne sich in wissenschaftlichen Konstruktionen zu verlieren. Wenngleich also keine wissenschaftliche Abhandlung, so doch ein anregend zu lesendes Werk, das durch die zitierten Filmszenen und der immer wieder vorgestellten Beispiele Alltagsbezüge für den Leser herstellt. Insofern ist es den Autoren Nida-Rümelin und Weidenfeld gelungen, ein komplexes Themenfeld losgelöst von utopischen Zukunftsbildern einem interessierten Publikum jenseits der Wissenschaftscommunity näher zu bringen.

Autorenverzeichnis

Dipl.-Ing. Ulrich Delhey, Geschäftsführer und Mitinhaber der ROTA Verpackungstechnik GmbH & Co KG. Mitarbeiter beim DIN Berlin, FB Medizintechnik. Vorsitzender der Hanna und Paul Gräb-Stiftung. Vorstandsmitglied der Lothar Späth Förderpreis-Stiftung.

Dr. Markus Heubes, Head of Analytical Development bei Basilea Pharmaceutica AG in Basel. Er war in 2018/19 Präsident des Rotary Clubs Lörrach und verantwortlich für das Jahresthema Gesellschaft in Verantwortung.

Richard Jung, Pädagoge. Doppelweltmeister im Double Ultratriathlon und im Triple Ultrathriathlon. Weltrekordinhaber zehnfache Ironman-Distanz.

Dr. med Wolfgang Kapp, Facharzt für Anaesthesie und Intensivmedizin. i. R. Grenzach Wyhlen.

Dr. Barbara Klein, Professorin für Soziale Arbeit und Gesundheit. Studiengangsleiterin Inclusive Design – Digital Health und Case Management M. Sc. an der Frankfurt University of Applied Sciences. Sprecherin des Forschungszentrums FUTURE AGING.

Maraike Koch M.A., Geschäftsführung Institut für Bildung und Zeitfragen SAK Zeit & Wissen.

Dr. Giovanni Maio M.A., Professor für Bioethik/Medizinethik. Direktor des Instituts für Ethik und Geschichte der Medizin an der Albert-Ludwigs-Universität Freiburg.

Dr. Ursula Nothelle-Wildfeuer, Professorin für christl. Gesellschaftslehre an der Theologischen Fakultät der Albert-Ludwigs-Universität Freiburg.

Dr. Anne Parpan-Blaser, Professorin für Soziale Arbeit an der Fachhochschule Aargau Nordwestschweiz.

Dr. Jürgen Rausch M.A., Vorstandsvorsitzender des SAK Lörrach e.V. Dozent in den Studiengängen Religionspädagogik und Soziale Arbeit an Hochschulen in Deutschland und der Schweiz.

Dr. Traugott Schächtele, Professor für Evangelische Theologie. Prälat für den Kirchenkreis Nordbaden der Evangelischen Landeskirche in Baden.

Dr. Roland Schöttler, Professor für Sozialökonomie an der Evangelischen Hochschule Rheinland-Westfalen-Lippe.

Dr. Wilhelm Schwendemann, Professor für Evangelische Theologie. Religions- und Schulpädagogik an der Evangelischen Hochschule Freiburg.

Schlagwortverzeichnis